JN435344

머리말

2012년 개정판을 내고 4년 남짓 지난 시점에서 제3판을 내게 되었다. 그동안 우리 사회의 복지환경은 크게 달라지지 않았지만 국민기초생활보장제도와 산재보험, 고용보험 등을 포함하여 제도적 측면의 몇 가지 미세한 변화가 있었다. 이번 제3판에서는 이런 사회보장제도의 미세한 변화를 반영하여 보완하고자 했다.

20세기 말 찾아온 IMF의 여파는 대단한 것이었다. 사회안전망이 취약했던 당시 상황에서 외환위기의 충격은 급속한 중산층의 몰락을 가져 왔고, 서민의 생계를 심각하게 위협했다. 그로부터 10년 후에는 미국 발 금융위기라는 외부적 요인으로 우리 사회가 또다시 유사한 경험을 반복하였다. 제3판을 낸 이 시점 역시 경제상황이 매우 불안정하고 위기가 일상이 되는 게 아닌가 의구심이 커지는 가운데, 높은 청년실업률과 극심한 양극화 현상으로 헬조선·흙수저·금수저 등의 신조어도 등장하였다. 위기의 원인이 무엇인가와 관계없이 우리 사회가 직면하고 있는 사회경제적 위기는 우리에게 사회복지의 중요성을 다시 한 번 깨닫게 만든다.

사회복지학의 여러 갈래 중에서 사회복지정책론은 그 이면에 다양한 역사적 · 철학적 배경을 담고 있다. 우리나라 역시 예외는 아니다. 특히, 어떤 사회적 담론도 쉽게 정치화나 이념화될 만큼 상대적으로 갈등적 요소가 강하게 남아있는 우리 사회에서는 사회복지정책을 철학적 배경과 연관 지어 접근하기란 쉽지 않은 게 사실이다.

그러나 사회복지정책론을 철학적 관점 없이 접근하는 것은 장님이 코끼리 만지는 격이나 다를 바 없다. 그런 점에서 필자는 사회복지정책론을 접하는 학생이 단순히 사회복지사 시험을 준비하기 위한 교재로서 뿐만 아니라 정책론의 이면에 흐르는 역사적 철학적 배경까지 이해할 수 있기를 바란다. 향후 사회복지실천의 장에서 각자가 사회복지기술자가 아닌 따뜻한 가슴을 가진 진정한 사회복지인으로 설 수 있기를 바라는 마음 때문이다.

제3판을 내면서 초판과 개정판에서 부족했던 많은 부분을 보완하고자 했으나 일부분에 그치고 말았다. 부족한 부분, 더 연구되어야 할 부분은 다음 기회에 채워 나갈 것을 약속드린다. 독자 여러분의 호된 꾸지람을 바란다. 아울러 집필 과정에서 도움을 준 모든 분께 감사드린다.

2016년 7월

봉제산 기슭 연구실에서

황 선 영

차 례

CHAPTER

01 사회복지정책의 개념과 영역

1 사회복지정책의 개념

'사회복지정책(social welfare policy)'은 '사회복지'라는 용어와 '정책'이라는 용어가 합쳐서 생긴 용어이다. 따라서 사회복지정책을 정의하기 위해서는 '사회복지'와 '정책'에 대한 개념을 먼저 살펴볼 필요가 있다.

1) 정책의 개념

(1) 정책의 개념

학문에서 뿐만 아니라 일상생활에서도 '정책(policy)'이라는 용어는 매우 광범위하게 사용되고 있다. 따라서 정책은 아주 포괄적인 용어이다(Dear, 1995). 정책에 관해 정의한 예를 몇 가지 살펴보면 다음과 같다.

첫째, 티트머스(Titmuss, 1974)의 경우 정책은 주어진 목적을 달성하기 위해 지향하는 행동을 다스리는 원칙(principles)을 가리킨다고 본다.

둘째, 디어(Dear, 1995)의 경우 정책은 정부와 그 대표자가 할 수 있고 할 수 없는 것을 정해 주는 원칙, 계획, 절차, 행동 과정(principles, plans, procedures, and courses of action)을 가리킨다고 본다.

셋째, 김태성(2003)의 경우 정책은 해당 조직의 목표를 달성하고자 할 때 필요한 행동에 관한 원칙이나 지침이나 일정한 계획 등을 가리킨다고 본다.

요약해 보면, 정책은 목적을 달성하기 위해 실시하는 행동에 관한 원칙이나 지침 혹은 계획이라고 볼 수 있다. 정책과 관련된 원칙, 계획, 절차, 행동 과정은 법령에 들어가 있고, 관련된 법을 통해 해석되고, 기관의 규정에서 상세히 설명되고, 사법적 판결로 지지된다(Dear, 1995).

그리고 정책은 행동에 관한 원칙인데, 이에 따라 정책은 정부가 시민에 대해 책임이 있다는 인식을 실행에 옮기는 역할을 한다. 그러므로 정책에는 사회적 가치, 이데올로기, 세계관이 반영되어 있다(Titmuss, 1974; Tice & Perkins, 2002).

특히, 정책은 정부의 활동과 크게 관련된다. 그러므로 어떤 면에서 정책은 정부가 하는 모든 것을 가리킨다고 볼 수도 있다. 실질적인 입장에서 보면 정책은 입법부의 의원, 행정부의 장(長), 기관의 관료가 선택해 나타난 최종 결과를 말한다고 볼 수도 있다(Dear, 1995).

(2) 정책과 프로그램과 법

'정책'이라는 용어와 관련이 있는 용어로 '프로그램'과 '법'을 들 수 있다. 우선, 일반적으로 정책과 프로그램에 관해서는 다음과 같은 의견이 제시되고 있다(김태성, 2003).

첫째, 일부 사람의 경우 정책이라는 용어와 프로그램이라는 용어를 서로 개념적으로 구분하지 않고 함께 사용하고 있다. 실제로, 사람들 중에는 정책과 프로그램을 서로 같은 의미를 가지는 식으로 사용하는 경우가 많다.

둘째, 일부 사람의 경우 정책과 프로그램을 개념적으로 구분하고 있다. 이 경우 정책은 어떤 목표를 달성하기 위한 원리나 원칙을 가리키고, 프로그램은 이런 원칙에 따라 정책의 목표를 달성하기 위한 구체적인 수단을 가리키는 식으로 사용하고 있다. 즉, 정책은 상위의 개념이고, 프로그램은 하위의 개념으로 보는 것이다.

요약해 보면, 정책과 프로그램을 개념적으로 구분할 수는 있지만 실제 현실에서는 정책과 프로그램을 섞어서 함께 사용하는 경우가 많다.

한편, 정책은 조직의 목표를 달성하기 위한 원칙이라는 식으로 이해되므로 아주 넓은 의미를 지닌다. 이에 비해서, 법은 공공 영역에서 공식적으로 인정되고 합법적인 것으로 인식되어서 공적인 권위를 가지는 정책을 가리킨다. 이렇게 입법화된 정책은 모든 국민에게 공적인 권위(이른바 공권력)를 가지고 집행된다. 한편, 민간 영역에서의 정책은 국민으로부터 합법성을 부여받은 것이 아니다. 따라서 국민은 민간 영역의 정책을 반드시 따를 필요는 없다(김태성, 2003).

이런 식으로 정책과 법을 구분하게 되면, 대부분의 국가정책은 입법화되어 있기 때문에 정책과 법은 같은 의미를 지닌다고 볼 수 있다. 그렇지만 모든 국가정책이 입법화된 법으로만 되어 있지는 않다. 즉, 입법화되지 않은 비공식적인 국가정책도 존재한다. 실제로, 정책을 실행하는 사람이 임의적으로 판단하는 것에 근거해서 이루어지는 국가정책도 있다.

2) 사회복지의 개념

사회복지에 대한 정의는 다양하다. 사실, '사회복지'와 '정책'이라는 용어 중에서, '정책'보다는 '사회복지'가 더 복잡하다.

사회복지는 좁게 정의될 수도 있고, 넓게 정의될 수도 있다. 즉, 사회복지를 좁은 의미를 지니는 것으로 볼 수도 있고, 사회복지를 넓은 의미를 지니는 것으로 볼 수도 있다(Dolgoff & Feldstein, 2000; 김태성, 2003).

사회복지를 아주 넓은 의미로 볼 경우 사회복지는 사회구성원의 안녕(well-being)이나 효용(utility)의 상태를 가리킨다. 그러나 사회에서 발생하는 모든 일은 사회구성원의 안녕이나 효용에 영향을 미친다고 볼 수 있다.

사회복지를 넓게 정의하는 관점에서는 비영리 영역에만 주목하지 않는다. 이런 관점에서 주목하는 영역에는 민간(비영리) 프로그램, 영리 프로그램, 정부 프로그램이 수행하는 활동이 포함된다. 이러한 활동은 사회복지사, 의사, 간호사, 법률가, 교육자, 종교인, 기타와 같은 아주 다양한 전문 인력을 활용하고 있다.

하지만 사회복지를 너무 넓게 정의하면 사회복지에 대한 윤곽을 잡기가 어렵다. 그러므로 사회복지를 좀 더 좁은 의미로 정의할 필요가 있다. 좁은 의미의 사회복지는 사람이 기본 욕구를 해결한 상태를 말한다.

3) 사회복지정책의 개념

사회복지정책에 관해서는 단순하거나 분명하거나 동일한 정의가 존재하지 않는다. 당연히 사회복지정책에 대한 정의는 국가마다 크게 차이가 나고, 또한 학자마다 크게 차이가 난다(Abramovitz, 2004; 김태성, 2003).

우선, 사회복지를 넓은 의미로 볼 경우에는 사회복지정책을 정의하는 것은 의미가 없다고 볼 수 있다. 왜냐하면 사회의 모든 정책은 사회복지정책이 된다고 볼 수 있기 때문이다. 따라서 사회복지정책을 정의할 때 사회복지를 좁은 의미로 보는 것이 현실적으로 더 유용하다. 사회복지를 사람이 기본 욕구를 해결한 상태라고 볼 경우, 사회복지정책은 사람의 기본 욕구를 해결하는 정책이라고 볼 수 있다. 즉, 사회복지정책은 사회가 기본적인 사회적 욕구에 대해 반응하거나 반응하지 않는 방식을 가리킨다고 볼 수 있다.

한편, 위에서 '정책'의 개념에 관해 논의한 바를 사회복지정책의 개념을 설정하는데 반영할 필요가 있다. 이때 사회복지정책은 개인·가족·지역사회가 사회적으로 적절한 수준의 복리를 누릴 수 있게 하기 위해 정부가 실시하는 행동에 대한 원칙·활동·틀을 가리킨다고 볼 수 있다.

그리고 위에서 정책과 프로그램과 법을 개념적으로 구분하는 것에 관해서 논의한 바 있다. 이와 관련해 볼 경우, 사회복지정책은 사람이 기본적인 인간 욕구를 다루기 위해서 매일 사용하는 사회복지 프로그램이라고 볼 수 있다. 이 경우에 사회복지 프로그램은 급여와 서비스를 말한다(Abramovitz, 2004).

2 사회정책과 사회복지정책

1) 사회정책의 개념

사회복지정책이라는 용어 못지않게 자주 사용되고 있는 용어가 사회정책(social policy)이다. 사회정책에 관해 정의한 것을 일부 살펴보면 다음과 같다.

첫째, 마셜(Marshall)은 사회정책이론을 가다듬은 사람이다. 마셜에 따르면, 사회정책은 서비스와 소득을 제공함으로써 사람의 복지에 직접적으로 영향을 미치는 정부 행동을 말한다(Tice & Perkins, 2002).

둘째, 디어(Dear, 1995)에 따르면, 사회정책은 사람의 사회적 복리에 영향을 미치는 원칙과 절차와 행동 과정을 말한다.

요약해 보면, 사회정책은 사회구성원의 복지에 영향을 미치는 원칙이나 정부행동과 같은 것을 가리킨다. 그리고 사회정책은 공적 영역과 민간 영역 모두에서 이루어질 수 있다. 하지만 정부가 하기로 결정하거나 하지 않기로 결정한 것이 사회정책에서 주요한 요소를 이룬다. 사회정책과 관련된 원칙과 절차와 행동 과정은 법령과 기관 규정에 들어가 있다(Dolgoff & Feldstein, 2000; Dear, 1995).

구체적으로 사회정책은 다음의 2가지 모두를 의미한다고 볼 수 있다(Dolgoff & Feldstein, 2000).

첫째, 행동할 과정을 선정하고 정의하고 추진하는 사회적인 의사결정 과정을 의미한다. 이것은 정책결정(policy making)의 측면을 말한다.

둘째, 이런 과정을 거친 후에 나타난 산물이나 결과를 의미한다. 이것은 결과적으로 나타난 정책(resulting policy)의 측면을 말한다.

2) 사회정책과 사회복지정책

사회복지정책은 사회정책의 하위 영역이거나 사회정책의 한 부분이다. 따라서 사회복지정책은 사회정책의 한 유형이다(Abramovitz, 2004).

유럽에서는 '사회복지정책'이라는 용어를 거의 사용하지 않고 있다. 그 대신에 유럽에 있는 국가에서는 '사회정책'이라는 용어를 사용하는 경향이 있다. 이 경우 사회정책은 아주 넓은 의미를 가지는 '복지국가정책'의 핵심적인 요소가 된다.

그리고 미국에서는 사회복지정책이라는 용어를 사용하고 있다. 그러나 미국의 사회복지정책은 대인 사회서비스(personal social service)와 관련된 정책으로 제한되는 경우가 많다. 즉, 미국의 사회복지정책은 아동복지정책, 장애인복지정책, 노인복지정책 등으로 제한되는 경향이 있다.

또한, 유럽에서 공공부조라고 부르는 것을 미국에서는 '복지'라고 부르는 경향이 있다. 따라서 미국에서 '복지정책'은 공공부조정책을 가리키는 식으로 사용되는 경우가 많다(Abel-Smith, 2008).

3 사회복지정책의 영역

사회복지정책의 영역에는 여러 가지가 있다. 그러나 사회복지를 좁게 보느냐 또는 넓게 보느냐에 따라서 어느 영역이 사회복지정책의 영역에 속하는지 여부가 달라질 수 있다. 사회복지의 의미를 어느 정도 넓게 보느냐에 따라서 사회복지정책의 영역을 다음과 같이 구분할 수 있다(김태성, 2003).

우선, 사회복지정책의 기본적인 영역으로 소득보장 영역, 의료 영역, 주택 영역, 교육 영역, 대인 사회서비스 영역을 꼽을 수 있다. 실제로, 많은 사람은 사회복지정책을 위와 같은 5가지 영역으로 제한하는 경우가 많다.

이에 비해서 사회복지정책의 영역을 넓게 보는 입장에서는 경제정책의 영역에 속한다고 볼 수 있는 조세정책과 노동시장정책을 사회복지정책의 영역에 포함시키는 경향이 있다. 왜냐하면 조세정책과 노동시장정책은 소득보장정책의 기능을 하기 때문이다. 예를 들어, 고든(Gordon, 1988)은 사회보장정책에서 노동시장정책을 중요하게 취급하고 있다. 그리고 티트머스(1976)는 복지를 국가복지, 재정복지, 직업복지로 나눈 바 있는데, 이 경우에 재정복지는 조세정책과 관련된다.

그리고 사회복지정책을 더 넓게 보는 입장에서는 사회복지정책을 사회정책과 동일시하는 경향이 있다. 이런 입장을 취하는 사람들은 기본 욕구의 개념에 환경 영역, 교통 영역, 문화 영역 등도 포함시키는 경우가 많다.

요컨대, 사회복지정책의 영역과 관련해 위에서 살펴본 바를 〈표 1-1〉과 같이 정리할 수 있다.

〈표 1-1〉 사회복지정책과 사회정책, 기타 공공정책의 영역 구분

정책	영역
5대 사회복지정책	① 소득보장정책, ② 의료정책, ③ 주택정책, ④ 교육정책, ⑤ 대인 사회서비스(사회복지서비스)정책
넓은 의미의 사회복지정책	① 조세정책, ② 노동시장정책
넓은 의미의 사회정책	① 환경정책, ② 교통정책, ③ 문화정책
사회복지정책에 포함되지 않는 기타 공공정책	① 국방정책, ② 외교정책, ③ 치안정책, ④ 농업정책, ⑤ 산업정책 등

출처: 김태성(2003), p.31을 기초로 표를 작성함.

4 사회복지정책과 사회사업실천

언뜻 보기에, 사회복지정책과 사회사업실천은 서로 관련되지 않은 독자적인 분야인 것처럼 보인다. 그리고 사회사업실천가 중에는 사회사업실천은 사회복지정책과 크게 관련이 없다고 인식하는 사람이 많다. 사회복지정책과 사회사업실천 사이의 차이점을 정리하면 〈표 1-2〉와 같다.

〈표 1-2〉 사회사업실천론과 사회복지정책론의 차이

구분	사회사업실천론 (미시적 개입)	사회복지정책론 (거시적 개입)
클라이언트	개인, 가족, 소집단	이웃, 근린, 공식적 조직, 지역사회, 전체 사회
목표	사회기능의 향상 : 개인, 가족, 소집단을 위한 사회문제의 경감	조직, 지역사회, 전체 사회의 변화
기초가 되는 지식	개인변화이론 : 발달심리학, 인간발달이론	대규모 체계변화이론 : 사회학, 경제학, 정치학, 산업관계학
공통으로 필요한 지식	소집단 사회학, 커뮤니케이션이론	
변화 전략	직접적인 상담, 위기개입, 개별 클라이언트를 위한 옹호	지역사회조직, 사회행동, 로비활동, 조정, 지역사회분석

출처 : Whittaker(1974), 박병현(2007), p.43, 재인용.

하지만 사회복지정책과 사회사업실천은 서로 밀접하게 관련되어 있다. 우선, 사회복지정책을 공부하는 것은 사회서비스 분야에서 활동하는 사람에게 중요하다. 길버트와 테렐(Gilbert & Terrell, 2005)은 사회복지정책을 공부하는 것이 사회서비스 분야에서 활동하는 사람에게 중요한 이유를 다음과 같이 제시하고 있다.

첫째, 사회복지정책은 사회복지전문가가 사용하는 실천 방법에 영향을 미치기 때문이다.

둘째, 사회복지정책은 사회복지전문가가 서비스를 제공하는 클라이언트 체계를 결정하기 때문이다.

그리고 사회복지정책은 사회사업실천의 토대가 된다. 왜냐하면 사회복지정책은 사회 프로그램을 정의하고, 이런 프로그램에 필요한 재정을 충당하고, 이런 프로그램을 실시하는 것이기 때문이다. 다음과 같은 3가지 측면에서 이런 점을 찾아볼 수 있다(Tice et al., 2002).

첫째, 사회복지정책은 사회사업실천의 프로그램을 개발하고 실행하는 것과 관련된 규정과 규제를 제시한다.

둘째, 사회복지정책은 사회사업실천과 관련된 서비스에 필요한 재정을 확보하는 방식을 결정한다. 여기에는 지방정부와 중앙정부 사이의 관계가 포함된다.

셋째, 사회복지정책은 사회복지사가 고용될 기회를 결정한다.

CHAPTER

02 사회복지정책의 가치와 이념적 모형

1 사회복지정책이 추구하는 가치

사회복지정책의 근간에는 일관된 가치가 이어지고 있다. 일반적으로 값·값어치를 뜻하는 말이 가치다. 철학적으로는 어떤 대상에 대한 인간 주체와의 관계에 있어서 그것이 가지는 의의(意義) 또는 인간의 정신적 노력의 목표로 간주되는 객관적 당위(當爲)를 뜻한다. 경제학적으로는 인간의 욕망을 충족시키는 재화의 중요 정도를 가리킨다.

사회복지정책에 있어서 가치는 사회복지정책이 갖는 목표와도 일치한다. 정책의 목표가 이중적이거나 애매모호할 경우 정책의 집행과 결과는 본연의 역할을 상실하기 마련이다. 따라서 정책의 목표를 명확히 밝히는 것은 매우 중요한 작업이 아닐 수 없다. 가치는 사회복지정책의 형태나 모형을 결정짓는 단초가 된다.

틸튼과 퍼니스(Tilton & Furniss)는 사회복지정책이 추구하는 가치로 자유, 평등, 민주주의, 사회적 연대, 생존권의 보장, 경제적 효율 등을 제시했다. 길버트와 스펙트(Gilbert & Specht)는 평등과 공평, 적절성을 사회복지의 기초가 되는 가치로 꼽았다. 다음은 사회복지정책이 추구하는 제 가치이다.

1) 자유(freedom)

18세기 이래 인류를 움직여 온 사회가치가 곧 자유다. 엄격한 신분제로 인해 암흑의 시대라고 불렸던 중세의 억압 속에서 일반 국민의 피와 땀을 토대로 성취한 고귀한 산물이기도 하다.

자유는 소극적 자유(negative freedom)와 적극적 자유(positive freedom)로 분류할 수 있다. 다른 사람의 간섭이나 의지로부터의 자유(free from)를 소극적 자유로 정의할 수 있는데 언론의 자유, 정부의 간섭을 받지 않고 모임을 갖거나 노동조합에 가입할 수 있는 집회 및 결사의 자유, 직업을 선택할 수 있는 자유 등이 이에 해당한다. 소극적인 자유는 결과보다는 기회의 측면을 강조하고 있다.

반면, 적극적인 자유는 능력의 측면을 강조한다(송근원·김태성, 1999). 사회적 약자에게 능력을 증진시켜 선택의 폭을 넓히고 스스로 자신의 삶을 설계하고 실행해 나가도록 만들어 가는 과정과 결과를 모두 아우른다.

사회복지정책에 있어 자유는 종종 제한을 받을 수 있는데, 프리드먼(Friedmann)은 사회복지정책에 의한 자원의 배분은 자유로운 선택을 제한하여 이루어지는 경향이 있다(Friedmann, 1962)고 밝히고 있다. 이는 개인의 자유보다는 평등과 공평한 분배를 중시하는 사회복지의 가치에서 비롯된 정책의 현실을 지적한 것이라 볼 수 있다.

밀(Mill)은 자유의 한계를 다른 사람에게 해를 주느냐의 여부로 결정지을 수 있다고 주장했다. 스톤(Stone)은 개인에게 해를 미치는 경우와 사회에 해를 끼치는 경우를 들어 자유의 한계를 규정했다. 한 사람의 행위로 타인이 신체적인 해를 입는 경우처럼 인과관계가 명확할 때 자유를 제한해야 한다는 데 이견은 없을 것이다. 문제는 복잡한 현대사회에서는 해를 끼친 사람과 피해를 입은 사람과의 인과관계를 찾기 어렵다는 것이다. 행위가 정서, 혹은 심리적으로 해악을 끼친 경우 어느 정도 선까지 자유를 제한할 수 있느냐는 것은 매우 판단하기 어렵다.

어떤 행위가 사회구성원 개인에게는 해를 입히지 않지만, 사회 전체적으로 해가 되는 경우가 있다. 소수의 행위는 큰 문제가 되지 않지만 사회구성원 대다수가 행동으로 옮길 때 부정적이고 바람직하지 못한 상태가 발생한다. 사회보험에 가입했던 사람이 계약을 파기하고 돈을 돌려받으려 한다면, 보험은 본래의 기능을 상실한다. 가입 여부와 절차를 완전히 자유에 맡긴다면 사회보험의 운용을 불가능해 진다. 사회보험의 가입을 강제하고 탈퇴에 일정한 제한을 두는 것은 이런 혼란을 줄이고 안정성과 항시성을 유지하자는 취지에서이다.

2) 평등(equality)

평등은 일반적으로 수량적 평등(numerical equality), 비례적 평등(proportional equality), 기회의 평등(equal opportunity)으로 분류할 수 있다. 수량적 평등은 결과의 평등(equality of result)으로도 불리며 3가지 중 가장 적극적인 평등 상태를 의미한다. 사회적인 자원을 개인의 욕구나 능력과 무관하게 똑같이 나누는 것이다. 현실적으로 결과의 평등이 완전하게 이루어진 역사적 예는 없다. 그러나 대다수 사회복지정책은 능력이 부족한 사회적 약자에게 자원을 할당해 소득격차를 줄이고 삶의 질을 향상시키는 것을 목적으로 한다.

비례적 평등은 공평(equity)함이다. 개인의 노력이나 기여 정도, 능력에 부합하는 사회적 자원의 배분을 의미한다. 수량적 평등에는 미치지 못하나 기회의 평등보다는 평등의 정도가 상대적으로 적극적이다. 자본주의 사회에서 실질적인 평등의 개념으로 널리 사용되는 개념이 된다.

가장 소극적인 평등 상태는 기회의 평등이다. 과정상의 기회를 똑같이 부여하되, 결과에 대해서는 고려치 않는다. 기회가 평등하게 주어졌다면 결과의 불평등은 문제 삼지 않는다는 것이다. 기회의 평등은 정책적으로 추구하는 것이 비교적 쉽고, 현실적이다. 또한, 적극적으로 결과의 평등을 추구하기 위해 야기될 수 있는 경제의 왜곡현상이 발생할 개연성이 적은 것도 장점이다. 그렇지만 이상적인 기회의 평등은 발생 가능한 모든 방법을 고려해야 한다는 전제를 안고 있다. 이는 현실적으로는 불가능하다. 로울스(Rowls, 1971)는 기회평등의 이런 속성을 두고 "사회의 기득권자 등이 자기들의 위치를 합리화하기 위한 구호에 불과하다."고 했다. 실제로 1960년대 미국에서 기회의 평등을 강조했던 프로그램(빈곤층 대상의 교육, 훈련 프로그램)은 역사적으로 볼 때 대부분 실패로 평가되고 있다.

자본주의 사회에서 기회의 평등을 강조하다 보면 사회복지의 기본 가치는 퇴색될 수밖에 없다. 결과의 평등을 추구하되 기회의 평등은 보조적으로 사용되어야 한다는 의미이다.

3) 효율(efficiency)

최소자원을 투입해 최대의 결과를 얻는 것이 효율이다. 사회복지정책에서의 효율은 적은 비용으로 사회구성원이 비중을 두는 가치나 목표를 최대한 달성하는 것이다. 그러나 사회구성원의 가치와 목표는 서로 상이하다. 합의된 가치가 없고 가치 간의 비교가 불가능하다면 어떤 정책이 효율적인가를 결정하는 것은 매우 어려운 일이다.

투입된 자원과 달성된 결과를 계량화하는 것도 난제이다. 삶의 질을 향상시키고 인간다운 생활 영위를 목표로 하는 사회복지의 상태를 수량화하기란, 그것도 사회구성원의 공감을 얻어낸다는 것은 지난한 일이다. 정책의 실행으로 얻어지는 결과에 대한 정확한 예측도 불가능하다.

사회적 자원의 바람직한 배분을 설명해 주는 것이 바로 파레토 효율(Pareto efficiency)이다. 파레토의 효율적인 배분은 완전경쟁 하에서 개인의 효용을 최대화하려는 사람이 충분한 정보를 바탕으로 합리적이고 자발적인 선택에 의한 교환이 이루어질 때 달성된다고 본다. 다른 사람의 이익을 침해하지 않고서는 다른 사람의 효용을 증가시킬 수 없는 상태를 말한다. 사회적 자원의 배분이 평등적이면서 파레토 효율적이지 않는 한 사회복지정책이 추구하는 평등의 가치와 효율의 관계는 대체적일 수밖에 없다(송근원·김태성, 1999). 현실에서는 파레토의 효율적인 사회적 자원배분은 불가능하며 시장을 통한 자원배분이 비효율적인 경우가 발생한다(Hochman & Rodgers, 1969).

4) 적절성(adequacy)

사회복지정책이 대상자의 욕구를 얼마나 충족시켰는가의 여부를 판단하는 기준이다.

공적 부조나 지급되고 있는 각종 수당이 수급자의 인간다운 생활을 보장하고 있는가를 측정한다.

「국민기초생활 보장법」은 국민의 최저생활을 보장하고 자활을 그 목적으로 한다. 문제는 「국민기초생활 보장법」상의 소득인정액과 각종 급여가 최저생활을 영위하고 나아가 스스로의 힘으로 살아가기에 충분한 급여가 되는가의 여부다. 「국민기초생활 보장법」에는 생계급여, 주거급여, 의료급여, 교육급여, 해산급여, 장제급여, 자활급여 등이 명시되어 있다. 이때 핵심 논란은 지급되는 급여의 수준이다. 최저생활수준에서조차 턱없이 모자란 수준으로 단지 생색내기에 그치고 있다는 지적으로 적절성을 상실했다는 분석이 잇따르고 있다.

5) 민주주의

국민 다수의 의사가 정치를 결정하는 것을 이상으로 삼는 사상, 또는 그것을 보장하는 정치제도, 정치운영 방식이 곧 민주주의이다.

민주주의의 원형은 고대 그리스 도시국가의 정치에서 찾아볼 수 있는데, 자유민에 의한 정치 참가의 방식이 광범하게 인정되었다. 그러나 민주주의적 사상·제도가 정치세계에서 결정적으로 중요한 위치를 차지하게 된 것은 역시 시민계급이 전제적 절대군주정치를 타도하고 근대 국가를 형성한 17~18세기 시민혁명 이후의 일이라 하겠다. 이 시기에 국민주권주의, 기본적 인권존중, 법의 지배, 민주적 정치제도 확립 등 민주주의적 사상 및 제도의 원형이 형성되었다. 이러한 민주주의 사고방식을 체계화한 것이 홉스·로크·루소 등이며, 영국·미국·프랑스 등의 각종 헌법과 선언에 반영되었다.

19세기 중엽 이후 민주주의의 과제는 드디어 경제적 불평등의 시정, 사회적 약자의 구제라는 방향으로 중점이 옮겨갔으며, 공공복지를 위해서는 개인의 자유를 어느 정도 제한하여도 불가피하다는 사고방식으로 전환되었다. 신분과 지위에 관계없이 1인 1표의 주권을 행사하는 투표권의 확보는 참여 민주주의와 복지국가의 위상정립과 역할증대에 중대한 역할을 담당했다.

6) 사회적 연대

소속한 사회에 대해 개개인이 가지는 소속의식과 연대감으로 정의할 수 있다. 자유주의 사상과 자본주의가 개인의 소외와 배제, 그리고 상대적 박탈감을 야기하면서 사회적 연대감이 약해지고 있다. 상대에 대한 배려와 서로를 기꺼이 돕고자 하는 의식은 끈끈한 연대감을 준다. 현대사회의 익명성과 바쁜 일상은 인간소외를 부추기기 마련이고, 사회적 약자에게는 고독과 소외의 상태를 강요한다. 때로는 사회지도층의 호화판 생활이나 부적절한 처신과 축재로 인해 사회적 연대를 깨는 사례도 종종 발생한다. 빈곤이나 질병, 산업재해, 노령이라는 상황에 대해 국가가 나서서 직·간접의 사회복지 개입을 시도하는 것도 바로 사회적 연대를 위해서다.

7) 사회정의

사회정의는 사회복지정책이 추구하는 중요한 가치다. 그러나 사회정의가 무엇인가라는 질문에 명확한 대답을 하기란 쉽지 않다. 처한 위치와 상황, 그리고 시대에 따라 사회정의를 다르게 규정할 수 있기 때문이다.

이런 어려움 때문에 사회정의를 설명하기 위해 많은 사람은 종종 정의가 아닌 '비정의'를 먼저 설명하면서 정의에 대한 개념을 정리하기도 한다.

가장 넓게 회자되고 인용되는 것은 롤즈(J. Rawls)의 정의론으로 "인간은 그 속성상 타인보다 많은 것을 소유하고 싶은 욕구를 갖고 있다."고 주장했다. 이런 욕구는 유한한 자원의 속성과 맞물리면서 필연적으로 갈등을 야기하며, 갈등해결을 위해서는 누구나 인정할 수 있는 기준, 곧 사회정의가 필요하다는 것이다.

롤즈는 사회구성원에게 같은 권리와 의무를 부여하고 공정한 경쟁이 보장될 경우 사후적으로 이루어지는 배분은 공정한 것으로 인정했다. 또한, 다소 불평등하게 자원의 배분이 이루어진다 해도 사회구성원 모두에게 분배보다 이익이 보장될 경우 사회정의는 어느 정도 달성된 것으로 보았다. 아울러, 불평등의 정도는 사회적으로 용인될 수 있는 범위 내에서 이루어져야 사회정의가 실현된 것으로 볼 수 있다는 것이다. 정리하면 사회구성원 각자에게 인간다운 생활을 보장하는 수준을 유지하게 하고 공정한 자아실현과 공정한 경쟁을 보장할 때, 그 사회는 다소간 분배상의 불만이 야기되더라도 사회정의를 유지하고 있는 것으로 판단할 수 있다.

8) 생존권보장

우리나라 「헌법」 제34조는 "모든 국민은 인간다운 생활을 할 권리를 갖는다."라고 규정되어 있는데, 이는 생존권의 보장을 밝힌 것이다. 생존권은 인간답게 살아갈 권리를 규정한 것으로 기본적 인권 중 하나다.

생존권을 최저생활을 영위하는 데 필요한 급여를 제공하는 것으로 생각하기 쉬우나 이는 잘못된 개념이다. 육체적으로나 정서적 혹은 정신적으로 쾌적하고 충만한 상태를 유지하는 데 필요한 모든 급여와 서비스를 총칭한다. 사회의 가치와 소득, 구성원의 연대의식에 따라 그 수준은 각기 달라지는 것이 보통이다.

2 이념

사회복지정책은 이념이나 이데올로기의 영향을 받는다. 이데올로기(ideology)는 이데아(idea)와 로기(logie)의 합성어로 이념의 논리로 정의된다. 자연·인간·사회의 총체에 관해서 사람이 품고 있는 의식 형태를 말한다. 공통적으로 소유되는 신념의 체계로도 풀이할 수 있다.

마르크스(Karl Heinrich Marx)에 의하면, 이데올로기는 사회 구조의 토대인 경제 구조에 의해 규정되고 그것에 대응하여 형성되는 상부 구조, 즉 정치·종교·예술·법·철학 등 여러 사회적 의식 형태를 가리킨다.

전통적인 이데올로기의 체제 이념은 보수주의, 진보주의, 급진주의로 나누어진다. 각자의 관점과 사회복지의 역할에 대한 고찰을 소개한다. 또한, 조지와 윌딩(George & Wilding)이 분류한 반집합주의, 소극적 집합주의, 페이비안 사회주의, 마르크스주의 등에 따른 사회복지정책의 내용과 사회복지에 끼친 영향에 대해 살펴본다.

〈표 2-1〉 사회복지정책의 이념 모형

학자	이념의 연속선			
	극우	중도우	중도좌	극좌
Wilensky & Lebeaux	보충적 모형	제도적 모형		
Titmuss	보충적 모형	산업 성취적 모형	제도적 재분배 모형	
George & Wilding	반집합주의 모형 (자유방임주의)	소극적 집합주의 (수정자유주의)	페이비안 사회주의 (사회민주주의)	마르크스주의 (사회주의)

출처: 남기민(2007), 사회복지정책론, p.41, 학지사.

1) 보수주의, 진보주의, 급진주의

(1) 보수주의

인간본성에 대해 보수주의자는 사뭇 비관적이다. 나태하며 자기만 알고 좀처럼 타인을 돕지 않는 존재로 본다. 이런 부정적 성향 때문에 인간은 통제되어야 하며, 일탈 시 처벌을 받아야 한다고 주장한다. 사회의 모든 개인은 자신의 행동과 선택에 대해 책임져야 한다고 말한다.

보수주의자는 전통적으로 가정의 존재와 기능을 최우선에 올려놓았다. 가정은 개인 생활의 모태이자 중심에 위치한다. 따라서 부모의 권위를 침해하거나 가정의 약화를 가져오는 프로그램의 공급에는 반대한다.

사회에 대한 보수주의자의 의지는 현상유지이다. 사회체제를 공평하다고 보기 때문에 변화에 대해서는 대체로 부정적이다. 정치적인 영향을 달가워하지 않는 것도 바로 이런 이유에서다. '최소한의 정치를 최고의 정치'로 받아들인다. 정부는 개인 생활에 가능한 한 적게 개입할수록 정부의 역할을 다했다고 본다.

(2) 진보주의

진보주의자는 인간의 본성을 낙관적으로 인식한다. 인간은 선하게 태어났으며, 통제가 필요 없는 전인격적 존재로 본다. 본성이 선한 만큼 그에 상응하는 자유를 누려야 한다는 입장이다.

개인의 행동이란 경험에 영향을 받는다는 심리학적 이론을 받아들이고 있다. 인간행동의 주원인을 환경에서 비롯되었다고 본다. 빈곤의 원인을 개인의 나태나 성향이 아닌 사회 구조적인 측면에서 찾고 있다.

진보주의자는 가족을 진화하는 하나의 제도로 파악한다. 남녀가 평등하다는 인식에 따라 동일한 보수, 동일한 책임과 권한을 주장하고 있다. 사회체제에 대한 진보주의자의 생각은 대체적으로 공평하다고 보지만, 이익집단의 과도한 경쟁과 개입으로 불평등이 양산될 때 적절한 개입도 필요하다는 생각이다. 현 사회를 최선의 것으로 평가하지 않으며, 변화를 통해 공평과 사회정의를 이룰 수 있다고 본다.

사회와 경제에 대한 정부의 개입은 필수적이며, 자유시장경제는 공평을 보장하기 위해 통제될 수 있다고 말한다.

〈표 2-2〉 보수주의, 진보주의, 급진주의 관점 비교

구분	보수주의	진보주의	급진주의
변화	일반적으로 변화는 바람직한 것으로 보나 현재 상태 유지가 가장 바람직하다.	변화는 진보를 가져온다. 변화가 최선이다.	체제의 근본 변화를 가져오는 변화가 바람직하다.
인간본성	근본적으로 이기적. 통제가 필요하다.	근본적으로 선하다. 선한 자극을 강화하는 구조가 필요하다.	근본적으로 선하지만 제도에 의해 부패될 수 있다.
가족	전통가족이 사회의 기본 단위이다. 정부의 간섭은 불필요하다.	가족은 변화한다. 사회 및 정부의 지지가 필요하다.	전통가족은 압제적이며, 변화하는 가족은 정부의 지지가 필요하다.
개인행동	개인은 자유 의지를 갖고 있다. 각자의 인생과 문제에 대해 스스로 책임져야 한다.	개인은 자치적이거나 자기 지배적이지 못하다. 환경으로부터 부분적인 영향을 받는다.	개인의 행동은 사회와 경제 구조에 의해 매우 영향을 받는다.
사회	사회는 원래 공평하다. 그냥 두어도 잘 기능한다.	이해관계가 얽혀 있기 때문에 공평한 경쟁을 보장하기 위해서는 통제가 필요하다.	권력을 가진 자와 가지지 못한 자 사이의 불공평을 내포한다. 불공평은 변화되어야 한다.
정부와 경제제도의 역할	자유시장경제가 번영과 개인 욕구 충족을 위한 최선의 방법이다. 정부는 시장을 지지해야 한다.	자유시장경제는 공평을 위해 통제될 필요가 있다. 인간의 기본 욕구 충족을 위해 정부의 프로그램은 필수적이다.	시장경제는 착취적이며 불공평하다. 공공과 민간의 혼합경제와 사회주의체제가 그 대안이다.

출처: P. R. Popple & L. Leighninger, Social Work, Social Welfare, and American Society, Allyn and Bacon, 2002, p.16.

(3) 급진주의

인간은 선하며 근면하고 창의적이라고 본다. 열심히 일하는 것을 덕목으로 인정하며, 노동조건을 유연하게 조정할 때 인간은 노동에서 보람과 성취를 얻을 수 있다고 믿고 있다.

인간행동에 대해 급진주의자는 환경적 측면을 강조한다. 진보주의와 유사한 관점을 보여 준다. 이들은 건강한 가정은 건강한 사회의 초석이 된다는 데 인식을 같

이하지만, 전통적인 가정은 가부장적 성향을 띠며 여성을 억압하고 있다고 말한다. 맞벌이부부, 한부모가족, 조손가정 등 새롭게 태동하는 가정을 위해 적극적인 지지를 호소한다.

사회불평등에 대한 급진주의자의 입장은 갈등과 계층에 따른 불가피한 상황으로 이해한다. 가진 사람이 자신의 위치와 이익을 고수하기 위해 권력을 사용하며, 이로 인해 불평등이 발생한다고 본다. 평등한 세상은 사회체계를 다시 짤 때 가능하다는 입장이다. 시장경제는 다분히 착취적이고 불공평하게 보며 그 대안은 사회주의로 인식한다. 급진주의자는 공공 부문과 민간 부문이 망라된 혼합경제체제를 선호한다.

2) 반집합주의, 소극적 집합주의, 페이비안 사회주의, 마르크스주의

(1) 반집합주의(anti collectivism)

반집합주의는 19세기 영국을 지배했던 이데올로기다. 하이에크(Friedrich Hayek)나 프리드먼이 대표적인 제창자이다.

① 사회적 가치

반집합주의의 근본적인 사회적 가치는 자유와 개인주의, 불평등이다. 여기에서의 자유는 소극적인 상태로 강제가 없는 상태다. 하이에크는 "어떤 사람이 자신의 계획에 따라 행동하지 못하고 다른 사람의 목적을 위해 봉사하도록 강요받는 것으로 그가 다른 사람에게 통제받는 상태"라고 강제를 설명했다. 반집합주의는 자유를 자연권으로 받아들이며, 다른 여러 가지 바람직한 목적을 위한 필요충분조건으로 인식한다.

개인주의는 자유를 보완하는 것이며, 강력한 개인주의는 대규모의 국가 개입이나 강제를 불필요하고 불가능하게 만들 것이라고 주장한다. 개인주의는 인간을 불합리하고 자기중심적이며, 오류가 많은 존재로 본다. 개인의 오류는 사회화 과정을 통해 수정됨으로써 한 사람의 무지나 오류가 사회를 지배하지 않게 되는 것이다.

반집합주의가 불평등을 신뢰하는 것은 평등주의적 정책 추구가 자유와 양립될 수 없다는 견해에서 비롯된다. 프리드먼은 "평등주의자이면서 동시에 자유주의자가 되는 것은 불가능하다."고 밝힌 바 있다. 불평등은 혁신과 노력에의 유인으로 작용한다는 것으로, 평등을 추구해 온 결과 효율성과 생산성에 부정적인 영향을 끼쳐 왔다고 주장한다. 영국의 경제성장이 유럽 대륙의 나라나 미국, 일본 등의 국가보다 뒤처지게 된 주요한 이유 중의 하나가 평등추구정책이라는 것이다. 또한, 평등은 건설적인 도덕·윤리를 심각하게 위협하고 있다고 비판하고 있다. 반집합주의자는 사회정의를 달성할 수 없는 상태임을 들어 부정적 견해를 피력한다. 하이에크는 "정의롭다는 것은 그 상황이 어떤 개인에 의해 고의로 계획되었거나 의도된 경우에 한해서 가능한 것이며, 전적으로 사회정의는 공허하고 무의미한 것"이라고 하였다.

② 사회와 국가

구조나 구조적 요인보다는 개인과 개인의 행위에 일차적 관심을 두는 반집합주의는 사회에 대해 합의된 모형을 갖고 있지 않다. 그러나 사회 전체의 동의란 불가능하며, 그런 동의를 보장하려는 시도는 사회를 분열시킬 뿐이라고 확신하고 있다. 개인 간의 갈등을 그들은 경쟁(competition)으로 정의했다. 경쟁은 개인과 사회에 대해 바람직한 영향을 주는 것으로 인식하고 있다.

반집합주의는 시장체계의 유지와 옹호를 강력히 주장하고 있는데, 정교하고 복합적이며 효율적인 경제를 가능하게 하는 동력이라는 것이다. 시장은 단순한 경제운영방법이 아니라 광범위한 사회체계에 깊은 영향을 미치는 존재로 인식한다. 이처럼 강한 신뢰감에도 불구하고 시장을 섬세하고 연약한 체계로 간주한다.

반집합주의자는 민주주의 체제가 강제적인 정부의 행위를 확장시키기 때문에 자유에 위협이 되고, 정부관료 집단과 같은 이익집단에게 과도한 권력이 집중된다고 주장한다. 이는 사회의 응집력을 약화시키고 특정 집단의 경제적·사회적 권력화를 촉진시킨다는 것이다.

③ 정부의 역할

반집합주의는 정부의 행위에 대해 회의적이다. 정부의 행위는 자유를 위협하고, 본질적으로 비효율적이며, 자신들이 약속한 것이나 국민이 바라는 바를 제대로 충족시켜 주지 못하고 있다는 이유에서이다. 문명의 진보는 개인의 창조성에서 비롯된다는 시각이다.

일부분이기는 하지만 반집합주의자도 정부의 역할을 인정하는 분야가 있다. 자발적인 질서가 효율적으로 기능할 수 있도록 필요한 틀을 제공하거나, 자신의 삶을 스스로 책임질 수 없다고 사회가 인정한 사람에게 가부장적인 역할을 수행하는 경우에 한정하고 있다.

④ 복지국가에 대한 태도

사회적 최저수준(social minimum)을 보장하는 것을 정부의 책임으로 인정하고 있다. 정부가 최소한의 급여 이상을 제공하는 것에 대해 반집합주의자는 우려를 표명한다. 복지국가정책에는 자유에 대한 위협이 내재되어 있다는 것이 그 대표적인 이유며, 복지국가가 다수로 하여금 소수와 개인을 강제할 수 있게 허용했다는 것이다. 복지국가의 정책이 경제체계와 사회체계를 불안정하게 하며, 국가의 복지급여가 개인이나 집단의 욕구에 올바르게 반응하지 못하고 있다는 비판도 제기한다. 관료 제도를 통해 공급된 복지서비스는 시장체제를 통해 공급된 서비스보다 특정한 욕구를 충족시킬 수 없다는 점도 부각시키고 있다. 복지국가의 공적 부조는 의존성과 도덕적 타락, 무책임성을 조장하고, 창의력과 자존심을 약화시켰다는 비판도 제기한다.

(2) 소극적 집합주의(reluctant collectivism)

자유시장에 대한 신뢰가 강하지 않다. 이는 반집합주의자와의 구별점이 된다. 그러나 정부에 의해 관리되는 경제가 필요하며, 더 좋은 결과를 거둘 수 있다고 믿는다. 갈브레이스(Garbraith), 해로드(Harrod) 등의 학자가 소극적 집합주의의 대표적 지지자이다.

① 사회적 가치

절대적인 가치라기보다는 조건적인 경향을 보이며, 자신들의 지적 실용주의에 제한되는 경향이 있다. 자본주의는 자기 조절적(self regulating) 기능이 부족하다는 신념을 갖고 있다. 따라서 자본주의가 효율적이고 공정하게 기능하기 위해서는 사려 깊은 통제와 규제가 불가피하다는 입장이다.

소극적 집합주의자에 있어서도 자유는 기본적인 가치다. 개인주의와 사적 기업, 자조를 강조했다. 이들은 불평등을 옹호하는 입장을 취하고 있다. 베버리지는 보수의 차별은 자유롭고 효율적인 노동시장에서 필수적인 것이라고 인정했다. 케인스(J. M. Keynes)도 불평등을 옹호하는 주장을 폈다. 그렇지만 불평등은 감소되어야 한다는 견해를 표명했다.

② 사회와 국가

사회 질서와 정치 질서는 주어진 것이며, 사회는 합의에 의해 결정된다고 보았다. 경쟁, 사적 기업, 이윤 동기, 가격체계, 자유시장 등 자본주의의 중심적인 메커니즘이 적절히 규제되기만 한다면 경제활동에 커다란 동인이 될 것으로 믿었다. 이들은 자본주의에 대해 자기 조절적이지 않으며, 낭비적이며 비효율적이라는 부정적인 견해를 밝혔다. 그 자체로 불의와 빈곤을 타파할 수 없을 것이라고 믿었다. 빈곤과 불의의 제거가 경제성장을 통해서는 이루어질 수 없다는 판단에서였다.

소극적 집합주의자는 정부 행위를 근본적으로 혐오하는 입장과 정부 행위를 근본적으로 찬성하는 입장의 중간적 시각을 가졌다. 국가의 운영에 대해서는 큰 주의를 두지 않았지만, 국가는 중앙정부와 동일시될 수 있으며 모든 사람의 이익을 위해 자율적이며 공평무사한 정책을 실행할 책무가 있다는 생각이었다.

③ 정부의 역할

정부 개입을 옹호하는 소극적 집합주의자의 주장은 기본적으로 실용주의적이다. 정부가 경제 및 사회적으로 긍정적인 역할을 하지만 정부활동에는 한계를 둬야 한다는 입장이었다. 자유시장은 스스로를 규제할 능력이 있다고 믿었기 때문이며,

사적 기업은 정부보다 본질적으로 우수하다고 판단했다. 또, 이런 정부의 행위는 자유를 위협할 수 있다고 보았다.

④ 복지국가

복지국가를 인정하지만 사회와 경제의 변화를 위한 수단이나 삶을 증진하기 위한 수단이라기보다는 피할 수 있는 해악을 통제하기 위한 수단으로 보았다. 즉, 시장의 실패를 보완하는 수단으로 인식한 것이다.

복지급여에 있어 국가 이외의 다른 대안이 모두 실패하였으며, 사회와 개인이 국가개입에 대한 욕구가 있다고 보았다. 따라서 이 경우 국가의 개입은 바람직하며 필요하다는 것을 인정한다. 한마디로 소극적 집합주의자의 목적은 자본주의의 비효율성과 불의를 제거함으로써 자본주의의 생존을 보장하려는 것이다.

(3) 페이비안 사회주의(Fabianism)

페이비안 사회주의는 소극적 집합주의와 마르크스주의의 모호한 중간 영역에 위치한다. 페이비안 사회주의와 다른 이데올로기를 구분할 수 있는 경계는 때론 분명치 않다. 그 경계가 무너지는 경우도 발생한다. 페이비안 사회주의는 민주주의와 사회복지서비스에 대한 적극적인 옹호를 보인다.

① 사회적 가치

평등과 자유, 우애를 가장 강조하였다. 이 3가지 가치로부터 파생된 민주적 참여와 인본주의를 표방한다. 평등의 옹호는 사회통합, 경제적 효율성, 자연적 정의, 개인의 자기실현이라는 근거에서 비롯되었다. 불평등의 감소는 사회적 소속감을 증대시키고 이는 사회질서의 급격한 붕괴를 막아준다는 것이다.

정치적 자유가 실질적인 의미를 갖기 위해서는 경제적 자유에 의해 보완되어야 한다고 믿었으며, 민주주의적 참여를 중시하는 것은 정치적 민주주의는 진정한 민주주의 사회의 한 가지 요소에 불과하다는 신념을 확장한 것이다.

이들이 강조하는 인본주의적 가치는 최소한의 생활수준을 국민이 누려야 하고 사회의 곤궁은 제거되어야 한다는 것을 의미한다.

② 사회와 국가

페이비안 사회주의자는 사회를 서로 간의 이해관계가 갈등을 일으키는 계급과 집단으로 구성된 것으로 간주한다. 시장은 자유롭지도, 정의롭지도 못하다고 보고 정부에 의해 적절히 규제되어야 한다고 보았다.

③ 정부의 역할

정부가 해야 할 일은 사적 시장체계의 불의를 수정하는 것이다. 권력의 시장집중을 시정하고, 권력을 대중에게 확산시키기 위해서는 정부의 행위가 필요하다고 보았다. 이들은 소득과 부의 전체적인 불평등에 대해서는 비판적이었다.

④ 복지국가

보편적인 사회서비스 급여에 찬성했다. 이들은 자산조사에 근거한 선별주의를 비난한다. 이른바 낙인효과를 의식해서다. 제2차 세계대전 직후 노동당 정부의 보편주의적 사회서비스 도입은 페이비안 사회주의자의 전적인 지지를 받았다. 복지국가의 위협적인 요인으로 페이비안 사회주의자는 불의와 치료에 치중하고, 결과의 평등보다는 기회의 평등을 추구하는 데 주력하며, 빈곤타파가 주 관심사이며, 행정구조 역시 부패하기 쉽고 권위적이라는 점을 들었다.

페이비안 사회주의는 복지국가를 사회주의적 목적 중 일부만을 제한적이고 부분적으로 성취한 것으로 본다. 복지국가는 불안정한 타협물이자 사회주의를 향한 잠재적인 시험대로 간주한다.

(4) 마르크스주의(Marxism)

마르크스주의자는 사회적 가치, 국가의 본질, 정부의 역할 등에 대해 반집합주의자와 완전히 반대되는 의견을 갖고 있다.

① 사회적 가치

인간의 진정한 해방은 자본주의적 분업이 강요하는 노예화의 압력으로부터 자유로울 때 얻을 수 있다고 보았다. 자기가 원하는 분야에서 자신을 실현할 수 있는 사회가 바로 공산주의 사회다.

② 사회와 국가

자본주의 사회에서의 계급갈등은 보편적인 현상으로 생산수단의 사적 소유 폐지, 자본주의 자체의 폐지를 통해서만 극복될 수 있는 것으로 보았다. 계급갈등은 여러 가지 형태를 취할 수 있고 그 정도가 격렬할 수도 있으며 온건할 수도 있겠으나, 자본주의 사회에서는 결코 폐지될 수 없다. 계급갈등은 자본주의 사회변화를 위한 유일한 동력은 아니지만 가장 중요한 동력이다.

③ 정부의 역할

마르크스주의자는 생산과 분배수단의 국유화와 효과적인 산업민주주의를 표방한다. 생산수단의 국유화와 사회화는 정부가 경제정책과 사회정책을 더욱 쉽게 계획할 수 있도록 해 줄 것으로 보았다.

④ 복지국가

복지국가는 특정한 역사적 상황에서 노동계급의 투쟁과 자본주의 경제의 필요성이라는 2가지 요인이 상호작용한 결과로 보았다. 자본주의의 모순적 발전이 곧 복지국가며, 복지국가 그 자체가 새로운 모습을 창출하는 것으로 파악했다. 이 모순은 날이 갈수록 분명해진다는 것이다. 복지국가는 조세율이나 근로동기, 이윤율 등으로 인해 불안정해질 수밖에 없다는 주장을 폈다.

CHAPTER

03 사회복지정책 발달 이론

1 사회양심이론

사회양심이론(social conscience theory)은 사회적 양심의 증대를 사회복지발전의 원동력으로 보는 이론으로, 이런 관점은 홀(Hall)의 저서 『*The social services of Modern England*(1952)』를 비롯한 1950년대를 전후한 영국 사회정책연구자의 문헌에서 찾아볼 수 있다. 그러나 사회양심이론은 처음부터 정식화되었다기보다 이후에 베이커(J. Baker)에 의해 체계화된 이론이다. 베이커(1979: 177-178)는 사회양심이론을 다음과 같이 정리하고 있다.

첫째, 사회(복지)정책이란 인간이 지니고 있는 보편적 이타심을 국가를 통해 실현하는 것이다. 둘째, 사회(복지)정책은 사회적 의무감의 확대와 사회적 욕구에 대한 시민의 지식 증대라는 2가지 요인에 의해 변화된다. 셋째, 변화는 누적적으로 이뤄지며, 사회정책은 항상 그렇지는 않지만 대체로 관대하고 더 넓은 범위로 발전해 나간다. 넷째, 개선은 불가역적이며 따라서 현재의 사회서비스 수준은 지금까지의 것 중에서 최고 수준이다. 다섯째, 역사적 관점에서 볼 때 현재의 사회서비스가 비록 불완전하더라도 사회복지의 주요한 문제는 이미 해결되었고, 현재의 사회가 안정적인 기반 위에 구축되어 있기 때문에 지속적인 발전이 가능하다.

이처럼 사회양심이론은 인간이 보편적으로 이타적 양심을 지니고 있고, 국가는 이러한 인간의 자비로운 집단적 양심에 따라 사회정책을 실현하며, 사회정책은 점차 발전해 나간다는 낙관적이고 이상주의(idealism)적 관점에 서 있다고 할 수 있다. 그러나 사회양심이론은 영국의 역사적, 사회적 특수성을 과도하게 일반화함으로써 최근의 잇따른 공공정책의 실패, 새로운 사회문제의 등장 등에 관해서는 설명하기 어려운 한계를 갖고 있다.

사회양심이론에 대해 히긴스(Higgins)는 다음과 같이 비판하고 있다.

첫째, 사회정책이 사회양심론자의 주장대로 인간의 이타심을 국가를 통해 표현하는 것이라면 사회정책이 모든 사회에서 비슷하게 발전해야 하지만 실제로는 그렇지 않다.

둘째, 사회정책에 있어서 인도주의적 특성을 과도하게 강조함으로써 국가의 역할에 대한 왜곡된 견해를 갖게 하여 사회정책 발달과정에 대한 정확한 이해를 저해하고 있다.

셋째, 사회정책의 형성 및 변화에 미치는 영향력에 관한 분석이 너무 협소하고, 정책 과정에서의 정치적 맥락의 중요성을 과소평가하고 있다(Higgins, 1981: 29-32).

2 수렴이론 : 기술결정론

수렴이론(convergence theory)은 경제발전이 일정 수준에 이르면 각국의 사회복지제도가 유사한 형태로 수렴된다는 이론을 말한다. 수렴이론에 따르면 어느 정도 산업화된 나라의 사회제도는 자본주의 국가든 사회주의 국가든 간에 사회제도가 하나의 방향으로 유사하게 수렴된다고 주장한다. 수렴이론은 사회 구조나 제도를 결정짓는 주요한 요인을 이데올로기나 계급 간의 갈등이 아니라 산업화 또는 기술발전(technological development)으로 보기 때문에 벨(Bell, 1960)의 이데올로기 종말론과도 맥락을 같이한다. 즉, 수렴이론의 관점에서 보면 사회복지정책의 발달은 산업화 과정에서 발생하는 필연적 부산물이라 할 수 있다.

수렴이론은 캐리어와 켄덜(Carrier & Kendall)에 의해 기술결정론(technological determinism)이라고 불리기도 한다. 이 이론은 사회정책의 변화를 조직적 분석의 맥락에서 조명하고 있다. 이 주장의 기본 가정은 개인 활동의 수단인 테크놀로지에 관한 지식을 기초로 해서 인간 행위를 예측할 수 있다는 것으로서 사회정책의 변화를 테크놀로지 특히 사회행정 및 사회사업기술의 발달과 같은 비사회적 힘에 의해 결정되는 것으로 설명하고 있다(김상균, 1987: 91).

윌렌스키와 르보(Wilensky & Lebeaux, 1965)는 전통사회에서 산업사회로 변화하는 과정에서 가족 구조, 연령 구조의 변화 및 도시화, 노령화 등 모든 사회 구조 및 사회체제가 변화하게 되는데, 이러한 산업화의 결과로 파생되는 문제를 해결하고 국가의 부를 분배하는 과정에서 자연스럽게 제도와 정책으로서의 사회복지가 발전한다고 본다. 즉, 사회복지가 잔여적 복지모형에서 점차적으로 제도적 복지모형으로 변화하여 체제 간의 이념적 영향력이 약화된다는 것이다.

자본주의와 사회주의 양 체제 간의 사회복지 수렴현상에 관한 연구자로는 미쉬라(Mishra)를 들 수 있다. 미쉬라는 이런 현상을 다원주의적 산업주의(pluralistic industrialism)로 설명했다. 다원주의적 산업주의란 자유방임주의(atomism)와 극단적 국가통제주의(monism)의 중간 지점에 존재하는 체제로서 자유방임주의적 자본주의체제는 시민의 기본적 욕구를 충족시키기 위한 국가 개입, 즉 사회복지정책을 도입하게 되고, 공산주의 체제는 자원배분의 효율성을 기하기 위해 시장을 도입하게 되어 양 체제가 유사해지는 것을 말한다. 즉, 자본주의는 사회통합을 위해 국가의 개입을 강화하게 되고, 공산주의 체제는 효율성과 창의성의 증대를 위해 통제를 분산화하게 되는데, 그러다 보면 양자가 수렴하게 된다는 것이다(Mishra, 1981: 42).

수렴이론은 다른 이론에 비해 다음과 같은 장점을 지니고 있다.

첫째, 사회복지정책 현상을 선진 자본주의 국가에 한정했던 기존 이론과 다르게 체제를 뛰어넘는 이론적 틀을 마련함으로써 이론적 지평을 확대하는 데 기여했다.

둘째, 사회변화에 따른 사회복지정책과 제도의 변화를 설명함에 있어서 복지정책 내의 변화를 분석하는 데서 나아가 거시적이고 포괄적인 변화의 배경을 파악하는 준거틀을 제시하였다.

그럼에도 불구하고 수렴이론은 다음과 같은 약점을 지니고 있다.

첫째, 수렴이론은 비슷한 경제발전 수준에 있는 나라의 사회복지정책 발달 정도가 다르게 나타나는 현상에 관해서는 설명하지 못하는 한계를 갖고 있다.

둘째, 수렴이론은 사회복지제도의 수렴현상을 지나치게 일반화함으로써 사회복지정책 결정 과정에서 현실적으로 존재하는 다양한 집단 간의 갈등 및 역학 관계, 정책 결정권자의 주관적 인식의 차이 등의 요소를 무시하고 있는 문제점을 안고 있다.

3 확산(전파)이론

확산(전파)이론(diffusion theory)은 국가 간의 교류, 영향력, 소통 등을 통해 사회복지정책의 발달이 한 나라에서 다른 나라로 확산 또는 전파된다는 이론이다. 확산이론에 따르면 한 나라의 사회복지정책의 도입은 선진 복지국가의 경험을 모방한 결과이며, 사회복지정책의 국제적 확대 과정은 국제적 모방의 과정이라 할 수 있다.

확산이론과 관련하여 미드글레이(Midgley)는 특히 제3세계 국가군은 대부분 식민지 시절 물려받았던 정치·행정적 제도를 답습하거나 연장하는 과정에서 자연스럽게 지배국가의 각종 제도를 도입하는 결과가 되었다고 말한다. 그리고 이러한 전통은 행정적 편의와 프로그램적 수입의 용이성으로 인해 독립 후에도 지속적으로 지배국가의 제도적 장치가 유지되는 경향이 있다. 그 결과 종속적인 상태를 유지하면서 프로그램의 전파와 확산이 이루어지고 있다(Midgley, 1984: 168-169).

콜리어와 메식(Collier & Messick)은 확산의 유형을 2가지로 구분하여 설명하고 있다(Collier & Messick, 1975, 현외성, 2004: 75, 재인용).

첫째, 위계적 전파(hierarchical diffusion), 이는 기술혁신이나 새로운 제도가 선진국에서 후진국으로 전파되는 경우를 말한다. 일반적으로 근대화가 먼저 진행된 국가로부터 늦게 진행된 국가로 위계적 전파가 존재하는데, 개발도상국은 근대화의 수준이 낮은 상태에서 사회복지제도와 프로그램을 도입한다는 것이다. 이러한 설명은 사회복지제도의 도입에 대한 역사적 사실을 분석해 보면 자명하다.

둘째, 공간적 전파(spacial diffusion)로서 특정 국가에서 만들어진 제도나 프로그램이 우선 인접 국가를 중심으로 하여 점차 전파되어 나간다는 설명이다.

이상과 같은 확산이론은 사회복지정책 발달을 국내적인 요인으로 설명해 온 기존의 이론에 비해 국가 간의 상호 관계와 국제 환경을 중시한 이론으로서 일정한 설득력을 갖고 있다. 특히, 현대사회와 같이 교통과 정보·통신의 발달, 특히 인터넷이 일반화된 상황에서는 확산이론의 설득력이 높아졌다고 할 수 있다.

반면에 확산이론은 다음과 같은 한계를 지니고 있다.

첫째, 국제적인 환경변수가 구체적인 사회정책으로 전환되는 구체적이고 역동적인 과정을 설명하지 못하고 있다. 단순히 특정 국가와 인접하고 있다는 지리적 위치나 피식민지적 지배와 경험 자체는 중요한 요인이기는 하지만, 왜(why), 어떻게(how) 그러한 지식과 아이디어가 정책 혹은 입법화라는 모습으로 실현되었는가에 대한 구체적인 설명이 부족한 것이다(현외성, 2004: 77).

둘째, 한 나라의 사회복지정책이 인접 국가인 다른 나라에 별다른 영향을 주지 못한 경우에서 보듯이 제도 도입에 있어서 확산의 효과보다는 오히려 국가 내부의 사회경제적·정치적 상황이 더 중요하게 작용한 사례가 많다.

셋째, 확산이론은 확산이 선진국에서 후진국으로 이뤄진다고 보고 있으나 근대화가 영국에 뒤진 독일에서 영국보다 한 세대 먼저 사회보험을 실시한 것은 오히려 역확산의 경우에 해당된다.

4 이익집단론

이익집단이란 '공통의 목적을 가지고 공공정책에 영향을 미치기 위해 노력하는 개인들의 조직체'를 말한다. 이익집단론(interest group theory)은 사회복지정책을 이러한 이익집단 간의 갈등과 타협의 산물로 간주한다.

경제 발전 단계가 고도화되고 민주주의가 성숙되면서 이익집단의 영향력이 확대되는 것은 어느 나라나 일반적인 현상이다. 보통 이익집단이라고 하면 노동조합이나 경영자 단체, 그리고 의사나 변호사와 같은 계급이나 직능단체를 의미했지만, 이제는 그것을 뛰어넘어 연령, 인종, 언어, 종교를 중심으로 결성되기도 한다. 퇴직한 노령층의 이익집단화가 좋은 예이다. 이들은 숫자도 많고, 투표율도 높으며, 정치적으로도 활동적이다(원석조, 2006: 177-178).

이와 같은 이익집단론의 논리적 근거는 정부의 사회복지정책에의 지출이 민주주의 사회에서 선거에서의 득표를 위한 경쟁에서 비롯된다는 점이다. 일반 국민은 정치적 목표보다도 경제적인 자기이익의 판단에 따라 투표를 한다. 따라서 정당이라는 것은 어떤 정책을 제시하는 집단이라기보다 선거에 이기기 위한 것을 목표로 하는 연합체로 본다. 이런 상황에서 많은 이익집단은 자기들의 이익을 위한 프로그램을 지지하는 정당의 정치가와 그들의 표를 맞바꾼다. 즉, 정부의 사회복지 지출은 이러한 민주주의 제도 하에서 각기 자기이익을 추구하는 이익집단 활동의 정치적 결과라고 본다(김태성·성경륭, 2000: 157).

한편, 이익집단론은 정부의 역할을 중시한다. 이익집단론은 기본적으로 사회가 안정되어 있고 권력이 분산되어 있어 한 집단이 지배적인 권력을 행사할 수 없다고 전제하기 때문에, 다양한 이익집단의 이해상충을 조정하는 데 있어서 정부의 역할이 중요하다. 예를 들면, 보건의료 분야에서 의료 소비자인 국민과 생산자인 의료 전문직 간의 갈등을 중재하고 타협하게 하는 것이 국가의 역할인 것이다. 물론, 국가는 이때 중립적이어야 한다. 따라서 국가가 중립적이지 않다면, 국가가 중재에 나서더라도 대중의 이익보다는 국가 자체의 이익을 중시한다거나 권력이 분산되어 있지 않다는 비판과 반론이 제기될 수 있다(Lowe, 1993: 27-28).

이익집단론이 사회복지정책 발달과정을 설명하는 데 있어서 기여한 것은 복지정책의 발달이 노동과 자본이라는 전통적인 계급관계를 넘어 이해관계가 서로 다른 다양한 집단이 제도를 둘러싸고 행사하는 영향력을 분석하고 각 집단 간의 이해관계를 드러냄으로써 정책과 이익집단 간의 관계를 파악할 수 있도록 했다는 점이다.

한편, 이익집단론은 다음과 같은 한계를 가지고 있다.

첫째, 복지국가의 성장 과정에서 계급의 영향력이 줄어든 반면, 특정한 직업집단의 이익을 대변하는 압력집단(pressure-group)의 영향력이 더 커졌다(Janowitz, 1976: 75)고는 하지만, 국가정책에 대한 영향력에 있어서 계급보다 이익집단의 힘이 더 강하다고 보는 것은 잘못된 것이라는 비판에 직면하게 된다. 둘째, 이익집단론은 선진산업국가 중에서도 정치적으로 다원화된 미국과 같은 국가에만 적용될 수 있어 세계 많은 나라의 북지국가 사회복지정책의 발달을 설명하는 데는 한계가 있다. 즉, 이 이론은 민주주의 제도가 정착되지 않은 국가나 혹은 민주주의 제도하에서도 이익집단의 정치적 힘이 상대적으로 중요하지 않은 국가에서의 복지국가 사회복지정책을 설명하는 데 어려움이 있다(남기민, 2007: 64).

5 시민권론

시민권론(citizenship theory)은 사회복지정책의 발달을 시민권의 발달이라는 측면에서 진화론적 관점에서 설명한 것으로 마셜에 의해 개념화되었다. 그에 의하면 시민권은 공동체의 구성원에게 부여되는 여러 가지 권리와 권력을 향유할 수 있는 지위를 의미하며 공민권(civil right), 정치권(political right), 사회권(social right)으로 구성된다.

먼저 공민권은 개인의 자유, 표현·사상·신념의 자유, 사유재산권, 정당한 계약의 권리, 재판받을 권리 등 개인의 자유에 필요한 권리이다. 이 중 재판권은 다른 공민권과 차이가 난다. 왜냐하면, 재판권은 타인과의 평등성과 적법절차에 따라 만인의 권리를 보호하고 주장하는 권리(법 앞의 평등)이기 때문이다. 공민권과 직접적으로 연관된 제도는 법원이다. 공민권의 실질적 보장의 장애 요인(법적 보장과 실질적 비보장 간의 괴리)은 계급편견(편파성)과 부의 불평등이다.

정치권은 정치적 권위가 부여된 기구의 성원 또는 그 같은 기구의 성원을 뽑는 유권자(선거인)로서의 정치권력 행사에 참여할 수 있는 권리를 말한다. 유관제도는 국회와 지방의회이다.

복지권은 최소한의 경제적 복지와 보장에 대한 권리로부터 사회적 유산을 공유하고, 사회의 통상적 기준에 따라 문명화된 삶을 향유할 수 있는 권리를 말한다. 교육제도와 사회복지제도가 여기에 속한다(Marshall, 1977, 원석조, 2006: 186-187, 재인용). 마셜이 말한 시민권 중에서 복지에 관한 권리와 밀접한 관계에 있는 것은 사회권이다. 따라서 사회권을 복지권(welfare right)이라고도 부른다.

마셜에 따르면 계급은 제도로서 존재하며, 재산과 교육제도, 국민경제의 구조적 산물로서 사회적 불평등의 체계로 본다. 계급이 불평등의 체계라는 점에서 계급과 시민권은 갈등 관계에 있지만, 사회적 효율을 해치지 않으면서 사회적 불평등을 완화할 수 있다면 사회적 불평등과 시민권은 양립할 수 있다고 본다. 즉, 사회적 불평등의 완화제가 시민권인 것이다.

이처럼 마셜은 시민권론을 통해 근대 자본주의 국가에서 불평등한 계급 구조와 평등주의적인 시민권 이념이 양립할 수 있음을 보여 주었다는 점에서 사회복지정책의 발달에 기여하였다. 그 외에도 마셜의 시민권론은 사회복지를 잔여적 복지가 아닌 시민의 기본적 권리의 하나로 설정함으로써 제도적 복지모형의 기준을 마련하였고, 사회복지를 거시적으로 연대성(solidarity)과 연계함으로써 현대사회 내에서 사회적 연대성의 강화에 영향을 미쳤다.

시민권론은 이러한 긍정적인 측면과 함께 다음과 같은 몇 가지 한계를 갖고 있다.

첫째, 시민권론은 영국의 복지국가 형성 과정을 기반으로 한 이론으로 이와는 다른 역사적 배경을 갖고 있는 제3세계나 사회주의 국가에 적용하는 데는 무리가 따를 수밖에 없다.

둘째, 시민권론은 사회복지정책의 발달을 진화론적 관점에서 접근하고 있으나 역사적으로 볼 때 사회복지정책의 발달에 영향을 미치는 복잡한 집단갈등이나 행동 같은 정치적 역학관계를 설명하는 데는 한계가 있다(남기민, 2007: 58).

6 음모이론

음모이론(conspiracy theory)은 사회양심이론과 함께 사회복지정책 발달을 목적론적 측면에서 파악하고 있으나 사회양심이론과는 정반대의 관점에 서 있는 이론이다. 사회양심이론은 사회복지정책이 인도주의적 이타심이나 사회적 양심의 발로로 보고 있으나 음모이론은 사회복지정책이 사회 전체의 안정과 질서유지 및 사회통제에 그 목적이 있다고 본다.

음모이론은 2가지 유형으로 구분할 수 있는데, 첫 번째는 피븐과 클로워드(Piven & Cloward)와 같이 구빈제도의 역사에 관한 연구결과이고 다른 하나는 마르크스주의

자의 자본주의 사회복지정책을 비판적으로 분석한 저작이다.

첫 번째 유형으로는 피븐과 클로워드의 빈민규제론(regulating the poor)이 대표적이다. 이들은 미국의 중산층 계급이 자비심이 아니라 빈민을 통제하기 위해 사회복지정책을 사용한다고 주장한다. 이들은 그 근거로 대량 실업과 같은 심각한 사회문제가 사회적 무질서를 야기하면 정부는 공적 복지제도를 확대하지만, 반대로 고용이 확대되고 사회가 안정되면 복지가 위축된다는 사실을 제시하고 있다. 이들의 주장은 사회복지가 인도주의나 경제적·정치적 엘리트들의 선한 의지의 결과라는 기존 통념을 완전히 부정하고, 사회복지의 확대는 서민이 생활처지의 추락과 궁핍화에 대해 저항하고 투쟁하는 것에 대한 지배계급의 대응책이라는 것이다. 즉, 사회복지의 진정한 수혜자는 지배계급이라는 것이다(원석조, 2006: 193).

음모이론의 또 다른 유형으로는 마르크스주의자의 저작에서 볼 수 있는데, 이들은 사회복지정책을 자본주의에 절대 필요한 안정과 효율의 유지를 위한 물리적 강압책으로 보고 있다. 또, 오코너(O'Conner)에 따르면 정부의 사회복지 지출액은 시장의 법칙에 따른 것이 아니라 계급 또는 집단 간의 사회경제적 투쟁에 의해 구조적으로 결정된다고 한다. 결국, 마르크스주의자는 사회복지정책을 단기적으로는 폭력사태의 방지를 위한 자본주의자의 수단으로 보고 있고, 장기적으로는 노동자 계급의 혁명에 대한 열정을 식히는 전략으로 보고 있다(김상균, 1987: 96-99).

음모이론은 사회복지정책 내에 숨겨진 정책결정자의 숨겨진 의도를 파악할 수 있도록 하여 정책목표의 다양성을 밝힐 수 있는 이론적 단서를 제공하였다는 점에서 의미를 갖는다. 그러나 음모이론은 첫째, 펨버튼(Pemberton)의 주장처럼 사회복지의 사회통제기능이 지배계급이 의도한 결과인지 아닌지가 불분명할 뿐 아니라 의도한 결과라고 하더라도 그 의도성을 증명할 수 없다는 약점을 가지고 있다. 둘째로, 음모이론은 사회적 위협세력과는 거리가 있는 노령자, 장애인, 모자가정, 소년소녀가장 등을 대상으로 하는 사회복지정책에 대해서는 설명하기 어려운 한계를 갖고 있다. 셋째, 음모이론은 정책의 의도를 과도하게 중시한 나머지 복잡한 정책형성 및 집행 과정의 현실을 제대로 반영하지 못하고 지나치게 단순화하고 있다.

7 국가중심이론

이익집단론이 국가와 관료조직을 사회복지정책 도입의 중개자로 보고, 네오마르크스주의자의 계급투쟁론이 국가를 지배계급의 도구로 보는 데 비해 국가중심론 또는 국가론에서는 국가를 독립된 주체로 보고, 사회복지정책은 국가가 스스로 문제를 인식하고 해결하려는 노력의 산물로 파악한다. 이 이론은 국가를 적극적인 행위자로 간주하며 사회복지 수요가 비슷하더라도 국가의 대응방식에 따라 국가마다 복지정책의 발달에 차이가 나타날 수 있다고 본다(Baldwin, 1990; 원석조, 2006: 182, 재인용).

국가중심이론(state-centered theory)은 사회복지의 수요 증대에 초점을 맞춘 이론과 달리, 사회복지의 공급 측면에 초점을 두고 복지국가 발전을 설명한다. 따라서 국가중심이론에서는 사회복지 공급 주체인 국가의 관료조직의 역할을 매우 중시한다. 특히, 사회적 쟁점과 그 해결책이 매우 복잡해져 가는 현대사회에서는 정치인과 이익집단의 역할은 약화되는 반면에, 관료와 전문가의 역할은 더 중요해진다고 본다.

패멜과 윌리엄슨(Pamel & Williamson)은 국가의 역량이 국민의 요구에 대한 국가의 대응능력을 좌우한다는 점에서 국가의 성격이 사회복지 수준을 좌우한다고 보고, 그 구체적인 이유를 다음과 같이 정리하고 있다(Pamel & Williamson, 1992: 45-46).

첫째, 국가의 중앙집권화와 코포라티스트(corporatist) 조직은 집권자가 원하는 정책의 시행을 위해 복지비 확대를 가져온다. 정부, 기업, 노조의 엘리트가 고도로 집중화(코포라티즘)되어 있으면 복지확대를 반대하는 분파의 저항을 효과적으로 제압

할 수 있다. 그리고 복지확대에 대한 국민적 합의를 이끌어 내기도 쉽다.

둘째, 행정기관 관료제의 확대는 복지비 지출을 증대시킨다. 행정조직의 확대는 인건비 지출과 자체예산의 확대를 가져온다.

셋째, 국가 조세구조도 복지비 지출과 관계가 있다. 직접세와 사회보장세의 비중이 높으면 복지비 지출이 상대적으로 어렵다. 간접세의 의존도가 높으면 복지비 증대에 필요한 조세의 증액에 대한 반대가 상대적으로 적다.

넷째, 선거의 시점도 복지비 지출의 시점에 영향을 줄 수 있다.

다섯째, 국방비와 같이 경쟁관계에 있는 지출 항목이 복지비 지출을 억제할 수 있다. 전쟁 중이거나 국가 간 긴장도가 높을 경우 군사비는 복지비에 우선한다.

국가중심이론은 지금까지와는 달리 소극적 주체가 아닌 사회복지를 제공하는 적극적 행위자로서의 국가를 강조함으로써 사회복지정책 발달에 대한 이론적 지평을 확대하는 데 긍정적으로 이바지하였다고 볼 수 있다. 그러나 국가중심이론은 다양한 국가의 구조적 특성을 강조함으로써 결과적으로 각각의 국가에 사회복지정책의 발달을 설명하는 일반적 틀로서 적용하기 어려운 한계가 있다.

8 정치경제학적 이론

사회복지정책에 대한 정치경제학적 접근은 마르크스주의적 입장에서 자본주의 생산양식의 토대인 하부구조와 이에 조응하는 상부 구조로서의 국가와의 관계를 바탕으로 복지국가의 사회복지정책을 설명하고자 하는 이론이다. 자본주의 국가의 사회복지정책에 대한 정치경제학적 이론(political economy theory)으로는 자본논리론, 계급투쟁론 등이 대표적이다.

1) 자본논리론

자본논리론의 대표적 주창자로는 진스버그(Ginsberg, 1979)와 거프(Gough, 1979)를 들 수 있다.

먼저, 진스버그(Ginsberg, 1979)에 의하면 사회복지의 첫 번째 기능은 노동예비군, 가부장제 가족 및 숙련노동력을 재생산(reproduction)하는 것이다. 두 번째 기능은 빈곤의 해결과 안정되고도 충분한 자본축적(accumulation)을 위한 수단이다. 사회복지정책이 자본주의 발전에 반드시 필요한 노동력을 제공함으로써 자본축적에 기여한다는 것이다. 가장 대표적인 것이 보건의료정책과 교육정책이다.

거프(1979: 64)는 정치경제학적 입장에서 복지국가를 자본의 운동법칙과 계급투쟁의 결과, 즉 자본주의 발전의 필요성에 대한 기능과 조직화된 노동자 계급의 정치적 갈등의 결과로 설명하였다. 자본주의 발전의 필요성이란 자본주의적 사회관계의 장기적인 재생산을 보장하기 위한 정책을 입안하고 수행하는 자본주의 국가의 능력을 의미하고, 계급투쟁이란 계급갈등의 정도, 노동자 계급의 투쟁과 힘의 형태를 의미한다. 말하자면 자본주의 국가의 복지개혁은 계급투쟁의 산물인 동시에 국가가 장차 노동자 계급에 의해 제기될 자본에 대한 잠재적 위협을 사전에 제압하고 규제하기 위해, 자본축적의 원활화와 방해 요소를 제거하기 위한 '장기적인 포석'으로 그 도입에 동의하고 경우에 따라서는 주도적으로 그것을 추진한 결과라는 것이다(원석조, 2006: 198).

2) 계급투쟁론

계급투쟁론은 자본주의 국가의 사회복지정책을 노동자 계급의 정치적 투쟁의 성과물로 간주하며, 이들에게 복지국가는 노동자 계급의 이익을 대변해 주는 노동당 정부와 사회민주적 정부가 주도하여 만든 노동자를 위한 복지정책으로 본다(Gough, 1979: 61, 67).

계급투쟁론에 따르면 노동운동 진영과 좌파가 사회복지의 지출을 꺼리는 부르주아지에 대항하여 모든 무산대중의 이익을 대변하여 압력을 행사할 힘이 있을 때 복지국가는 가장 번창한다. 즉, 복지국가는 노동자 계급과 사회적 약자의 편에 서서 보편적·평등주의적 사회복지정책을 도입시킨 좌파의 능력의 증거로 간주된다. 복지국가는 사회주의자의 압력에 의해 만들어졌다는 것이다(Baldwin, 1990: 41-43).

그러나 계급투쟁론에도 문제가 있다. 계급투쟁론자가 복지국가를 노동자 계급의 중대한 승리, 부르주아지 영토에 대한 프롤레타리아의 전략적 상륙거점으로 간주하고 있지만, 그런 것만은 아니다. 제2차 세계대전 이후 유럽의 사민당과 노동운동이 적극적으로 사회복지정책의 확대를 요구하고 이의 관철을 주도하기 전까지만 해도 사회복지정책의 도입에 있어 노동자 계급의 역할은 매우 제한적이었다. 미국의 경우는 말할 것도 없다. 미국에서는 항상 계급보다는 시민의 요구가 변수였으며, 미국의 노동운동조직은 언제나 사회복지정책에 대해 모호한 태도를 보였다(Quadagno, 1984).

CHAPTER

04 사회복지정책의 과정 분석

사회복지정책을 분석하는 사람은 사회복지정책의 영역을 몇 가지 서로 관련된 방식으로 접근하는 경향이 있다. 사회복지정책 분석에 대한 주요한 접근방식은 3가지 P의 관점에서 설명될 수 있다. 3가지 P는 과정(process), 산출(product), 성과(performance)를 말한다.

따라서 사회복지정책의 분석을 과정 분석, 산출(내용) 분석, 성과(평가) 분석으로 구분할 수 있다. 과정 분석에서는 정책을 어떻게 계획하는가에 주목하고, 또한 사회의 정치집단, 정부, 이익집단 사이의 관계와 상호작용이 정책형성에 미치는 영향을 이해하는 데 주목한다. 그리고 성과 분석(평가 분석)에서는 정책을 선택한 계획적인 결과에 대해 서술하고 평가하는 것에 주목한다(Gilbert & Terrell, 2005; 박정호, 2001).

사회복지정책의 과정을 어떻게 나눌 것인가에 대한 학자의 의견은 제각각이다. 기획에서부터 정책을 형성하고 평가와 환류를 포함하는 학자 칸(Kahn)이 있는가 하면, 길버트 등은 문제를 확인·분석하고 이를 홍보한 후 목표를 개발하고 설계하며, 집행과 평가를 행하는 8단계로 나누어 설명하기도 한다.

그러나 대체적으로 공통된 내용을 담고 있다. 곧 문제를 인식하고 이를 해결하기 위한 대안을 만들어 집행에 들어가고, 평가와 환류를 거치는 과정이다.

〈표 4-1〉 학자별 정책과정의 단계

프리먼과 셔워드 (Freeman & Sherweed) 정책개발과정	디니토(DiNitto)의 정책형성과정	칸(Kahn)의 기획과정	길버트 외(Gilbert et al.)의 정책형성과정
1. 기획	1. 정책문제의 확인	1. 기획의 선동	1. 문제 확인
2. 프로그램개발과 집행	2. 정책대안의 형성	2. 탐색	2. 문제 분석
3. 평가	3. 정책의 정당화	3. 기획과정 정의	3. 공중홍보
	4. 정책의 집행	4. 정책형성	4. 정책목표 개발
	5. 정책의 평가	5. 프로그램화	5. 공중지지형성과 정당화
		6. 평가 및 환류	6. 프로그램 설계
			7. 집행
			8. 평가와 사정

출처: Gilbert & Terrell, 2005; 남기민, 2007, p.132, 재구성.

1 정책의제 형성

정책은 문제를 해결하려는 의지에서부터 비롯된다. 사회문제, 또 사회복지와 관련된 문제를 해결하려는 노력의 결과물이 곧 정책이 된다. 정책은 '문제'를 '문제'로 보는 시각에서 비롯되는데, 그대로 방치할 수 없고 개선되어야 한다는 인식이 들어야 한다. 또, 이를 개선하려는 주도세력이 필요하다.

문제는 사람에 따라 상이하게 인식된다. 어떤 사람은 그것을 문제로 인식하지만 다른 사람은 그것을 일상의 일로 여길 수 있다. 사회문제는 '사회를 구성하는 대다수의 사람이 그것을 해결해야 할 문제라고 인식할 때' 성립한다는 것이다. 이런 점에서 본다면 사회문제는 '사회적으로 만들어지는 것'으로 정의할 수 있겠다.

또한, 사회문제는 사람의 충족되지 못하는 욕구에서 비롯되기도 한다. 그렇지만 그 욕구가 충족된다 하더라도 새로운 욕구가 생겨나기 때문에 사회문제는 항상 존재하게 된다.

1) 문제의 이슈화

사회문제나 사회복지적 개입이 필요한 사안과 요구가 정책 과정에 오르기 위해서는 정치적 논점으로 부각시킬 필요가 있다. 이렇게 정치적 논점으로 부각된 문제나 요구를 '이슈(issue)'라고 한다. 이슈는 공공의 관심을 끌어야 하며, 공공정책상의 논점으로 부각되어야 한다. 그렇지 못할 경우 이슈라고 부르기 어렵다.

특히, 사회복지문제는 사회적 약자의 목소리가 대부분이기 때문에 공공의 관심을 지속시켜 나가면서 정책형성의 과정으로 끌어나가는 것은 결코 쉬운 일이 아니다.

(1) 없이슈(non-issue)와 잠재적 이슈

① 없이슈

공공의 관심을 끌기는 했으나 정치적 논점으로 부각되지 못하고 무시되는 경우를 말한다. 통일과 분배, 사회정의 실현을 바라는 국민의 욕구와 주장이 권력기관이나 정부에 의해 의도적으로 사장되는 경우가 이에 해당한다.

② 잠재적 이슈

공공의 관심을 끌었지만 시간이 지나면서 관심 밖으로 밀려 났거나 공공정책상의 논의가 이루어지지 않은 경우에 이슈로서의 기능은 상실된다. 이런 경우 잠재적 이슈로 분류된다.

(2) 이슈를 둘러싼 집단

드러난 문제를 해결하기 위해 그 문제를 제기하고 국민에게 널리 인식시키려고 하는 사람을 의미한다. 사회복지문제를 이슈화하고자 하는 이슈 제기자는 그 문제로 고통받고 있는 클라이언트이거나 사회복지전문가인 경우가 많다.

① 이해 당사자

이슈 갈등에 참여해 직접 논쟁을 벌이는 사람이나 집단을 말한다.

② 동일 집단

제기된 이슈에 걸려 있는 이익과 자기 자신의 이익을 동일시하는 집단이다. 이슈의 갈등 상황 속에 적극적으로 개입하는 첫 번째 집단이다. 연대감이 높고, 지속적인 활동을 벌이는 것이 보통이다.

③ 관심 집단

대부분의 이슈에 대해서는 흥미를 느끼지 않지만, 특정 이슈에 대해서는 동일시 집단과 마찬가지로 이슈화되기 이전부터, 적어도 일반 공중보다 일찍 이슈에 대해 알고 관심을 갖는 집단이다.

④ 관심 공중

이슈에 대해 일반적으로 알고 있고 관심을 가지고 있는 집단을 말한다. 대체로 교육 수준이 높고, 소득 수준이 높은 인구층으로 구성된다. 여론 지지층이 바로 이 계층에 속한다. 무관심했던 사람에게 이슈의 중요성과 동참을 유도하는 역할을 담당한다.

⑤ 일반 공중

이슈에 대해 관심도 이해도 없는 계층이다.

(3) 이슈 제기자

① 클라이언트

사회복지정책의 대상이자 여러 가지 문제로 고통을 받는 사람이다. 자신의 고통 해결과 욕구 충족을 위해 사회복지문제의 이슈 제기자가 된다. 자신에게 국한된 문제에만 집착하는 경향이 있다. 의도적이고 계획적이기보다는 비의도적이고 무계획적인 경우가 많다.

문제를 정확하게 파악할 수 있는 능력이나 지식이 결여되어 있는 경우도 많고, 이들을 이슈화할 수 있는 지식이 충분하지 못한 경우가 대부분이다.

② 사회복지전문가

클라이언트의 문제점을 잘 숙지하고 있는 집단이다. 사회복지문제의 성격과 해결방안, 정부의 역할과 능력 등에 대해서도 깊이 있는 지식을 가진 집단이다. 사회복지문제의 이슈 제기자로서 가장 중요한 역할을 담당하는 집단이기도 하다.

사회복지문제를 이슈화하여 정부아젠다 위에 올려놓는 데 최적인 사람이다.

③ 언론

언론은 사회복지의 이슈 제기자다. 그러나 항상 적극적인 것은 아니다. 사회복지전문가가 사회복지문제의 심각성이나 중요성을 사전에 알려 줄 필요가 있다.

④ 정치인

적극적이고 능동적인 이슈 제기자는 아니다. 선거기간 동안 적극적으로 사회복지문제에 관심을 가지며 사회복지문제를 이슈화하는 경향을 보인다.

(4) 이슈화 견제전략

콥과 엘더(Cobb & Elder, 1970)는 이슈 갈등의 확산을 방지하는 방법으로 집단을 위한 전략과 이슈에 대항하는 전략으로 구분·설명하고 있다.

① 대 이슈 전략

이슈의 확산 방지를 위해 초점을 이슈에 둔다. 이슈에 대해 다시 한 번 상징적인 보상을 제공하거나 보증이나 확약을 함으로써 이슈를 약화시키는 데 목적이 있다. 부각되고 있는 문제의 극히 일부분에 대한 해결방안을 실행해 문제해결에 노력하고 있음을 알리는 것이다. 물론, 문제의 해결보다는 해당 이슈가 더 이상 확대되는 것을 막는 데 초점을 둔다.

문제가 생기면 새로운 부서나 기관을 설립하는 것도 하나의 방법으로, 김영삼 정부 시절 대형사고가 나면 해당 기관(예: 해양청)을 설립했던 것이 이에 속한다.

상대방이 사용하는 상징적 문구나 구호를 사용함으로써 상대방의 이슈를 희석하는 것도 하나의 방법이다. 향후 적극적으로 연구·검토하겠다는 발언 등이 이에 해당한다.

② 대집단전략

이슈를 제기한 집단의 정통성이나 윤리적 사항을 공격하여 해당 집단의 이슈 확장을 막는 데 주안점을 둔다. 해당 집단의 과격했던 과거 경력을 상기하거나 윤리성을 거론하기도 한다. 이슈 제기 집단의 지지 근거를 조금씩 없애나가는 방법도 대집단전략의 하나다. 문제 제기 집단의 핵심 인력을 정부 측의 위원회나 대책위, 상임위 등에 참석시키는 방법도 있다.

2) 아젠다 형성

사회복지와 관련된 여러 문제가 이슈화되고, 일반 국민의 관심을 불러일으키게 되면, 정책을 결정할 수 있는 권위 있는 사람에 의해 논의가 시작된다. 이런 과정이 곧 아젠다 형성 과정이 된다.

아젠다는 문제나 이슈로 구성되는 공적인 논의 대상으로 부각되어야 한다.

(1) 아젠다의 종류

① 체제아젠다, 제도아젠다

콥와 엘더는 아젠다를 체제아젠다와 제도아젠다로 분류하였다. 체제아젠다는 공공의 관심을 끌 가치가 있고, 정치적 공동체의 구성원이 공통적으로 인지하고 있는 이슈를 말한다.

제도아젠다는 공식아젠다로서 권위 있는 의사결정자가 적극적이고 진지한 관심을 기울이는 이슈의 모음이다.

② 공공아젠다, 공무아젠다, 운영아젠다

아이스톤(Eyestone, 1974)은 사회 공공의 관심을 끄는 장기적 이슈를 공공아젠다로 정의하였다. 공무아젠다는 정책결정이 일상적으로 이루어지는 이슈 항목이며, 운영아젠다는 건설적인 관심을 갖는 이슈로 구성된다고 주장하였다. 즉, 법원의 의사일정표, 청문회, 입법부에 상정된 법안 등이 이에 해당한다.

③ 정부아젠다, 결정아젠다

킹돈(Kingdon)은 아젠다를 정부아젠다와 결정아젠다로 분류하였다. 정부아젠다는 정부의 관료 관심을 기울이는 주제의 목록으로 정의하였다. 결정아젠다는 문제의 흐름, 정치의 흐름, 정책의 흐름이라는 3가지 흐름이 만나서 만들어지는 아젠다로 규정하였다.

(2) 아젠다 형성 이론 모형

① 존스의 이론

존스(Jones)는 정책아젠다의 형성 과정을 사건의 인지 및 문제의 정의 단계, 결집과 조직화 단계, 대표 단계로 나누어 설명하고 있다.

사건을 인지하는 단계란 잠재해 있던 사회문제가 국민에게 인식되고 해결 의지를 보일 때 그 문제는 정책의제로 논의된다는 것이다. 중요한 것은 그 문제가 어떻게 정의되는가이다. 정의에 따라 해결책도 달라지기 때문이다.

정의된 문제해결을 위해 조직이 만드는 것이 두 번째의 결집과 조직화 단계이다.

세 번째의 대표 단계는 국민과 국민의 문제를 정부가 해결하도록 연결하는 활동이다.

② 아이스톤의 모형

아이스톤은 아젠다 형성 과정으로 다단계 형성 과정을 제시하였다.

첫 번째 단계는 사회문제의 인식 단계이다.

두 번째 단계는 사회적 이슈화 단계이다. 다름과 차이로 사회적 차이점을 찾지 못하고 이해갈등이 야기되는 단계이다.

세 번째 단계는 공공아젠다 의제 단계이다. 정부의 정책적 해결이 필요하다고 인정하는 단계이다

네 번째 단계는 공무아젠다 의제 단계이다. 정책결정의 대상에서 결정으로 이어지는 단계이다.

③ 콥과 로스의 이론 모형

콥과 로스는 외부 주도 모형, 동원 모형, 내부 접근 모형으로 구분한다.

외부 주도 모형은 개인이나 집단에 의해 이슈가 만들어지고, 이것이 다시 공공아젠다를 넘어 정부아젠다로 이어진다. 민주적 정치체제를 설명하는 이론이기도 하다.

동원 모형은 정부에서 먼저 이슈가 만들어지고, 국민의 지지를 얻는 것이 나중인 경우에 해당한다. 이른바 엘리트 모형이라고도 하는데, 소수의 정부 내 엘리트가 문제의식을 갖고 만들어 낸 것을 국민이 동의 혹은 추인하는(강제도 포함) 경우이다. 일반적으로 정치적 민주화가 덜 이루어진 후진국의 정치체제에서 많이 발견된다. 과거 우리나라의 대부분 정책결정은 바로 이 동원 모형으로 설명된다. 정책시행의 만족도가 떨어지는 것은 당연했다.

내부접근 모형은 정부기관 내에서 이슈가 창출되지만 공중에게는 확산되지 않는 경우다. 핵무기, 북한과의 수교 등이 그에 해당한다.

2 정책대안의 형성

사회복지문제를 해결할 수 있는 대안을 연구하고 논의하며, 어떤 정책이 가장 바람직한 것인가를 비교·분석하는 과정을 말한다.

1) 정책대안 형성과정의 의미

주어진 목표를 달성하기 위해 어떤 문제에 대해 가능한 해결방안을 찾아보고 개발하는 과정이다. 넓은 의미로는 문제를 포괄하고 있는 상황을 파악해 목표를 세우고, 이를 달성할 수 있는 수단을 개발하며, 타 대안과 비교·분석하는 과정을 의미한다.

2) 정책대안의 성격

(1) 비정치성

사회복지정책의 대안 형성은 사회복지 전문가나 사회복지를 연구하는 학자, 관료에 의해 이루어지는 것이 보통이다. 이 과정은 비교적 이해관계자와의 상호작용 없이 이루어지고 있다. 비교적 정치색이 없이 합리적으로 이루어진다고 할 수 있겠다.

(2) 기술적 과정

정책대안을 개발하고 비교·분석하는 과정에는 여러 가지 분석기법이 동원된다. 철학과 윤리학 등은 물론 응용과학에 이르기까지 제반 분석기법이 이용되기도 한다. 정책대안의 형성 과정은 종합 과학적 성격을 지닌다.

3 사회복지정책 대안의 형성과정

1) 문제와 상황파악

사회복지문제를 이해하는 관점은 다양하다. 어떤 사람과 집단은 문제로 인식할 수 있지만, 다른 집단은 전혀 문제로 인식하지 않을 수 있다. 문제로 인식한다 해도 사람에 따라, 혹은 문화권에 따라 문제에 대한 정의와 해결책을 찾는 과정이 상이하다.

문제해결을 위해서는 몇 가지 고려되어야 할 요인은 다음과 같다.

- 문제나 욕구의 원인을 파악하는 것이 필요하다. 사회문제가 발생하게 된 원인이 개인에게 있는 것인지, 사회 구조(환경적인 측면)에서 비롯된 것인지에 대한 면밀한 분석이 필요하다.
- 문제가 미칠 영향력의 범위를 추정하는 일이다. 영향을 받는 사람의 범위와 심각도도 고려대상이 된다.
- 얼마나 많은 사람이 이 문제를 해결해야 할 과제로 인식하고 있느냐의 여부를 고려하여야 한다.
- 문제를 해결할 능력이 과연 있는가이다.
- 문제의 성격도 규정되어야 한다. 해결되어야 할 문제가 어느 정도 사회적 중요성을 갖는가, 어떤 정치적 성향을 띠는가에 대한 판단도 요구된다.

2) 정책목표 설정

목표 설정 과정은 미래 지향적인 활동이며, 만들어진 정책목표를 구체화하는 과정도 포함된다. 목표를 구체화하기 위해 상위 목표는 하위 목표와 연결되는데, 하위 목표는 가능한 한 구체화·계량화할 필요가 있다.

목표 설정 시 고려되어야 할 사안은 다음과 같다.

- 정책문제의 특성이 있다.
- 문제해결 목표의 종류와 성격이 있다. 이것은 장단기, 거시 혹은 미시, 전국적 혹은 지역적, 복수 혹은 단일 등을 말한다.
- 클라이언트와 지역사회와의 관계와 환경이 있다.
- 타 목표와의 연계성이 있다.
- 정책목표가 기초한 가치가 있다.

3) 대안탐색

정책의 대안을 마련하기 위해서는 문제의 본질과 이를 둘러싸고 있는 상황, 미래에 대한 정보수집 후 전문가의 종합적인 검토가 뒤따라야 한다.

정책대안을 찾는 손쉬운 방법이자 가장 많이 사용하는 방법은 과거의 정책을 살펴보는 것이다. 과거나 현재의 정책집행 결과를 면밀하게 분석하면 앞으로의 정책과정에서 야기될 시행착오를 줄일 수 있는 장점이 있다. 그러나 급변하는 환경 속에서는 별다른 효과를 얻지 못할 수 있다. 과거의 경험이나 현재의 상태를 답보해서는 불확실한 미래의 문제를 해결하기 어렵기 때문이다.

두 번째 방법은 해외로 눈을 돌려 외국의 사례를 찾아보는 방법이 있다. 주의해야 할 것은 외국의 사회·문화·정치·경제적 환경 차이를 충분히 감안해야 한다는 점이다. 문화적 차이와 해당 국가의 특성을 무시한 채 정책을 도입한다면 예상치 못한 결과에 직면하게 된다.

세 번째 방법은 사회복지학, 심리학, 정치학, 사회학 등의 지식과 이론으로부터 정책대안을 만들어 내는 것이다.

네 번째는 주관적 판단에 따라 해결방안을 찾는 직관적 방법이 있다. 앞선 예가 없거나 관련 지식이 없을 경우 만들어 내는 방법이다.

4) 대안의 비교·분석

합리적이며 효율적이고 부작용이 적은 대안을 찾아가는 과정이다. 현실적으로 제시된 수많은 대안을 분석하는 것은 어렵다. 대안의 비교에 드는 막대한 비용, 시간상의 제약, 명확한 비교 우위를 기록하는 기술상의 문제 등이 부각되었다. 이런 문제를 해결하기 위해 예비 분석(거친 분석)을 통해 본격적으로 검토할 대안을 찾는 선정 작업(screen)이 이루어진다. 대안의 분석 기준은 실현 가능성에 있다. 대안은 정치적, 기술적 실현 가능성을 충족시켜야 한다. 또한, 능률과 효과, 그리고 사회적 형평에 부합되어야 한다.

(1) 기술적 실현 가능성

정책을 집행하게 되는 기관의 전문화 정도, 재정능력, 행정적 처리능력 등이 주 내용이 된다.

(2) 정치적 실현 가능성

아무리 훌륭한 대안이라 해도 국민의 동의를 얻지 못한다면 무용지물이다. 따라서 국민의 동의를 얻는 대표적인 방법인 의회통과는 매우 중요하다. 이상적인 대안이 마련되었다 해도 국회의 동의를 얻지 못해 사장되는 경우가 흔치 않게 발생하고 있는 것이 현실이다. 또한, 국회의 동의를 얻는다 해도 대통령이 거부권을 행사하면, 정책은 무용지물이 되고 만다.

(3) 효율성

투입과 산출의 관계를 의미하는 것으로서 투입 대비 최대한의 결과물이 나와야 한다. 한정된 자원으로 복지적 개입과 지원을 하는 사회복지정책의 경우 최대한도의 결과를 얻어 내야 한다.

(4) 효과성

정책의 목표달성 정도로서 최대의 결과를 얻는 것을 의미한다. 이때 자원의 양을 얼마로 하는지는 고려 대상이 되지 않는다.

(5) 사회통합

사회적 약자나 소외계층에 대한 지원과 서비스로 균열되고 극화되었던 우리사회가 얼마나 통합되었는가에 초점을 둔다.

(6) 형평성

사회적 약자인 클라이언트의 존엄과 권리가 훼손되지 않아야 한다. 사회적 약자가 사회체제로부터 불리하거나 불합리한 대우를 받아서는 곤란하다.

형평은 수평적 형평과 수직적 형평으로 나눌 수 있다. 수평적 형평은 서비스의 배분이 모두 동일해야 하는 것을 말하고, 수직적 형평은 나이나 성별, 건강, 소득 등에 차이가 있을 경우 서로 다른 기준을 적용해야 한다는 주장이다.

사회복지서비스는 균등한 서비스 제공보다는 사회적 약자나 소외계층을 대상으로 복지서비스를 제공한다. 사회적 약자에게 보다 많은 서비스가 제공되어야 사회적 형평이 달성된다고 본다.

5) 대안형성의 애로점

(1) 예측능력

과거의 경험과 현재 상황을 기초로 미래를 정확히 예측하는 것은 매우 중요한데, 정확하지 못한 정보와 자료부족, 판단 실수 등으로 인하여 좋은 정책대안을 개발하지 못하는 경우도 있다.

(2) 계량화

사회복지정책은 욕구를 해결하는 과정이다. 욕구 충족의 정도와 만족도를 수치화하는 것은 결코 쉬운 일이 아니다. 본질적으로 수치화할 수 없는 부분도 많다. 사회복지목표와 측정에 필요한 지표와 척도를 개발하는 것이 과제이다.

(3) 비용과 시간

자원과 시간은 항상 유한하다. 시간이 촉박할 경우 충분한 검토 없이 정책이 수립될 때가 있다. 그런가 하면 제대로 만들어진 정책이 자원의 부족으로 제대로 실행되지 못하는 경우도 발생한다.

4 사회복지정책의 결정

1) 정책결정의 의미

권위 있는 정책결정자가 문제의 해결을 위해 여러 가지 대안 가운데서 하나를 선택하는 행위나 과정을 말한다. 또한, 여러 가지 대안이나 이미 결정된 사항이라도 집행의 우선순위를 정하는 것도 정책결정의 과정이라 할 수 있다. 정책결정의 특성을 살펴보면 다음과 같다.

첫째, 권위 있는 사람에 의해 만들어진 결정이다.

둘째, 사회복지 문제를 둘러싼 서로 다른 이해세력 사이에서 제안된 여러 안 가운데 하나를 선택하는 행위이다. 이는 사회세력의 다툼 속에서 정책이 결정된다는 의미이기도 하다.

셋째, 사회복지정책은 공익적 성격을 갖는다. 사회문제의 이해를 조정하면서, 대안을 선택할 때는 공익이 가장 먼저 고려되어야 한다.

넷째, 정치적 성격이다. 사회복지정책이 사회적 약자와 소외계층을 위한 공적 성격을 띤다 해도 사회복지 문제를 둘러싼 사회세력 간 타협의 산물이기에 정치색을 완전히 배제할 수는 없다.

다섯째, 정책은 단기적이고 일방적인 것이 아닌 중·장기적 시각에서 만들어지는 것이 보통이다. 또한, 해당 문제해결만을 고집하는 것이 아닌 다른 정책과의 관계 및 장래의 사회적 상황변화 등 사회 전체적 입장에서 보는 포괄적 시각이 요구된다.

2) 정책결정 모형

의사결정이론은 1940년대와 1950년대를 기점으로 형성되었다. 규범적 차원에서 합리적 의사결정을 어떻게 진행시켜야 한다는 이상적 접근법이 제기되었다. 비용편익 분석, OR(operation research), 모의실험(simulation) 기법, 결정분석(decision analysis)

기법, 선형 계획(linear programing) 기법 등 각종 통계적, 계량적 기법을 사용해 의사결정을 돕게 되었다.

이어 의사결정에 대한 실증적 연구가 진행되었는데, 인간의 합리성 추구는 태생적으로 제한을 받을 수밖에 없다는 전제에서 출발되었다. 만족 모형과 점증 모형이 여기에 속한다. 최근에는 보다 다양한 이론이 소개되고 있다.

(1) 합리 모형(rational model)

인간이 이성과 합리성에 기초해 정책을 결정한다고 보는 이론이다. 정책결정 관련자가 모두 이성적이고 합리적이라는 가정에서 출발한다. 따라서 문제에 대한 명확한 이해가 이루어지며, 가장 효과적인 해결책이 마련될 수 있다고 가정한다. 각 대안이 초래할 결과를 모든 정보를 통해 분석하고 비교하는 작업도 포함된다.

합리 모형의 문제는 인간이 항상 합리적이지는 않다는 데서 비롯된다. 모든 정보를 수집할 수 있다는 가정도 어긋난다. 현실적으로 정책결정자가 미래를 완벽하게 예측해 결정을 내린다는 것은 있을 수 없다. 합리적인 결정을 내렸다 해도 이미 많은 자원이 다른 정책에 투입이 되었다면 이를 되돌리는 것도 현실적으로 부담이 된다.

(2) 만족 모형(satisfaction model)

마치와 사이먼(March & Simon) 등에 의해 제창되었다. 합리 모형이 '인간의 전능성'을 가정했던 것에서 탈피, 제한된 합리성에 기초한 이론이다. 모든 대안을 검토하지는 않으며, 가능한 한 다수의 대안을 검토하다가 어느 정도 만족스러운 결과를 얻을 수 있는 안을 채택한다. 현실적으로 만족할 만한 대안을 찾는 데는 유용한 모형이다.

만족 모형에서는 정책의 목표가 항상 명확하다고는 보지 않는다. 정책의 탐색과정에 있어서도 유력해 보이는 소수의 대안을 우선적으로 검토하게 된다. 이 중 부적절하다고 판단되면 다른 대안을 검토한다. 이런 과정을 거치면서 만족할 만한 대안을 선택하는 일련의 절차를 밟는다.

만족 모형의 단점은 객관성 결여에서 나온다. 만족이라는 개념 자체가 지극히 주관적이기 때문이다. 어느 정도 수준이면 만족할 것인가에 관한 중지를 모으기는 쉽지 않다. 정책이 미치는 정도와 범위가 크지 않은 사안일 경우 정책결정자의 만족 모형과 같은 정책결정은 인정될 수 있다.

만족 모형은 일단 만족할 만한 정책 대안을 찾게 되면 또 다른 대안 찾기가 중단된다. 설혹 더 효과적인 대안이 남아있다 해도 마찬가지다. 따라서 만족 모형은 보수적인 성향을 갖는다.

(3) 점증 모형(incremental model)

린드블럼(Lindblom, 1959)과 윌다프스키(Wildavsky) 등이 주장하는 정책모형이다.

정책결정 과정은 과거의 정책을 기초로 점증적 차이가 있는 정책대안을 검토하고 과거의 정책을 수정한 정책결정이 이루어진다는 주장이다. 여론의 반응을 보고 다시 정책을 세우는 등 과거와는 다른 정책이 만들어지는 과정이 반복된다고 보았다. 이런 특성 때문에 '지속적이고 제한적인 비교에 입각한 모형'으로도 불린다.

점증 모형의 특징을 살펴보면 다음과 같다.

첫째, 제한된 합리성이 있다. 이는 만족 모형과 같다. 기간과 비용, 정보와 능력의 부족 등으로 의사결정자가 매번 새로운 정책을 만들어 내기는 현실적으로 어렵다는 것이다.

둘째, 정치적 성격이다. 현재의 정책은 다양한 정치세력과 이해관계자의 타협의 소산물이다. 새로운 정책을 채택한다는 것은 과거의 합의를 근본적으로 부정한다는 의미가 될 수도 있다. 정책은 행정부나 정부가 독단적으로 만드는 것이 아니다. 사회 전 구성원에 의해 분석되고 평가되는 과정을 겪다 보면 정책은 필연적으로 정치적인 성격을 지니게 된다.

셋째, 기존의 정책을 기초로 하는 만큼 기존의 정책이 바람직하다는 것이 전제되어야 한다. 시간에 쫓겨 졸속으로 책정된 정책이 시행되고 있다면, 정책의 악순환은 계속될 수밖에 없다.

넷째, 단기적인 정책에만 관심을 갖고, 장기적 안목이나 장기적 정책을 등한시하게 된다.

(4) 혼합 모형(mixed scanning model)

에치오니(Etzioni)가 주장한 혼합 모형은 합리 모형과 점증 모형의 절충형이다. 인간을 전능한 존재로 인식한 데서 나오는 단점과 점증모형의 보수성을 보완하기 위한 제3의 모형이다.

혼합 모형에서는 종합적 합리성(comprehensive rationality)이 강조된다. 기본적인 결정에는 합리성이 작용하지만, 세부적인 결정에서는 점증적인 결정이 이루어진다는 것이 주 내용이다.

혼합 모형의 특징은 결정 과정을 기본적 결정과 세부적 결정으로 나누는 데 있다. 기본적 결정은 전체적이고 기본적 방향을 설정하기 위해 중요한 대안을 탐색한 후에 이루어진다. 또, 세부적 결정은 기본적 결정의 범위 속에서 점증적으로 구체화된다.

합리 모형은 제대로 작동될 경우 요구하는 이상적 합리성을 현실화하며 장·단기적 안목과 대처방법을 마련할 수 있다. 그러나 혼합 모형은 별개의 모형이 아닌 두 개의 모형을 절충한 것에 지나지 않아 현실적으로 실행에 어려움이 따른다.

(5) 최적 모형(optimal model)

드로어(Dror, 1999)가 주장한 최적 모형은 투입에 비해 산출을 많이 내는 것을 최선의 정책으로 본다. 가장 효과적인 정책결정을 위해서는 합리적인 요소와 함께 초합리적 요소의 필요성을 인정하였다. 초합리성이란 직관, 판단, 통찰력 등 인간의 의식 저변에 깔린 요소를 의미한다. 그러나 더 중요한 것은 경제적 합리성이다. 합리성에 입각해 정책을 결정하되 초합리성도 충분히 활용한다는 모형이다.

과거의 예가 없는 비정형적 결정을 내려야 할 때는 합리적 판단 근거 외에 초합리적 근거가 동원될 수밖에 없다.

최적 모형은 초합리성이란 개념을 도입해 합리모형을 한 단계 더 발전시켰다는 평을 받았다. 그러나 초합리성의 달성방법이 명확치 않으며, 이를 강조할 경우 자칫 신비주의로 이어질 수 있다는 지적을 받고 있다.

(6) 쓰레기통 모형(garbage can model)

코헨(Cohen), 마치(March), 올슨(Olsen) 등이 주장한 이론이다. 여러 쓰레기가 쓰레기통에 하나로 모이듯 정책을 결정짓는 몇 가지 흐름이 한 기간에 흘러들어, 우연히 의사결정이 이루어진다고 보았다. 합리성이나 타협 등은 무시된다.

킹돈(Kingdon, 1984)은 정치의 흐름, 문제의 흐름, 대안의 흐름이라는 3가지 흐름이 모여 하나의 정책이 결정된다고 설명하였다. 정치의 흐름은 정치인과 이익집단에 의해 만들어지며, 문제의 흐름은 언론과 클라이언트가 제기해 이루어지게 된다. 이러한 정치의 흐름과 문제의 흐름이 곧 아젠다 짜임 과정이 된다. 관료와 연구자에 의해 만들어지는 정책의 흐름은 대안을 구체화하는 과정이다. 이 세 흐름이 우연한 기회에 만나 정책이 결정된다는 이론이다. 킹돈은 각각의 흐름은 독자적으로 형성되며, 참여자도 상이하다고 주장하였다.

5 정책집행

1) 정책집행의 의의

결정된 정책을 구체화시켜 나가는 것이 곧 정책집행과정이다. 정책목표를 실행에 옮기는 과정에는 해결하려는 사회문제와 관련된 이해집단이 관여하게 된다. 정책집행과정은 많은 참여자 사이의 상호작용 과정이며, 이들과의 협상과 타협을 통해 당초의 목표를 왜곡시키기도 하고, 때론 집행을 지연시키기도 한다.

사회복지정책의 성격을 관리 기술적·정치적으로 살펴볼 수 있는데, 어떤 측면을 강조하느냐에 따라 집행의 의미가 달라진다.

우선, 사회복지정책 집행을 목표 달성을 위한 기술적 과정으로 이해하는 것이다. 정책이 결정되기까지는 가치가 내재되는 정치적 과정이지만, 정책의 집행 시에는 가치가 배제된다. 정책의 집행은 정치적 중립 과정이자 과학적 합리성에 입각해 이루어진다고 보는 것이다.

한편, 정책집행을 정치적 과정으로 인식한다는 것은 정책집행이 완벽한 중립상태에서 이루어지지는 않는다는 의미이다. 결정 과정과 마찬가지로 여러 관계자의 참여와 상호작용이 이루어지는 만큼 정치적 색채를 완전 배제하기 어렵다는 주장이기도 하다.

2) 정책집행의 이론 모형

(1) 고전적 정책집행모형

정책의 결정과 집행을 엄격하게 분리하며, 정책결정자가 수립한 정책에 대해 집행자는 그대로 따르기만 하면 되는 모형이다. 집행을 다분히 기술적인 과정으로 인식하는 것이며, 하향식 명령체계에 따라 일방적으로 진행된다. 기계 모형과 같다는 비판을 받고 있다.

(2) 프레스만과 윌다프스키(Pressman & Wildavsky, 1984)의 이론 모형

존슨(L. B. Johnson) 대통령에 의해 수행된 위대한 사회건설(The Great Society)의 하나로 시행된 오클랜드 프로젝트(Oakland project)를 분석하였다. 정책연구의 출발점이 되었던 연구다.

오클랜드 프로젝트는 소수민족에 대한 직업알선과 자활을 돕기 위해 기획되었다. 빈곤의 퇴치는 직업과 자활 의지에서 비롯된다는 취지에서 비롯된 이 프로그램은 의회의 전폭적인 지원 속에 진행되었다.

오클랜드 시의 공무원과 기업인의 공감대도 형성되었기에 그 성과는 매우 낙관적이었다. 그러나 수년 후 집행 상황을 평가해 본 결과, 일반인의 예상과는 상이한 상황이 벌어졌다. 사업 자체가 제대로 시행되지 않았지만, 책정된 자원은 모두 소진되었다. 정작 소수민족의 고용창출 효과는 극히 미미했다. 왜 이런 일이 발생했을까를 실체적으로 규명하고 재발을 막는 한편, 정책실패의 원인을 찾아내기 위해 프레스만과 윌다프스키가 투입되었다.

오클랜드 프로젝트의 연구결과는 다음과 같다.

① 정책의 목표와 집행의 상호작용

정책의 목표는 집행활동에 영향을 미치고, 집행은 다시 정책의 목표에 영향을 준다. 결정된 정책이라 할지라도 문제가 있다면 효과적인 집행은 이루어지지 않는다. 정책이 올바르게 책정되었다 하더라도 예산이 충분히 배정되지 않거나 집행을 담당할 전문 인력이 없거나 부족하다면 정책의 성공적 실행은 어렵다.

② 완벽한 이론 추구

정책집행의 근거에 결함이 있다면 시행착오는 필연적이다. 임금 부분에 보조금을 지원하지 않고 기업에 전적으로 의존하는 것은 잘못된 이론이었다.

③ 중간 단계의 배제

많은 개입자가 있으면 일사불란한 전달과 통제가 이루어지지 못한다.

④ 잦은 인사 금지

오클랜드 프로젝트를 추진하면서 책임자와 직원의 상당수가 바뀌었다. 리더십을 발휘할 시간적 여유나 여건이 조성되지 못하였다.

(3) 반 미터와 반 호른(Van Meter & Van Horn, 1975)의 정책집행모형

정책의 집행을 정책과 성과를 연결해 주는 변수로 보았다. 집행 과정에서의 인간 심리 요소를 강조한 것이 특징이다.

이들은 정책성과에 영향을 미치는 요인을 6가지로 분류했다.

① 정책의 목표

명확한 목표는 집행조직 간의 의사소통과 정책 추진에 직접적인 영향을 준다.

② 동원 가능 자원

집행에 필요한 인적·물적 자원은 물론, 인센티브 등의 유인책도 포함된다. 가능한 자원의 형태와 범위는 조직의 의사소통과 활동에 직·간접적 영향을 초래한다.

③ 의사소통

조직의 원활한 의사소통은 조직의 목표를 명확화하고 실현시킨다. 소통이 제대로 이루어지지 않을 경우 자원의 낭비는 물론 조직이 정한 목표의 달성을 어렵게 한다.

④ 정치 사회적 조건

목표를 실행시킬 경제적 자원의 유무, 여론의 추세, 권력자와 정치세력의 태도, 이익집단의 움직임 등은 정책집행에 영향을 미친다.

(4) 매츠매니한과 사바티에(Mazmanihan & Sabatier, 1983)의 모형

문제와 관련된 변수, 정책내재 변수, 비정책적 변수로 나누어 정책집행과정을 분석하였다.

① 문제 관련 변수

정책문제 자체와 관련된 변수이다. 문제에 따라 기술적 선행조건이 필요한 경우와 그렇지 않을 경우가 있다. 다양성도 고려 대상이다. 정책이 규제하는 행태나 제공하는 서비스가 다양할수록 집행은 어려워진다. 대상 집단의 크기도 영향을 미친다. 정책의 대상 집단이 작으면 작을수록, 규정하기 쉬우면 쉬울수록 정책에 대한 지지를 얻어내는 것이 용이하다. 행태 변화 정도도 문제 관련 변수 중 하나인데, 변화를 원하는 폭이 클수록 정책집행은 어려워진다.

② 정책내재 변수

정책집행에 영향을 미치는 정책 자체에 규정되어 있는 변수이다.

먼저, 목표의 명백성이 있다. 법적인 목표 자세하고 명확하게 규정되어 있어야 한다. 중요도에 따른 시행의 우선순위가 정해져 있다면 집행은 훨씬 용이해진다. 집행자에게는 확실한 지침으로, 지지자에게는 하나의 자원으로 사용될 수 있다.

정책집행에 있어 재정은 충분해야 한다. 아무리 정책 결정이 잘 이루어졌다 해도 집행기관의 직원이 목표 달성에 적극성을 보이지 않는다면 정책의 목표달성은 어렵다. 정책과 직·간접의 연관을 맺고 있는 참여자의 방법과 기회는 정책집행에 많은 영향을 미친다.

③ 비정책적 변수

집행 과정에 영향을 미치는 변수로는 사회경제적 조건의 변화, 일반 국민의 지지, 통치기관과 유권자의 지지, 집행결과에 직접적으로 영향을 미치는 관료의 지도력과 관여 등이 있다.

(5) 바르다크(Bardach, 1977)의 정책집행 게임이론

바르다크는 정책집행과정을 다양한 프로그램 요소의 조립 과정과 목표를 추구하는 수많은 행위자 간의 전략적 상호작용으로 정의하였다. 성공적 집행을 위해 다양한 행위자 간 상호작용 행위를 어떻게 통제하고 지도하느냐에 초점을 둔다.

① 정책집행

정책집행은 정치성을 갖는다. 곧 집행 과정에서 타협과 협상, 연합의 과정을 밟는다. 이때 대립적인 상호작용이 나타난다.

정책집행은 구성 집단의 동의를 전제로 한다. 동의 형식은 묵시적, 명시적인 것에서부터 적극적인 지지와 소극적인 지지 등으로 다양하다. 구성원의 동의와 암묵적인 지지는 정책집행의 성공을 위한 전제 조건이다.

정책집행에는 협상력도 필요하다. 정책을 집행하다 보면 수많은 기관과 연관되어 있음을 확인한다. 특히, 중앙정부와 지방정부와 우호적인 관계를 맺어 두는 것이 바람직하다.

② 집행을 저해하는 요인

특정 프로그램 요소를 획득하거나 창출하는 데 사용되어야 할 자원이 다른 곳으로 사용되거나 잘못 사용되는 일이 발생한다. 이것이 자원전용이다. 국가의 장래를 위한 사업에 앞서 표를 얻기 위한 선심성 사업도 이에 해당한다. 반드시 시행되어야 할 사업이 시행되지 않거나 후순위로 밀려나면서 지역사회복지의 왜곡 현상이 발생한다.

③ 목표의 왜곡

의도적으로 설정된 목표는 실행 단계에서 반대에 직면할 수 있다. 새롭게 규제를 가할 경우 기득권 보호를 위한 예외 규정을 만들어 달라는 요구가 나온다.

그런가 하면 관심조차 두지 않았던 사람이 정책과 프로그램이 어느 정도 가시적인 성과를 거둘 때 참여와 혜택을 호소하는 경우가 있다. 프로그램의 확대가 불가피한데, 본래의 집단 만족도와 효과성은 퇴색된다.

④ 행정상의 딜레마

좋은 정책이지만 행정상의 번거로움으로 사장되곤 한다. 개인의 명예나 조직의 정치적 협상력 강화를 위해 정력을 낭비할 수 있다. 전시행정도 조심해야 할 분야이다.

(6) 블록과 램(Bullock & Lamb, 1984)의 이론 모형

정책집행의 성패에 영향을 주는 변수로 ① 정책의 명확성, ② 기준의 구체성, ③ 모니터링, ④ 집행기관의 존재, ⑤ 집행자의 관여, ⑥ 집행자와 상급기관의 관여, ⑦ 수혜자의 태도, ⑧ 행정적 조정, ⑨ 비용과 편익, ⑩ 연방정부의 직접적 관여가 있다.

(7) 볼만(Wolman, 1981)의 정책집행 모형

정책형성과정과 정책집행이라는 두 부분 가운데, 하나 혹은 복수의 요인이 부적절하거나 문제를 일으킬 경우 정책실패로 이어진다고 주장하는 이론이다.

① 정책형성과정

- 문제의 개념화 : 문제를 어떻게 규정하는가에 따라 정책집행의 성격이 달라진다.
- 이론 평가 및 선정
- 목표의 구체성
- 프로그램의 설계와 구조

② 정책집행과정

- 자원의 적절성
- 관리 및 통제
- 관료제
- 환류 및 평가

CHAPTER

05 사회복지정책의 산출(내용) 분석

1 분석틀

사회복지정책과 관련해 많이 사용되는 분석 방법의 하나는 산출 분석이다. 산출 분석을 위한 틀을 제시한 대표적인 학자는 길버트와 테렐이다. 길버트와 테렐이 고안한 산출 분석의 경우 주요한 차원을 다음과 같은 4가지 질문의 형태로 제시하고 있다.

① 사회적 할당의 근거는 무엇인가?
② 할당되는 사회적 급여의 형태는 무엇인가?
③ 이런 급여를 전달하기 위한 전략은 무엇인가?
④ 이런 급여에 필요한 재정을 확보하는 방법은 무엇인가?

이런 4가지의 선택 차원은 사회복지정책을 설계하는 데 있어 근본적인 쟁점을 포함하고 있다. 그리고 이런 선택의 4가지 차원은 사회복지정책의 모든 영역에 걸쳐서 해당된다.

2 사회복지급여의 대상

사회복지정책에서는 대상자를 정하는 방식을 항상 포함하고 있다. 이것은 길버트와 테렐의 분석틀에서 할당 차원과 관련이 있다. 즉, 산출 분석에서 사회적 할당의 차원은 급여를 받기 위한 자격조건과 관련된다. 실제로 사회복지정책의 쟁점 중에서, 누가 급여를 받을 것인지에 관한 쟁점과 급여를 받는 자격을 결정하는 방식에 관한 쟁점은 가장 격렬한 논쟁거리가 되고 있다(Gilbert & Terrell, 2005).

사회복지가 발달한 국가의 경우 구체적인 사회복지정책의 종류나 수는 아주 많고, 또한 각 사회복지정책의 대상을 정하는 자격조건도 아주 다양한 편이다. 예를 들어, 일부 정책에서는 자격조건이 비교적 단순하기 때문에 한 가지의 자격조건만 충족시키면 급여를 받을 수 있다. 그러나 일부 정책의 경우에는 여러 가지의 자격조건을 동시에 충족시켜야 급여를 받을 수 있다(송근원·김태성, 1995).

급여를 할당하는 것과 관련해 먼저 등장하는 문제는 자격조건을 구체적으로 정하는 것이다. 일반적으로 자격조건은 급여를 보편주의적 입장에서 제공할 것인지, 아니면 선택주의적 입장에서 제공할 것인지의 2가지 측면에서 살펴볼 수 있다. 그리고 자격조건은 특정한 기준과 관련된다.

1) 보편주의와 선택주의

급여를 받을 수 있는 자격과 관련된 원칙을 보편주의(universalism)와 선택주의(selectivism)의 원칙에서 찾는 경우가 많다. 하지만 사회복지정책의 영역에서는 보편주의를 지지하는 사람과 선택주의를 지지하는 사람 사이에 지속적으로 논쟁이 있어 왔다.

보편주의는 기본적인 권리로서 모든 사람이 급여를 받을 수 있게 하는 것을 말한다. 보편주의자는 사회복지정책을 해당 사회의 모든 구성원이 겪는 일상적인 문제에 대해 사회가 적절하게 대응하는 것이라고 본다. 즉, 보편주의적 입장의 사회복지정책에서는 빈곤층이나 장애인층이나 특별한 어려움을 가진 층이 겪는 일상적 문제에 관심을 가질 뿐만 아니라, 사회의 모든 구성원이 겪는 일상적 문제에도 관심을 가진다.

선택주의는 개인적 욕구에 근거하여 급여를 받을 수 있게 하는 것을 말한다. 선택주의에서는 급여를 받을 수 있는지 여부를 소득 조사를 통해 결정하는 경우가 많다(Gilbert & Terrell, 2005).

2) 구체적인 원칙(기준)

보편주의와 선택주의로 구분하는 이분법은 급여를 받을 수 있는 자격을 개념화하는 데 유용하지만, 사회적 할당의 토대는 이보다는 더 복잡하다. 그러므로 급여의 대상을 선정하는 자격조건과 관련해 다른 관점이 필요하다.

급여를 누가 받을 자격이 있는지를 결정하기 위해서는 여러 가지 기준을 사용한다. 이와 관련해서 급여를 받기 위한 구체적인 자격조건을 몇 가지로 나누어 볼 수 있다. 예를 들어, 송근원과 김태성(1995: 281)은 이런 자격조건을 ① 거주여건, ② 인구학적 조건, ③ 기여, ④ 근로능력, ⑤ 소득조사·자산조사, ⑥ 전문적·행정적 판단의 6가지로 분류하고 있다.

그리고 길버트와 테렐(2005)의 경우 사회적 할당에 대한 기준을 4가지의 할당 원칙에 따라서 분류할 수 있다고 본다. 이 4가지의 할당 원칙은 ① 귀속적 욕구, ② 보상, ③ 진단적 구분, ④ 자산조사식 욕구를 말한다.

여기서 길버트와 테렐이 제시하는 자격조건을 구체적으로 살펴보자.

첫째, 귀속적 욕구(attributed need)에 토대를 둔 자격조건은 기존의 사회적 제도나 경제적 제도가 충족하지 못하는 공통적 욕구를 가진 집단에 소속되는지 여부에 따라서 급여를 제공하는 것을 말한다.

둘째, 보상(compensation)에 토대를 둔 자격조건은 다음과 같은 집단에 속하는지 여부를 가지고 급여를 제공하는 것을 말한다. ① 특별하게 사회적으로 경제적으로 기여한 사람이 있다. 이런 사람의 예로 퇴역 군인이나 사회보험에 기여금을 납부한 사람이 있다. ② 사회로부터 불공평하게 해를 입은 사람이 있다. 이런 사람의 예로 인종차별 때문에 피해를 본 사람이나 성차별 때문에 피해를 본 사람이 있다.

셋째, 진단적 구분(diagnostic differentiation)에 토대를 둔 자격조건은 특별한 재화나 서비스가 필요할 수 있는 개별적인 사례에 대해 전문적으로 판단해서 급여를 제공하는 것을 말한다. 이런 사례의 예로 신체장애인이나 정신장애인이 놓인 상황을 들 수 있다.

넷째, 자산조사식 욕구(means-tested need)에 토대를 둔 자격조건은 개인이 재화나 서비스를 구입할 능력이 없다는 증거에 근거해 급여를 제공하는 것을 말한다.

3) 제도적·잔여적 사회복지 관점과 할당 원칙

보편주의는 제도적 사회복지의 개념과 밀접하게 관련되고, 선택주의는 잔여적 사회복지의 개념과 밀접하게 관련된다. 따라서 위에서 제시한 4가지의 할당 원칙 중에서 귀속적 욕구는 제도적 사회복지의 개념에 가장 가깝다. 그리고 자산조사식 욕구는 잔여적 사회복지의 개념에 가장 가깝다.

4가지의 할당 원칙과 제도적·잔여적 사회복지 관점 사이의 관계를 정리하면 [그림 5-1]과 같다.

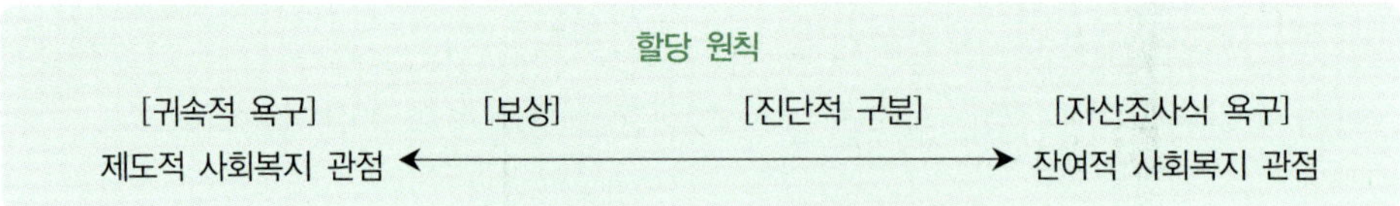

[그림 5-1] **할당 원칙과 사회복지 관점**

출처: Gilbert & Terrell(2005), p.119.

3 사회복지급여의 형태

정책 분석에서 급여와 관련해 전통적으로 관심을 가져온 것은 현금급여를 선택할 것인지, 아니면 현물급여를 선택할 것인지 여부이었다(Gilbert & Terrell, 2005).

그러나 급여를 이런 2가지 형태의 관점에서만 고려하는 것은 정책결정자가 실제로 부딪히는 현실을 과도하게 단순화시켜 보는 것이다. 예를 들어, 사회복지정책을 통해서 일반적으로 분배되는 급여 중에는 현금급여나 현물급여보다 더 다양하게 소비자 주권을 행사할 수 있는 형태의 급여도 있다. 따라서 급여를 더 자세하게 구분하는 것이 바람직하다.

한편, 급여의 구체적인 형태는 학자에 따라 여러 가지로 구분되고 있다. 예를 들어, 챔버즈와 웨델(Chambers & Wedel, 2009)은 주요한 급여의 형태로 ① 물품과 상품, ② 현금, ③ 전문가서비스, ④ 긍정적 차별(positive discrimination), ⑤ 크레디트와 증서, ⑥ 보조금, ⑦ 정부보증, ⑧ 보호적 규제, ⑨ 의사결정권을 제시하고 있다.

자주 언급되는 급여 형태를 몇 가지 살펴보면 다음과 같다.

1) 현금급여

현금급여는 현금의 형태로 제공되는 급여를 말한다. 일반적으로 현금급여는 다음과 같은 장점이 있는 것으로 알려져 있다(Gilbert & Terrell, 2005).

첫째, 현금급여는 소비자 주권의 측면에서 유리하다. 이 점은 현금급여의 장점으로 크게 강조되고 있다.

둘째, 현금급여는 사용의 측면에서 유리하다. 말할 것도 없이, 현금은 사용하기가 편리하기 때문이다.

셋째, 위와 관련되는 것으로 현금급여는 운영의 측면에서 효율적이다. 다른 말로 하면, 현물급여를 제공하는 대신에 현금급여를 제공할 때 행정과 관련된 비용을 크게 절약할 수 있다. 왜냐하면 현물급여에 비해서 현금급여는 처리비용이나 규제비용이 적기 때문이다.

넷째, 현금급여는 현물급여에 가해지는 오명(낙인: stigma)이 없거나 적은 것으로 알려져 있다.

그러나 현금급여는 원래의 목적이 아닌 용도로 사용될 수 있다는 단점을 가지고 있다. 이 경우에 현금급여가 원래의 의도된 목적 외에 사용되지 않도록 확실하게 보장할 방법이 없다.

2) 현물급여

현물급여는 물건이나 서비스로 제공되는 급여를 말한다. 현물급여의 장점은 다음과 같다(Gilbert & Terrell, 2005).

첫째, 현물급여는 낮은 비용으로 제공될 수 있다. 스웨덴의 경제학자인 알바 뮈르달(Alva Myrdal)은 규모의 경제 때문에 현물급여는 현금급여보다 우수하다고 보았다. 그러나 이런 장점을 부정하는 견해도 있다.

둘째, 현물급여는 대상자에게 직접 전달될 수 있다. 이런 맥락에서 볼 때, 현물급여로 제공하는 것은 현금급여만 제공하는 것보다 복지를 순수하게 더 증진하는 측면이 있다.

셋째, 위와도 관련되는 것이지만, 현물급여는 지역의 시급한 복지욕구를 충족하는 데 유리할 수 있다.

그러나 현물급여는 오명이 가해진다는 단점이 있다.

3) 증서

증서(바우처: voucher)는 공개된 시장에서 사회서비스, 의료, 기타 욕구를 보조하는 방법이다(Pieters, 1993). 증서는 특정한 물품을 구입하는 데에만 사용될 수 있다.

많은 경우에 쿠폰 형태로 빈곤층에게 주어진다. 최근 들어서 증서를 사용하는 것에 대해 관심이 커지고 있다(Pieters, 1993; Gilbert & Terrell, 2005).

정부가 제공하는 현금급여나 현물급여에 비해서 증서 형태로 제공하는 급여는 특별한 장점을 가지고 있다. 즉, 증서는 한편으로는 소비자가 선택할 수 있는 길을 열어 주고 있으면서, 다른 한편으로는 어느 정도의 사회적 통제를 행사할 수 있도록 해 준다. 따라서 증서의 경우에는 급여가 공적으로 정해진 목적에 사용하는 것이 보장된다.

푸드 스탬프(food stamp)는 미국에서 가장 규모가 크고 가장 잘 알려진 증서이다.

4) 기회

기회(opportunities)는 목적을 달성하기 위해서 사용하는 자극과 제재(incentives & sanctions)를 말한다. 기회는 직접적으로 제공되는 급여 중에서 가장 모호한 형태의 급여이다. 그럼에도 불구하고 기회는 중요하다. 실제로, 사회복지정책 중에는 기회를 만들고 기회를 분배하는 데 관심을 가진 정책이 많다(Gilbert & Terrell, 2005).

5) 권력

권력(power)은 재화와 자원을 통제하는 것에 미치는 영향을 재분배하는 것을 말한다. 예를 들어, 정책을 결정하는 권한을 특별한 집단에게 이전하는 정책을 실시함으로써 권력을 얻을 수 있다. 미국에서 1960년대와 1970년대에 연방정부의 정책결정과정에 사회복지급여를 제공하는 기관의 위원회에 빈곤층의 대표, 클라이언트의 대표, 기타 취약층의 대표를 포함시키도록 요구한 적이 있었다(Gilbert & Terrell, 2005).

4 사회복지급여의 전달체계

정책의 대상과 정책에서 제공하는 급여가 결정된 후에는 선정된 급여를 해당 소비자에게 제공하는 제도를 갖추어야 한다. 이를 위해서 필요한 것이 전달체계이다. 따라서 사회복지전달체계는 지역공동체의 맥락에서 서비스 제공자 사이에 존재하고, 또한 서비스 제공자와 서비스 이용자 사이에 존재하는 조직 형태를 말한다 (Gilbert & Terrell, 2005).

1) 전달체계의 분류

사회복지 전달체계의 형태는 다음과 같은 2가지 차원에서 분류되는 경우가 많다 (송근원·김태성, 1995).

첫째, 미시적 측면을 강조하는 분류방법이 있다. 이것은 전달체계를 조직과 인력의 측면에서 분류하는 것을 말한다. 구체적으로 이것은 조직 사이에 정책을 결정하는 권한의 배분, 업무담당자, 전달체계 조직의 형태와 단위 등의 차원에 따라 전달체계를 분류하는 것을 말한다.

둘째, 좀 더 거시적인 측면을 강조하는 분류방법이 있다. 이것은 사회복지 재화나 서비스를 전달하는 두 개의 큰 축인 정부와 민간 부문 사이에, 역할을 분담하는 형태에 따라 분류하는 것을 말한다. 이런 차원의 경우, ① 누가 부담하는가, ② 재화나 서비스는 누가 제공하는가, ③ 누가 조정하는가에 따라 여러 가지로 분류될 수 있다.

2) 미시적 측면에서의 전달체계 형태

미시적 측면에 초점을 둘 때 전달체계를 설계하는 데 있어 선택할 수 있는 방법에는 여러 가지가 있다. 예를 들어, 길버트와 테렐(2005)에 따르면, 다음과 같은 7가지

방안을 고려할 수 있다. 물론, 이런 방안 이외에 다른 방안이 더 있을 수 있다.

첫째, 급여를 제공하는 측은 행정적으로 집중된 전달체계를 선택할 수도 있고, 행정적으로 분산된 전달체계를 선택할 수도 있다.

둘째, 급여를 제공하는 측은 여러 가지 서비스를 합쳐서 제공하는 전달체계를 선택할 수도 있고, 단일의 서비스만을 제공하는 전달체계를 선택할 수도 있다.

셋째, 급여를 제공하는 측은 하나의 기관에 위치한 전달체계를 선택할 수도 있고, 별도의 여러 시설을 갖춘 전달체계를 선택할 수도 있다.

넷째, 급여를 제공하는 측은 자신들의 활동을 서로 조정하는 전달체계를 선택할 수도 있고, 전혀 교류하지 않는 전달체계를 선택할 수도 있다.

다섯째, 급여를 제공하는 측은 전문적인 직원만을 활용하는 전달체계를 선택할 수도 있고, 클라이언트나 준전문가도 활용하는 전달체계를 선택할 수도 있다.

여섯째, 급여를 제공하는 측은 권한을 서비스 이용자에게 위임한 전달체계를 선택할 수도 있고, 전문가만이 권한을 가지는 전달체계를 선택할 수도 있다.

일곱째, 급여를 제공하는 측은 공적 운영자가 급여를 전달하는 체계를 선택할 수도 있고, 민간계약자가 급여를 전달하는 체계를 선택할 수도 있다.

현재, 위의 7가지 방안 중에서 마지막에 제시된 방안에 대해서 관심이 모아지고 있다.

3) 거시적 측면에서의 전달체계 형태

송근원과 김태성(1999)은 거시적 측면에서의 전달체계에 관해서 자세히 논의하고 있다. 송근원과 김태성의 경우 정부와 민간 부문 사이에 역할을 분담하는 차원에 초점을 두면서 전달체계를 ① 완전중앙정부, ② 완전지방정부, ③ 중앙정부와 지방정부의 혼합체계, ④ 정부와 민간 부문과의 혼합체계, ⑤ 완전 민간 부문으로 분류하고 있다. 각 형태에 관해서 좀 더 자세히 살펴보면 다음과 같다.

(1) 중앙정부

오늘날의 서구 복지국가에서는 중앙정부가 가장 큰 역할을 하고 있다. 그러므로 이런 국가에서는 중앙정부가 대부분의 재화나 서비스를 받을 수 있는 자격, 급여액, 세부적인 전달체계, 재원 등에 관한 모든 사항을 결정해 제공하고 있다.

사회복지의 전달체계에서 중앙정부의 역할이 중요한 이유를 다음과 같이 제시할 수 있다.

첫째, 사회복지 재화나 서비스 중에서 의료서비스 및 교육서비스와 같은 것은 공공재적 성격이 강하기 때문이다. 모든 국민을 대상으로 하는 재화나 서비스는 재원의 측면과 급여의 측면에서 전체 사회에게 이득이 되는데, 이런 성격의 재화나 서비스는 현실적으로 중앙정부만이 제공할 수 있다.

둘째, 어떤 재화나 서비스는 대상의 수가 많을수록 기술적 측면에서 유리하기 때문이다. 예를 들어, 사회보험의 경우 가입 대상이 많을수록 여러 측면에서 유리하다. 그러므로 가장 큰 단위인 중앙정부에서 모든 국민을 대상으로 관리하는 것이 지방정부에서 관리하는 것보다 유리하다.

셋째, 사회복지정책에서 추구하는 가장 중요한 목표를 이룩하는 데는 중앙정부가 유리하기 때문이다. 사회복지정책에서 추구하는 가장 중요한 목표로 평등(소득재분배)과 사회적 적절성이라는 두 사회적 가치를 구현하는 것이 있다.

넷째, 중앙정부를 통한 사회복지정책은 다양한 사회복지 욕구를 체계화해서 다양한 프로그램을 통합·조정하는 데 유리하고, 또한 이런 정책은 이런 프로그램을 지속적이고 안정적으로 유지하는 데 유리하기 때문이다.

그러나 중앙정부가 사회복지 재화나 서비스를 독점적으로 제공하는 전달체계는 다음과 같은 문제점을 가지고 있다.

첫째, 중앙정부에서 제공하는 재화나 서비스는 공급량이나 형태와 관련해 수급자의 선택이 반영되기 어려운 경우가 많다. 따라서 중앙정부의 전달체계는 수급자의 효용을 가장 크게 하는 데에는 한계를 가지고 있다.

둘째, 중앙정부의 재화나 서비스는 공급자가 독점하고 있기 때문에, 경쟁적인 전달체계에 비해 중앙정부의 전달체계는 재화의 가격과 질의 측면에서 수급자에게 불리할 수 있다.

셋째, 정부조직이 관료적이기 때문에 중앙정부의 전달체계를 통해 제공되는 재화나 서비스는 수급자의 욕구에 빠르게 대응하기 어렵고, 또한 지역의 특수한 욕구에 유동적으로 대응하지 못하는 경우가 많다.

(2) 지방정부

오늘날의 선진국에서 제공하는 사회복지 재화나 서비스 중에는 지방정부가 재원까지 부담하면서 완전하게 단독으로 제공하는 재화나 서비스는 적은 편이다. 그렇지만 국가나 재화·서비스에 따라서는 지방정부의 전달체계가 상대적으로 중요한 역할을 할 수 있다.

지방정부의 전달체계가 가지는 장점은 다음과 같다.

첫째, 지방정부가 사회복지 재화나 서비스를 제공할 경우에는 지역주민의 욕구를 더 효율적으로 충족시킬 수 있다.

둘째, 지방정부 단위로 사회복지 재화나 서비스를 제공할 경우에는 지방정부 사이에 경쟁하게 된다. 이렇게 지방정부끼리 경쟁하게 되면, 사회복지 재화·서비스의 가격과 질의 측면에서 더 유리해질 수 있다.

셋째, 지방정부의 전달체계는 중앙정부에 비해서 창의적이고 실험적인 서비스를 더 쉽게 개발할 수 있다. 그 결과, 급여를 받는 사람의 변하는 욕구를 더 적극적으로 충족하는 방향으로 나갈 수 있다.

넷째, 지방정부의 전달체계에서는 급여를 받는 사람이 정책결정에 참여할 기회가 더 많아진다. 이렇게 되면, 급여를 받는 사람의 의견이 정책에 반영될 가능성이 커진다.

그러나 지방정부 단독의 전달체계에는 여러 가지 문제점이 있다. 이런 문제점을 제시하면 다음과 같다.

첫째, 지방정부의 전달체계에서는 지역 사이에 불평등이 크게 나타나고, 이에 따라 사회통합에 부정적으로 영향을 미치게 된다.

둘째, 중앙정부의 전달체계에 비해서 지방정부의 전달체계에서는 규모의 경제가 가지는 효과가 적다.

셋째, 지방정부의 전달체계에서는 사회복지 프로그램이 단편적으로 발달할 가능성이 크다.

넷째, 지방정부의 전달체계는 프로그램을 안정되고 지속적으로 유지하는 데 불리하다. 사실, 이렇기 때문에 지방정부는 중앙정부로부터 재정적으로 지원을 받는다.

한편, 사회복지가 발달할수록 중앙정부에 비해서 지방정부의 역할은 감소하는 경향이 있다. 그러나 1970년대 중반 이후에 '복지국가 위기'의 시대를 맞이하였고, 이에 따라 중앙정부가 재정적으로 위기를 경험하는 상황에 이르게 되었다. 그 결과 '신연방주의(new federalism)'가 등장하였고, 이런 분위기에서 지방정부의 역할을 강조하고 있다. 이에 따라 요즈음에는 지방정부의 역할이 다시 커지는 방향으로 나가고 있다.

(3) 중앙정부와 지방정부의 혼합체계

중앙정부와 지방정부의 혼합체계에는 여러 가지의 형태가 있다. 이 중에서 주요한 형태는 중앙정부가 지방정부를 재정적으로 일부 보조해 주고, 그 대신에 중앙정부는 지방정부가 재화나 서비스를 제공하는 방법에 대해 일정하게 규제하는 형태이다. 이런 형태는 ① 재정적 규제의 형태, ② 프로그램 규제의 형태, ③ 수급자 숫자나 욕구에 따른 규제의 형태, ④ 절차적 규제의 형태로 크게 나눌 수 있다.

(4) 정부(중앙정부 혹은 지방정부)와 민간 부문의 혼합체계

오늘날 일부 사회복지 재화나 서비스는 정부와 민간 부문의 혼합체계를 통해서 제공되고 있다.

정부와 민간 부문의 혼합체계가 필요한 이유는 중앙정부와 지방정부의 혼합체계에 비해 민간 부문에서 사용되는 시장원리의 장점을 더 잘 활용할 수 있기 때문이다. 민간 부문에서 사용되는 시장원리의 장점으로 효율성, 경쟁성, 선택의 자유, 접근성, 대응성, 융통성 등이 있다.

그러나 정부와 민간 부문의 혼합체계에서는 민간 부문의 단점도 상대적으로 크게 등장할 수 있다. 민간 부문의 단점으로는 공공재적 성격을 갖는 재화를 제공하기 어렵다는 점, 평등을 추구하기 어렵다는 점, 규모의 경제에서 불리하다는 점 등이 있다.

(5) 순수 민간 부문

오늘날의 복지국가에서 제공되는 사회복지 재화나 서비스와 관련해, 운영과 재정 모두를 민간 부문에서 책임지고 제공하는 경우는 아주 드물다.

사회복지기관의 운영과 재정 모두를 민간 부문에 맡길 경우에는, 민간 부문의 단점이 아주 크게 나타날 수 있다. 그러므로 복지국가에서는 어떤 형태로든 민간 부문에 개입한다. 따라서 오늘날의 복지국가에서는, 순수 민간 부문이 사회복지 재화나 서비스를 전달하는 체계가 하는 역할은 크게 감소하고 있다.

5 사회복지급여의 재원

1) 재원의 분류

사회복지급여를 제공하기 위해서는 자금이 필요한데, 이런 자금을 획득하는 원천이 재원이다. 사회복지정책의 재원을 분류하는 방법에는 여러 가지가 있다. 예를 들어, 길버트와 테렐(2005)은 사회복지급여를 지불하기 위한 재원을 충당하는 기본적인 방식을 ① '조세'를 통한 방식, ② '자발적 기부'를 통한 방식, ③ '이용자 비용'을 통한 방식으로 구분하고 있다. 그리고 송근원과 김태성(1995)은 사회복지정책에서 사용하는 재원을 ① 공공 부문의 재원과 ② 민간 부문의 재원으로 크게 구분하고 있다.

길버트와 테렐이 제시하는 분류는 송근원과 김태성이 제시하는 분류의 한 부분에 속한다고 볼 수 있다. 그러므로 송근원과 김태성의 분류가 더 포괄적이다.

2) 공공 부문의 재원

사회복지가 발달할수록 사회복지정책에서 사용하는 재원 중에서 공공 부문의 재원이 차지하는 역할이 커지는 경향이 있다(송근원·김태성, 1995). 일반적으로 공공 부문의 재원은 조세(세금)와 관련된 재원을 말한다. 조세는 강제성을 띠고, 조세는 정부 수준에서 부과된다. 그리고 조세는 개인과 기업에 공적으로 부과된다. 조세는 공적 사회복지활동을 위한 일차적인 재원이 된다.

공공 부문의 재원은 ① 정부의 일반 수입, ② 사회보장과 관련된 세금, ③ 조세 지출(tax expenditures)의 3가지로 구분할 수 있다. 공공 부문의 각 재원에 대해 좀 더 살펴보면 다음과 같다(Gilbert & Terrell, 2005; Alcock, Erskine, & May, 1999; Pieters, 2006; ISSA, 2008; Johnson & Schwarz, 1994; Chambers & Wedel, 2009; 송근원·김태성, 1995).

(1) 정부의 일반 수입

① 조세수입

정부의 일반 수입은 정부가 여러 영역에 지출하기 위해 필요한 조세 수입을 말한다. 사회복지정책의 확대를 지지하는 측에서는 사회복지정책의 주요 재원을 정부의 일반 수입에서 확보해야 한다고 주장하는 경우가 많다. 이런 이유로 다음과 같은 점이 제시된다.

첫째, 다른 재원에 비해서 정부의 일반 수입에서 얻어진 재원은 사회복지정책에서 중요한 목표를 달성하는 데 유리하기 때문이다. 사회복지정책에서 아주 중요한 목표의 예로 평등(소득 재분배)이나 사회적 적절성이 있다.

둘째, 다른 재원에 비해서 정부의 일반 수입에서 얻어진 재원은 사회복지정책의 대상을 확대하는 데 유리하고, 또한 보편적인 급여를 제공하는 데 유리하기 때문이다.

셋째, 다른 재원에 비해서 정부의 일반 수입에서 얻어진 재원은 더 안정되어 있고, 더 지속적이기 때문이다.

한편, 다른 재원을 사용하는 사회복지정책에 비해서 정부의 일반 수입에서 얻어진 재원을 사용하는 사회복지정책은 소득 재분배와 관련해 더 긍정적으로 작용하는 경향이 있다.

정부의 일반 수입과 관련된 조세는 소득세, 소비세, 부(富)세로 분류할 수 있다. 각 조세의 특징을 살펴보면 다음과 같다.

첫째, 소득세는 소득에 대해 부과된다. 소득세는 개인 소득세와 법인 소득세가 있다. 일반 수입을 구성하는 조세 중에서 소득세가 누진적 성격을 가장 크게 지닌다.[1)] 이것은 개인 소득세의 경우에 특히 그렇다. 그리고 개인 소득세는 소득 재분배 효과가 크다. 개인 소득세가 소득 재분배 효과가 큰 이유로 다음과 같은 점을 제시할 수 있다.

① 기본적으로 개인 소득세는 부담할 수 있는 능력에 따라 세율이 부과되기 때문이다. 따라서 고소득층에게 부과되는 세율은 저소득층에게 부과되는 세율보다 높다.

② 다른 조세에 비해서 개인 소득세는 다음과 같은 방법을 사용하여 소득 재분배 효과를 높일 수 있기 때문이다.

㉠ 여러 방식의 조세감면을 통해서 저소득층에게 조세부담을 면제시켜 주거나 감면시켜 줄 수 있다.

㉡ 근로소득과 자산소득을 구분해서 근로소득에는 세금을 줄여 주나 자산소

1) 누진적 조세제도는 소득 중에서 세금으로 납부하는 비율이 저소득층보다는 고소득층에게 더 높게 정해진 제도를 말한다(Chambers & Wedel, 2009).

득에는 이런 혜택을 주지 않을 수 있다. 이렇게 하는 이유는 자산소득은 고소득층에서 주로 발생하기 때문이다.

③ 정부의 일반 수입과 관련된 조세 중에서 개인 소득세가 차지하는 비율이 가장 크기 때문이다. 어떤 조세가 누진적 성격을 아무리 많이 가진다 해도, 이 조세가 일반 수입에서 차지하는 비율이 낮을 경우에는 소득 재분배 효과는 적을 수밖에 없다.

둘째, 소비세는 소비에 대해 부과된다. 소비세의 예로 부가가치세가 있다. 소비세는 상품을 소비할 때 부과되는 세금이다. 따라서 소비세는 개인 소득세와 비교해 고소득층의 부담률은 저소득층의 부담률보다 적은 경향이 있다.

셋째, 부세는 부에 대해 부과된다. 부세의 예로 재산세와 상속세가 있다. 부세는 정부의 일반 수입 중에서 차지하는 비중이 가장 적다. 부세에는 여러 가지의 형태가 있다. 부세 중에서 가장 중요한 조세는 재산세이다. 선진국에서는 재산세가 지방정부의 주요한 일반 수입인 경우가 많다. 재산세에 비해서 상속세나 증여세와 같은 세금에는 누진세율이 적용된다. 하지만 실제적으로 볼 경우 상속세나 증여세와 같은 세금을 납부하는 사람의 수는 아주 적고 그 액수도 적다.

② 국세와 지방세

최근 중앙정부와 지방정부 간 예산을 놓고 벌이는 갈등이 심화되고 있다. 특히 사회복지에 들어가는 비용이 증가하면서 일부 지방자치단체의 지급불능 사태까지 우려되고 있다. 중앙정부와 지방자치단체, 지방교육청 간 누리과정 예산편성을 놓고 심각한 갈등을 빚은 바 있다. 논의의 핵심은 사회복지 수요급증에 따른 복지비를 누가 부담하느냐의 것이다.

중앙정부와 지방자치단체에서 거두어들일 수 있는 세금은 법률[2)]로 정해져 있으며 다음과 같이 구분할 수 있다.

2) 국세와 지방세의 조정에 관한 법률

〈표 5-1〉 국세와 지방세

<table>
<tr><th>구분</th><th colspan="2">세금 내역</th></tr>
<tr><td>국세</td><td colspan="2">소득세, 법인세, 상속세와 증여세, 종합부동산세, 부가가치세, 개별소비세, 교통·에너지·환경세, 주세, 인지세, 증권거래세, 교육세, 농어촌특별세, 재평가세, 관세, 임시수입부가세</td></tr>
<tr><td rowspan="2">지방세</td><td>보통세</td><td>취득세, 등록면허세, 레저세, 담배소비세, 지방소비세, 주민세, 지방소득세, 재산세, 자동차세</td></tr>
<tr><td>목적세</td><td>지역자원시설세, 지방교육세</td></tr>
</table>

③ 전통적 세원 배분론에서 제시하는 과세유형별 최적 세원 배분

전통적이 세원 배분론에서 제시하는 정부단계별 논의는 국가가 처한 상황과 역사에 따라 다를 수 있지만 보편적인 내용은 다음과 같이 요약할 수 있다.

〈표 5-2〉 과세 유형별 세원 배분방법

<table>
<tr><th>과세 유형</th><th>과세권 배분 정부단계</th></tr>
<tr><td rowspan="2">개인소득세</td><td>중앙정부</td></tr>
<tr><td>중앙정부 혹은 지방자치단체(광역)</td></tr>
<tr><td>법인세</td><td>중앙정부</td></tr>
<tr><td>부가가치세</td><td>중앙정부</td></tr>
<tr><td>소매매상세</td><td>지방자치단체(광역)</td></tr>
<tr><td>물품소비세</td><td>중앙정부 혹은 지방자치단체(광역)</td></tr>
<tr><td>자원세</td><td>중앙정부 혹은 지방자치단체(광역)</td></tr>
<tr><td>관세</td><td>중앙정부</td></tr>
<tr><td>상속·증여세</td><td>중앙정부</td></tr>
<tr><td>재산세</td><td>지방자치단체(기초)</td></tr>
<tr><td>사용자 부담금</td><td>중앙정부 혹은 지방자치단체(기초)</td></tr>
<tr><td>급여세</td><td>중앙정부 혹은 지방자치단체(광역)</td></tr>
<tr><td>환경세</td><td>중앙정부 혹은 지방자치단체(광역)</td></tr>
</table>

출처 : Kenyon, 1997, P. 72, 재인용.

(2) 사회보장과 관련된 조세

사회보장과 관련된 조세는 목적세(earmarked tax)이다. 목적세는 특별한 목적을 위해 거둬들이는 조세이다. 복지국가에서 사회보장성 조세는 대표적이고 중요한 목적세에 속한다. 따라서 오늘날의 선진국에서 정부의 일반 수입과 더불어 사회보장성 조세는 사회복지정책을 실행하기 위한 재원 가운데 가장 중요한 재원에 속한다. 특히, 국제사회보장협회(ISSA)에 따르면, 근로자와 고용주가 납부하는 기여금(사회보장세)은 사회보장제도를 운영하기 위한 중요한 재원이다.

그러나 소득 재분배 효과의 측면에서 볼 때, 사회보장성 조세는 역진적인 경우가 많다.[3] 사회복지정책과 관련해 정부의 일반 수입에 비해서 사회보장성 조세를 통한 재원이 소득을 재분배하는 효과가 크지 않은 이유를 다음과 같이 제시할 수 있다.

첫째, 대부분의 국가에서 사회보장성 조세는 모든 소득계층의 근로소득에 대해서 동일한 비율로 부과되기 때문이다. 고소득층은 저소득층에 비해서 자산소득이 많다. 그러므로 고소득층과 저소득층에게 동일한 세율이 적용되더라도 실제로 총소득에 대비해 따져 볼 때 저소득층의 조세부담률은 고소득층의 조세부담률보다 상대적으로 높은 셈이 된다.

둘째, 대부분의 국가에는 사회보장성 조세가 부과되는 소득상한선(ceiling)이 있기 때문이다. 이때 상한선을 넘는 소득을 가진 층이 납부하는 조세는 저소득층에 비해 상대적으로 적어지게 되어 소득 재분배에 부정적으로 작용하게 된다.

셋째, 대부분의 국가에서 사회보장성 조세는 가족의 수나 욕구를 고려하지 않고 모든 근로소득에 부과되기 때문이다. 이렇게 되면 저소득층이 조세를 부담하는 비율은 상대적으로 높게 된다.

---

3) 역진적 조세제도는 소득 중에서 세금으로 납부하는 비율이 고소득층보다는 저소득층에게 더 높게 정해진 제도를 말한다(Chambers & Wedel, 2009).

(3) 조세지출

사회복지정책에서 사용할 수 있는 공공 부문 재원에는 조세지출(tax expenditure)도 있다. 조세지출은 조세와 관련된 복지제도를 통해 제공하는 조세비용을 말한다. 구체적으로, 조세지출은 사람이 납부해야 할 세금을 감면시켜 사회복지가 추구하는 목표를 이루기 위한 것을 말한다.

조세지출은 개인이나 조직에 대해서 특별수당, 세금면제, 세금철폐, 세금감면, 호혜적인 세금률의 형태로 제공된다. 예를 들어, 세금을 거두어 아동이 있는 가족에게 아동수당을 주는 대신에 아동이 있는 가족이 부담하는 세금을 그만큼 면제시켜 주는 것이 있다. 그러나 조세지출의 혜택은 고소득층에게 돌아가는 경우가 많다.

3) 민간 부문의 재원

오늘날의 복지국가는 사회복지정책의 재원 중에서 공공 부문의 재원이 차지하는 비중은 아주 크다. 그러나 민간 부문의 재원은 사회복지정책에서 아직도 많이 사용되고 있는 편이다. 무엇보다도 최근의 '복지국가 위기의 시대'에서 정부재정이 압박받음에 따라서, '민영화(privatization)'를 강조하는 방향으로 나가고 있다. 이런 상황에서는 민간 부문의 재정은 이전보다 더 중요한 역할을 수행하게 된다.

민간 부문의 재원은 ① 이용자 비용, ② 자발적 기부, ③ 기업복지, ④ 가족 내 이전 또는 가족 간 이전으로 크게 구분할 수 있다. 각각의 재원에 관해 좀 더 자세히 살펴보면 다음과 같다.

(1) 이용자 비용

이용자 비용은 공개된 시장에서 사회복지 재화와 서비스를 이용하는 것에 대해 부과하는 비용을 말한다. 현재의 복지국가에서 실시하는 일부 사회복지정책은 재화나 서비스를 받는 사람이 일정한 액수를 이용자 비용의 형태로 부담하도록 되어 있다.

복지국가에서도 이용자 비용이 비교적 큰 규모로 필요한 이유를 다음과 같이 제시할 수 있다.

첫째, 사회복지서비스를 남용하는 것을 막을 수 있기 때문이다. 무엇보다도 이용자 비용은 '도덕적 해이(moral hazard)' 문제를 해결할 수 있다. 이용자 비용은 의료 서비스와 돌봄(care)의 경우에 많이 해당된다.

둘째, 일부 서비스에서 정부가 너무 많이 부담하는 문제를 해결할 수 있기 때문이다. 이와 관련된 대표적인 예가 주택서비스이다.

셋째, 사회복지서비스의 질을 높일 수 있기 때문이다. 사회복지서비스를 완전히 무료로 제공하면 서비스 제공자나 서비스 이용자 모두 제공되는 서비스의 질에 관해 관심을 적게 두는 경우가 발생한다. 이에 비해서, 일부라도 이용자 비용을 적용하면 서비스 이용자는 제공되는 서비스에 대해 관심을 더 가지게 되며, 서비스 제공자는 더 높은 질의 서비스를 제공하려고 노력하게 된다.

넷째, 오명을 줄이고 자긍심이 커질 수 있기 때문이다.

그러나 이용자 비용은 다음과 같은 문제점을 가지고 있다.

첫째, 이용자 비용은 기본적으로 역진적이다. 그러므로 이용자 비용에 대한 부담은 고소득층보다는 저소득층에게 상대적으로 더 크고, 따라서 이용자 비용은 소득 재분배에 부정적으로 영향을 미칠 수 있다.

둘째, 이용자가 부담하는 액수가 크지 않더라도 저소득층은 이용자 비용이 부담이 되기 때문에 필요한 서비스를 이용하는 것을 꺼릴 수 있다.

(2) 자발적 기부

자발적 기부는 민간 영역에서 제공하는 기부금을 말한다. 즉, 자발적 기부는 강제성이 없는 기부금을 말한다. 국가 또는 사회복지정책의 영역에서 자발적 기부는 아직도 중요한 역할을 하고 있다.

자발적 기부는 ① 개인, ② 재단(foundation), ③ 기업, ④ 유산을 통해 제공된다. 이 중에서 가장 큰 것은 개인이 기부하는 것이고, 그 다음으로 재단, 기업, 유산을 통해 기부하는 것 순이다.

(3) 기업복지

기업복지(occupational welfare)는 기업의 사용자가 자기 근로자의 복지를 증진하기 위해 지출하는 것을 말한다. 티트머스(1974)는 기업복지란 고용되었기 때문에 제공받을 수 있는 급여와 서비스라고 정의한 바 있다. 즉, 기업복지는 고용과 관련된 복지체계를 가리킨다.

오늘날의 기업복지는 기본적으로 공공 부문의 사회복지를 보충하는 역할을 한다. 따라서 공공 부문의 사회복지가 발달하게 되면, 기업복지의 역할은 상대적으로 줄어든다고 볼 수 있다.

하지만 선진국에서는 여러 측면에서 기업복지를 아직도 중요한 것으로 인식하는 경향이 나타나고 있다. 이것은 최근의 '복지국가 위기의 시대'에 민간 부문의 역할을 중요하게 보는 분위기에서 특히 그렇다.

또한, 기업복지에 속할 수 있는 프로그램은 아주 다양하다. 그리고 기업복지의 경우, 국가복지에서 실시하는 주요한 사회복지정책 영역에 속하는 프로그램을 모두 갖추고 있다.

(4) 가족 내·가족 간 이전

가족 내 이전(intrafamily transfer)이나 가족 간 이전(interfamily transfer)은 비공식 부문에서 제공하는 재원을 말한다. 비공식 부문에는 가족, 친척, 이웃이 포함된다.

국가복지가 발달하기 이전의 시기에 비해서, 현재의 경우에는 비공식 부문에서 얻어지는 재원은 덜 중요해지고 있다. 하지만 오늘날의 국가 중에는 많은 사람의 복지 욕구를 비공식 부문을 통해 충족하고 있는 국가가 많다.

특히, 어떤 영역에서는 공식 부문뿐만 아니라 비공식 부문에서도 복지가 많이 제공되기도 한다. 예를 들어, 노인의 복지에 대한 재정은 자식이 제공하는 재원으로 충당되는 경우가 아직도 많다.

CHAPTER

06 사회복지정책의 역사

1 영국

1) 구빈법 시대

영국의 근대적 사회복지정책은 구빈법으로부터 시작된다. 1601년 제정된 엘리자베스 구빈법에서 1948년 국민부조법의 제정으로 폐지되기까지 구빈법이 347년이나 지속되었다.

영국에서 빈민이 문제되기 시작한 것은 16세기 전반부터이다. 이보다 앞선 14세기 중엽 흑사병으로 유럽의 인구가 급격하게 감소했고, 한 지역에 안주하지 못하고 이곳저곳을 떠도는 유랑민이 생겨났다. 농촌에서는 노동력의 부족이 심화되었다. 양모 가격이 오르면서 지주는 농사를 짓기보다는 양을 키우는 데 주력했고, 농사지을 땅을 잃은 농민은 유랑하거나 빈민으로 내몰렸다. 종교개혁의 여파로 많은 수도원이 해산되면서 빈민을 돌볼 수 있는 사회적 시설은 매우 부족하게 되었다.

영국 최초로 빈민에 대해 통제를 가한 것은 1349년의 노동자 조례이다. 흑사병과 흉작으로 인한 인구 감소에 따른 사회붕괴를 막기 위해 유랑민과 걸인의 이동을 금지시켰다. 교구를 벗어나는 사람에게는 체벌을 가했다. 이어서 구걸에 대한 허가제를 실시했는데, 이것이 1388년의 구빈 관련 법령이다.

1531년 헨리 8세는 시장이나 치안판사를 교구 책임자로 임명하고, 보호해야 할 노인과 노동능력이 없는 걸인의 구호신청을 조사토록 했다. 등록자에 한해 제한된 지역에서만 구걸이 허용되고 등록이 안 된 거지나 부랑인은 가혹한 처벌을 받았다. 1536년에는 3년 이상 교구 내에서 거주한 걸인에 한해 교구의 보호 의무를 명시하였다. 이 당시 5세에서 14세까지의 아동은 부모로부터 떨어져 도제생활을 해야 했다.

1572년에는 빈민 감독관 제도가 확립되었는데, 빈민구호기금 마련을 위해 일반세를 부과하였다. 1576년에는 교정원이 설립되었다.

(1) 엘리자베스 구빈법(1601년)

빈민구제를 위한 재원이 국가의 조세로 충당되었기에 이를 근대적 빈곤정책의 시작으로 본다. 교구 단위로 배치된 2~4명의 빈민 감독관이 교구위원과 함께 구빈사무를 보도록 했다. 빈민을 3가지 유형으로 나누어 차별을 하였다.

첫째, 노동능력이 있는 빈민(the able-bodied poor)이 있다. 이들은 교정원이나 작업장에서 강제 노동을 해야 했다. 자선을 베푸는 것은 금지되었고, 다른 교구에서 온 걸인은 본래의 교구로 되돌아가야 했으며, 일하기를 거부하는 걸인은 감옥에 갇혔다.

둘째, 노동능력이 없는 빈민(the impotent poor)이 있다. 노인, 병자, 맹인, 벙어리, 신체장애, 어린아이가 딸린 편모, 정신장애인 등이다. 구빈원(poorhouse, almshouse)에 수용되었다.

셋째, 요보호아동(dependent children)이 있다. 고아나 버려진 아이들은 양육을 원하는 시민이 있으면 무료로 위탁되었다. 위탁희망자가 없는 경우 경매에 맡겨졌다. 8세 이상의 아동은 남자의 경우 24세가 될 때까지 도제생활을 해야 했으며, 여자는 21세 혹은 결혼 시까지 하녀로 일해야 했다.

엘리자베스 구빈법은 빈민을 국가가 책임진다는 것을 표방했지만, 빈민구호보다는 빈민을 사회불안 요소로 인식해 그들을 억압하고 통제했다. 빈곤의 책임을 국가나 사회가 아닌 개인의 탓으로 인식하였다.

(2) 정주법(1662년)

교구를 단위로 빈민에 대한 구호활동이 진행되면서 교구의 재정과 교구책임자의 성향에 따라 구빈활동에 차이가 발생하였다. 빈민은 구호가 잘 이루어지는 교구로 이주하였고, 이런 이주를 막기 위해 생겨난 제도가 정주법(Settlement Act)이다. 법적으로 소속된 교구에서만 구호를 받을 자격이 있다는 것이다.

자신과 자신들의 직업 선택이나 거주지 선택의 자유를 박탈당했고, 노동을 강제로 해야 했다. 지방판사와 교구 당국의 동의가 있어야만 교구를 옮길 수 있었다.

(3) 작업장 테스트법(나치블 법: 1722년)

부랑민의 노역 의지를 증진시키고, 일을 거부하는 자에 대해서는 구제를 금하는 법이다. 작업장 선서법으로도 불린다. 작업장은 구제를 억제하면서 노동 의욕을 선서케 하는 곳이다. 빈민과 실업자도 기회가 주어지면 국부의 원천이 될 수 있다고 보았다. 작업장의 생활을 더 어렵게 해 빈민이 구제신청을 꺼리게 하는 데 목적이 있었다.

민간이 작업장을 운영하도록 허용했다. 민간작업장 운영자는 한 푼의 이윤이라도 더 남기기 위해 빈민을 착취하였다. 처우는 비참했고 위생상태는 엉망이었다. 빈민은 작업장에 들어가는 것을 극도로 싫어했다. 노동능력이 있는 빈민은 구제를 신청하지 않게 되면서 작업장에는 고아와 기아의 수가 늘어났다. 빈민 중에서도 최하층에 속한 사람만이 수용되었다.

18세기 후반 이후의 작업장은 결국 남녀노소, 노동능력 유무, 장애인, 정신질환자, 임산부, 매춘부, 성병환자 등의 여부와 관계없이 모두가 한 곳에 수용되는 일반혼합작업장이 되어 버렸다.

(4) 길버트법(1782년)

비인도적이고 비위생적인 작업장을 개선해야 한다는 취지에서 마련된 법으로 하원의원인 길버트(Gilbert)가 제안하고 통과시켰다. 가능한 한 빈민을 자신의 집에 거주하게 하면서 직업을 얻을 때까지 원외구호(재가처우)를 인정해 줄 것과 노동의 대가로 얻은 수입이 부족할 경우 부족액을 보충해 주는 것을 골자로 하고 있다. 노동능력이 있는 빈민에 대한 시설 외 구호의 적용과 노동자의 저임금을 보충해 주는 임금보조제도의 법적 기초가 되었다. 그러나 이 법의 실행은 각 교구의 재량에 맡겼기 때문에 기대했던 만큼의 성과를 거두지는 못하였다.

(5) 스핀햄랜드법(1795년)

버크셔(Birkshire) 주의 스핀햄랜드(Speenhamland) 지역에서 결정된 임금보조제도의 일종이다. 일명 '버크셔 빵 법'으로도 불린다. 불황이 극심했던 1795년 5월 6일 버크셔의 스핀햄랜드에 모인 치안판사들이 임금부조금은 빵의 가격에 연동해서 정해야 한다고 주장한 데서 비롯되었다. 이들은 빈민 개개인의 수입에 관계없이 최저소득이 보장되어야 한다는 결정을 내렸다. 이 제도로 인해 노동자는 가족의 규모와 빵 값의 변화에 따라 임금을 보충받는 임금과 물가 연동의 사회적 보호를 받게 된 것이다. 생존권의 개념이 최초로 도입된 것이라 할 수 있다.

마셜(Marshall)은 스핀햄랜드 제도를 두고 "일할 권리와 함께 최저한의 임금과 가족수당을 보장하는 만큼 구빈법의 영역을 훌쩍 뛰어넘는 사회복지급여 수급의 권리를 의미하는 사회권(social right)의 실체였다."라고 높이 평가했다.

그러나 이 제도는 노동 의욕과 능률 저하와 빈민의 조혼을 유발하여 인구과잉을 초래했다는 비난을 받았다. 또한, 받는 임금과 무관하게 수입이 같아 노동 의욕 고취가 어려웠고, 공공재산을 이용해 고용주를 보조하는 결과를 가져 왔다. 이 제도의 실패로 빈민정책은 억압으로 회귀하였다.

(6) 신구빈법(1834년)

1832년부터 1834년까지 왕립 구빈위원회의 조사를 토대로 만들어진 신구빈법(개정 빈민법: Poor Law Reform)은 구빈세의 증가를 막고 스핀햄랜드 제도의 철폐를 위해 제정되었다. 신구빈법은 열등처우의 원칙(principle of less eligibility), 작업장 원칙(principle of workhouse system), 전국적 통일의 원칙(principle of national uniformity) 등 3가지 원칙을 마련했다.

첫째, 열등처우의 원칙은 국가의 부조를 받는 빈민의 상태가 최저계급 독립노동자의 상태와 비교해 실질적으로나 외견상으로나 열등해야 한다는 원칙이다. 구제 대상이 되는 빈민의 생활수준이 높다면, 임금노동자의 생활이 궁핍해지며 태만과 악덕을 초래한다는 것이 주장의 근거가 된다.

열등수급을 받고 있는 작업장의 피구제 빈민에 대해 포퍼(pauper)라는 스티그마가 부여되어 자력으로 생활하는 빈민(poor)과 구분 지었다. 포퍼가 된다는 것은 인간으로서의 존엄을 상실하며, 작업장 수용에 따른 거주이전의 자유를 잃는 것이자, 선거권의 박탈로 정치적 자유마저 빼앗기는 상태를 의미하였다.

둘째, 작업장 원칙은 원외구호가 대상자의 자활에 효과적이지 못한 만큼 작업장에 수용하는 것을 원칙으로 한다는 것이다. 노동 가능한 빈민은 누구든 작업장에서 일을 해야 했다. 수용된 부부는 격리되었고, 식사 시에는 대화도 허용되지 않았다. 친척이나 아는 사람을 방문하는 것도 허용되지 않았다. 술과 담배는 당연히 금지되었다.

셋째, 전국적 통일의 원칙은 전국 어디서나 동등한 처우를 받아야 한다는 것이다. 빈민법의 행정을 통제하고 작업장의 운영과 구제 등을 관리하는 중앙기구가 설치되었다. 3인의 구빈법위원과 1명의 서기로 구성된 중앙구빈위원회가 설치되었다. 작업장 관리와 신설을 위해 다수의 교구를 통합시킬 수 있는 권한을 위임받았고, 곧바로 교구연합이 조직되었다.

그렇지만 중앙은 지방의 빈민법 운영을 제대로 통제하지 못했다. 중앙구빈위원회를 설치했지만 정부기구가 아닌 만큼 행정의 통제력이 미약했기 때문이다. 지방정부의 구빈 예산과 작업장 신설에 대한 통계는 거의 형식적이었고 빈민의 고통과 비참함은 은닉되었다.

작업장 수용자는 작업장의 복장에다 굴욕감을 유발시키는 배지도 착용하였다. 아동은 무조건 복종을 훈련받았다. 작업장은 모든 계층 근로자에게 공포의 대상이었다. 그러나 신구빈법은 구빈비용의 억제라는 목적은 달성하였다. 1837년은 1834년에 비해 구빈법 적용자가 1/3로 감소되었다.

1846년 앤도버(Andover) 작업장에서는 배고픈 수용자가 썩은 말뼈의 연골과 골수를 빨아먹다 발견되어 공공의 분노를 샀다. 앤도버 사건의 여파로 1848년 구빈위원회는 빈민법청으로 조직이 개편되었다. 의원의 자의적 권한이 제한되고, 의회에 대해 책임을 지게 되었다. 1860년대 후반부터는 노동능력이 없는 빈민에 대한 처우가 다소 개선되었다. 작업장에서도 질병이 있는 빈민과 아동이나 노인, 심신장애인 등이 수용되어서는 안 된다는 공감대가 형성되기 시작했다.

1871년에는 빈민법청이 새로 설립된 지방자치청의 빈민국으로 흡수되었다. 다소의 융통성이 발휘되기는 했으나 신구빈법의 원칙과 구조는 몇십 년 동안 그대로 유지되었다. 신구빈법을 지배하는 사상으로 당시의 최고 덕목이자 가치였던 자조(self-help)는 그대로 긴 생명을 유지한 셈이다.

2) 제고되는 복지의식

(1) 노동당 창당

1870년대 대규모의 경제공황이 발생하자 노동자 계급의 동요가 발생했다. 기존의 노동운동에 대한 반성이 제기됐고, 1900년 페이비안 협회와 여러 노동대표가 모여 노동당(Labour Party)을 설립했다.

(2) 자선조직협회

19세기 말엽의 영국은 궁핍한 사람에게 도움을 주는 데만 관심이 있었지, 빈곤의 원인이 되는 사회적 조건 개선과 체계적이고 합법적인 구제방법에 대해서는 논의조차 되지 않았다. 빈곤자의 욕구를 측정하거나 현실에 대한 진상조사는 전무했다.

이런 문제를 해결하고 효과적인 서비스를 제공하기 위해 사회사상가들은 모임을 결성했다. 1869년 창설된 런던자선조직협회가 그것이다. 이들은 구호를 필요로 하는 사람의 개별적 조사결과를 카드에 등록하고, 요구호자와의 인간관계를 중시하며 그들의 생활태도를 긍정적으로 변화시켜 보고자 노력하였다.

자선조직협회는 개별사회사업(case work)과 지역사회조직사업의 기초를 형성했다.

(3) 인보관운동

인보관운동(settlement house movement)은 적극적인 환경개선사업이다. 의식 있는 중산층이 빈민촌에 정착해 빈민을 교육하고 문화 수준을 제고하는 운동을 벌였다. 이 운동의 창시자는 바넷(Barnett) 목사였다. 그의 지도하에 옥스퍼드(Oxford) 대학, 케임브리지(Cambridge) 대학의 학생이 참여해 대학에서 배운 지식을 가난한 사람을 위해 아낌없이 제공했다.

인보관운동을 위해 일하던 아놀드 토인비(A. Toynbee)를 기념해 1885년 1월 10일 토인비홀이 런던 동부의 빈민지구에 설립되었다. 빈부 차이를 좁히고 상호 간의 불신을 해소하며, 계층을 넘어선 상생을 목표로 하였다. 19세기 말까지 30여 개가 넘는 인보관이 세워졌다.

(4) 우애조합

상호부조(mutual aid)는 중세 직인의 모임이 그 근거가 된다. 일단의 남성이 봉급날 동네의 선술집이나 교회에서 만나 공통의 목적을 위해 적은 돈을 갹출하는 관례로부터 시작되었다. 정보교환에서부터 회원에 대한 치료비 제공, 혹은 장례비 보조 등 다양한 목적으로 만남이 이루어졌다.

이렇게 시작된 모임은 우애조합(friendly society), 노동조합(trade union), 주택협회(housing association), 시민은행(People's bank), 혹은 협동조합(cooporative)으로 발전하였다.

우애조합은 1793년 로즈법(Rose's Act)에 의해 인정되었다. 소득 중단 등 예측 가능한 위험에 대해 서로를 보호하는 데 그 목적이 있었다. 1815년 100만 명 정도였던 회원이 1892년에는 700만 명으로 늘어났다.

노동조합은 1799년과 1800년의 단결금지법에 의해 불법화되었고, 임금인상 요구를 위해 다른 사람과 조직을 결성할 경우 3개월 구류나 2개월의 중노동형이 내려졌다. 노조의 법적 지위는 불안하였고, 소요가 발생했을 경우 그 책임을 져야 했다.

주택조합은 회원의 임대주택이나 개인주택을 얻을 수 있도록 기금을 조성할 목적으로 1781년 버밍엄에서 설립되었다. 노동자 계급을 위해 집을 짓는 박애적 성격의 조직과, 중산층을 위한 조합으로 나뉘었다. 1820년대 들어 대부분의 주택조합은 현금대출에 치중하였다.

시민은행은 노동자의 소규모 자산을 안전하게 관리하기 위해 만들어졌다. 마을은행과 자치시 은행이 선을 보였고, 1861년부터 우체국에서도 저축을 취급하였다.

협동조합은 1800년 로버트 오웬(R. Owen)에 의해 세워진 방적공장이 그 시초다. 수입을 서로 나누고 이익을 재투자하였지만 협동조합은 오래가지 않았다.

(5) 사회조사

1880년대의 영국은 빈곤을 재발견하는 시기였다. 1886년 찰스 부스(C. Booth)는 〈런던 시민의 생활과 노동(Life and Labor of the People in London)〉이라는 보고서를 통해 동부 런던 거주자의 35%가 빈곤상태에 있으며, 65세 이상의 노인 중 8/9이 빈곤의 덫에서 헤어 나오지 못하고 있다고 폭로했다. 빈곤은 개인의 잘못에서 비롯된다는 이론을 무력화시켰고, 인간의 빈곤은 불충분한 임금이나 열악한 주거환경, 불결한 위생상태로 인해 유발될 수 있음을 보여 주었다.

부스에 이어 라운트리(B. S. Rowntree)는 1902년 요크(York) 시의 빈곤상태에 관한 조사연구[〈빈곤: 도시생활에 관한 연구(Poverty: A Study of Town Life)〉]를 발표하였다. 보고서에 따르면 요크 시 총 인구의 28%가 빈곤한 상태로 밝혀졌다. 또한, 그 주원인은 저임금이라는 것도 드러났다. 라운트리의 조사는 조사 자체보다 빈곤선의 설정에 큰 의미를 둘 수 있다. 그의 조사는 몇십 년간의 시차를 두고 세 차례에 걸쳐 이루어졌다. 부스보다 좁은 지역을 조사했기에 정확도 면에서 앞설 수 있었다.

라운트리는 빈곤의 유형을 1차 빈곤(primary poverty)과 2차 빈곤(secondary poverty)으로 분류하였다. 1차 빈곤은 식료품, 연료, 주택, 의복 등 4개 항목에 전부 투입하더라도 구입할 수 없을 정도를 의미한다. 한 가구의 전 소득이 육체적 유지를 위한 필요 자원을 구입하기에도 부족한 상태다. 성인과 아동의 평균 영양 필요량을 추정해 그 양을 음식물로 환산하고, 음식물을 구입하기 위해 꼭 필요한 현금을 산출하였다. 이렇게 산출된 식비에다 가족 규모에 따라 연료비와 의복비 등의 최저 필요금액을 가산해 빈곤선을 책정하였다.

2차 빈곤은 가족의 소득이 4개 기본 항목을 구입할 수 있을 정도이지만, 그 소득의 일부를 다른 용도로 사용하면 빈곤상태에 빠지는 경우다. 여기에서의 다른 용도란 음주나 도박, 혹은 신문구입이나 교통비, 가족 중 긴급한 처지에 빠졌을 때에 돈을 융통했을 경우이다.

라운트리는 빈곤의 순환을 연구했는데, 근로자 가족은 생애주기에 있어 상대적으로 빈곤과 번영의 주기를 경험한다는 것이다.

부스와 라운트리의 조사를 통해 빈곤은 개인적 결함이나, 인도주의나 자선에 의해 해결될 문제가 아니며, 더욱 적극적인 국가의 개입이 필요하다는 주장이 설득력을 얻게 하였다.

부스의 사회조사는 베아트리스 포터(Beatrice Potter, 후에 Beatrice Webb)에게 큰 영향을 미쳤다. 베아트리스는 런던의 부두 노동자와 이스트 엔드(East end)의 고한사업(sweating industry) 여성노동자의 실태를 조사하였다. 남편 시드니 웹(S. Webb)과 함께 『노동조합사와 산업민주주의』라는 책을 내놓았는데, 이 책을 통해 '국민최저수준(national minimum standard)'이란 용어를 사용하였다.

노동자에게 일정 한도의 최저고용조건을 확보할 수 있게 자본주의 기업을 통제할 것을 주장한 것이다. 통제는 노동조합의 단체교섭을 통하거나, 노동조합이나 지지집단의 압력에 의해 제정된 입법으로 실행되어야 한다고 강조하였다.

그녀가 제창한 국민최저수준은 국민적 효율(national efficiency)의 향상과 직결되기에 정당화된다. 표준조건 이하의 산업, 특히나 고한사업(苦汗사업: 경제적·육체적·정신적으로 과도한 고통이 따르는 노동착취제도의 일반적 호칭)은 국민경제의 기반에 기생해 성장하는 것이 보통이다.

웹 부부는 국민적 최저수준과 효율화는 산업계의 공동과제이며, 기업과 노동자는 어떤 공동의 규칙을 제정할 필요가 있다고 주장하였다. 각 산업이 지키지 않으면 안 될 최저기준을 의미한다. 임금률, 노동시간, 안전, 위생 등 노동자의 생활전반이 일정 수준 이상으로 저하되어서는 안 될 최저선을 규정해야 한다는 것이다. 이후 국민최저선이라는 용어는 모든 국민이 그 이하로 내려가서는 안 된다는 최저생활보장과 관련된 의미로 사용되었다.

3) 복지국가

(1) 시도되는 진보개혁

20세기 들어 자유당이 집권하면서 개혁이 시작되었다. 1906년 정권을 잡은 자유당은 그 집권기간(1906~1914년) 동안 중요한 개혁을 단행한다. 1908년의 노령연금법은 자유당 개혁 프로그램의 첫 단계였다. 이 제도는 사회적인 낙인을 수반하지 않았고 그 어떤 자산조사도 시행되지 않았다. 우체국을 통해 급부가 이루어졌다(Hay, 1985). 1911년 실업보험과 의료보험법이 통과되었다.

개인주의 대신에 집합주의를, 자유방임적 국가관 대신에 국가의 적극적인 간섭을 요구하는 주장이 대두됐다. 자유주의 내부에서 신자유주의라는 형태로 나타났는데, 이런 전환점을 마련해 준 인물은 그린(T. H. Green)이다. 그는 국가의 보다 적극적인 역할 수행이 개인의 자유에 대한 위협이 아니라 오히려 자유를 신장하는 수단이 될 수 있다고 주장하였다. 즉, 기존 자본주의 체제의 부정이 아니라 최소한의 수정을 통해 자본주의 유지는 물론 그 한계를 극복하자는 주장이었다.

영국의 빈곤문제가 정치적 쟁점으로 또다시 부각된 것은(부스 등의 빈곤조사 이외에) 보어 전쟁(1899-1902년)이었다. 네덜란드 이주민과 남아프리카의 식민지 지배권을 놓고 영국이 벌인 전쟁에서 영국은 예상을 깨고 패배를 맛보았다. 영국의 자존심이 여지없이 무너져 내렸다. 보어 전쟁 이후 징병제가 영국에 도입되었다. 징집 대상자의 40%가 신체검사에서 부적격으로 판정을 받아 영국사회에 또 다른 충격을 주었다. 영국 육군은 영국 병사의 체력부족이 전쟁에서 패한 주 원인이라고 발표하기에 이르렀다. 이에 따라 국민적 효율이 정치적 쟁점으로 떠올랐다. 체력과 체위의 확충에 영국정부가 나서게 된 계기다.

자유당 정부의 주요 사회입법은 10가지 정도로 요약된다.

노동쟁의법은 1906년 파업의 합법성을 인정하고 노동조합의 파업에 대한 손해배상을 면책한 법이다. 같은 해 교육법이 완성되었다. 지방교육 당국이 학교 아동급식을 허용했다. 지방정부는 기존의 급식단체를 이용해도 무방했고, 다른 기관의 설립도 허용되었다. 이듬해에 아동에게 신체검사만 해 오던 것을 치료까지 영역을 확대시켰다.

1908년 70세 이상의 노인에게 무기여연금을 시행하였다. 1908년 아동법을 강화했다. 아동건강에 대한 부모의 방관이나 태만을 불법으로 규정지었다. 아동에 대한 담배 판매를 금했다. 비행청소년을 소년원에 수용하기 시작하였다.

1908년 탄광노동자의 노동시간을 8시간으로 정하였다. 1909년 비숙련 하층노동자의 불완전한 취업 감소와 정상화를 위해 취업 알선을 강화하였다. 같은 해 최저임금제를 확립하였다. 또, 노동자의 주택 공급을 위해 주택건설융자금제를 신설하였다. 1911년 국민보험법을 발효시켰다.

(2) 복지국가의 태동과 완성

제2차 세계대전 중 영국의 무임소장관 그린우드(A. Greenwood)는 사회보험 및 관련 서비스에 관한 정부부처 간 조사위원회를 설치하고 베버리지(W. Beveridge)를 위원장으로 임명하였다. 베버리지는 1942년에 〈사회보험과 관련 서비스(Social Insurance and Allied Services)〉라는 보고서를 발간한다.

베버리지는 3가지 사회보장계획을 제시했다. 첫째, 미래를 위한 어떠한 제안도 이해관계가 집단에 의해 제약을 받아서는 안 된다. 둘째, 사회보험은 결핍(want)에 대한 공약일 뿐, 질병(disease), 무지(ignorance), 불결(squalor), 나태(idleness)까지 해결할 수 있는 것이 아니다. 셋째, 사회보장은 정부와 민간의 협력 하에 집행되어야 한다.

베버리지의 사회보장제도 근간은 강제적인 사회보험이며, 사회보험이 보장하지 못하는 경우에는 국민부조(national assistance: 현대의 공공부조) 장치를 마련하였다. 국가가 제공하는 사회보장의 목표를 국민최저선(national minimum) 달성에 두었다. 베버리지의 구상은 다시 6가지 원칙으로 구체화되었다.[4]

베버리지의 보고서를 기초로 영국은 '요람에서 무덤까지'라는 사회보장체제를 완성하게 된다. 1945년 총선에서 노동당이 단독으로 집권하면서 같은 해 가족수당법(Family Allowances Act)이 통과되었다. 1946년에는 국민보험산업재해법(National Insurance Industrial Injuries Act)과 국민보건서비스법(National Health Service Act)이, 1948년에는 국민부조법(National Assistance Act)이 실행되었다.

(3) 복지국가의 위기

1970년대 들어 오일쇼크를 계기로 복지국가는 위기를 맞는다. 그동안의 경기호황에 힘입어 복지국가에 대한 국민적 합의가 형성되었고, 정당은 예외 없이 복지예산을 확충하고 확대하였다. 1979년 집권보수당 정권 하에서 마가렛 대처(M. Thatcher) 수상은 사회보장예산을 삭감했고, 사회보장제가 국민의 의존심을 강화한다며 자

4) 6가지의 원칙은 사회보험에 관한 장을 참조.

유주의 이념에 기초한 복지국가의 개혁에 나섰다. 1985년 포울러(N. Fowler)를 위원장으로 하는 사회보장조사위원회가 결성되어 〈사회보장의 개혁(*The Reform of Social Security*)〉이라는 보고서를 출간했다.

연금이 감소하였고 민간금융기관을 통한 개인연금이 장려되었다. 가족수당과 주택수당의 급여가 동결되거나 감소되었으며, 국민보건서비스 분야에서는 민간병원의 설립을 장려하는 한편, 의료계에도 시장원리를 도입시켰다. 지방정부 소유의 주택은 대대적으로 민간에 매각되었다.

대처는 자유경제와 강한 국가를 표방했다. 이는 케인스와 베버리지에 대한 급격한 이탈이기도 했는데, 공공지출의 삭감과 민영화 및 감세정책을 폈다. 아울러 전 국민의 복지는 국가의 책임이라는 베버리지적 접근방법에서 벗어나 선별주의적 정책기조를 선택하였다.

(4) 토니 블레어의 제3의 길

1997년 총선에서 승리한 노동당의 토니 블레어(T. Blair) 수상은 사회학자 기든스(Giddens)가 체계화시킨 제3의 길(the third way)을 바탕으로 사회복지개혁을 추진하였다. 고복지 - 고부담 - 저효율로 요약되는 사회민주주의적 복지국가노선(제1의 길)과 고효율 - 저부담 - 불평등으로 특징지어지는 신자유주의적 시장경제노선(제2의 길)을 지양한 새로운 정책노선이다(원석조, 2006: 160-164).

제3의 길은 인적 자원에 투자하는 복지국가를 표방하는데, 이를 사회투자국가로의 개편으로 설명하고 있다. 평생교육을 강조하며 적극적인 실업대책을 추구한다. 복지의 주체를 다원화하는 것도 제3의 길이 추구하는 가치다. 중앙정부 중심의 복지공급에서 벗어나 지방정부나 비영리 부문, 기업 등 복지의 다원화를 도모하고 있다. 도덕적 해이에서 벗어나 일하는 복지(workfare)를 제창했다. 블레어의 일하는 복지는 세계 각국으로 퍼져 나가면서 생산적 복지의 개념으로도 발전되었다.

2 미국

1) 식민지시대(1776년 이전)

초기 식민지시대의 대부분은 가난했다. 프로테스탄트의 생활은 근면과 절약을 최상의 미덕으로 여겼고, 부랑자가 되는 것을 죄악으로 여겼다. 1642년 플리머스(Plymouth)에 식민지 최초의 구빈법이 제정되었다. 이어 1673년 코네티컷, 1692년 매사추세츠 주 등지에서 구빈법이 만들어졌다.

구호는 최소의 사람에게 선별적으로 이루어졌는데, 1709년 필라델피아에서는 전체 인구의 0.52%만이 공적 구호를 받았다. 구호의 대상도 인디언의 습격이나 학살에 의해 가족을 잃어버린 사람, 고아, 과부, 노인, 부상자, 재해로 인한 피해자 등으로 제한되었다.

원내구호가 행해졌고 대상은 노동능력이 없는 빈민이었다. 구호대상에서 흑인은 제외되었다. 당시 보호 수준은 열등 수준에서 지켜졌다.

2) 자본주의 성립기(1777~1860년)

독립혁명이 끝난 뒤 사회 전반에 극심한 변화가 일어났다. 유럽의 나폴레옹 전쟁과 1812년 영국과의 전쟁으로 국민의 삶은 피폐해졌으며, 유럽으로부터의 이민이 급속히 늘어나기 시작했다. 1790년 미국 최초로 인구조사를 실시한 결과 4백만 정도에 불과했었다. 그러나 1860년에는 인구가 3천1백만 명으로 급상승한 것으로 드러났다(Haynes & Holmes, 1994: 49).

많은 유럽인이 '기회'를 얻기 위해 신대륙으로 건너왔으나 누구나 성공하는 것은 아니었다. 가족을 잃은 사람, 기술이 없는 사람, 노약자, 청소년, 여성은 빈민이 되었고, 미국은 이런 사람을 어떻게 대우해야 하는가에 대해 고민하기 시작했다. 이때부터 정부가 개인의 복지문제에 적극적인 개입은 하지 않았으나 관심을 갖기 시작하였다.

1837년에는 공황이 왔다. 서민의 삶은 더욱 피폐해져 갔다. 1843년에는 혹한이 몰아치면서 실업이 늘어났으며 노동자의 생활수준은 크게 저하되었다. 노동자가 뭉쳐 활발한 노동운동을 전개하였다. 노동자의 삶이 더욱 어려워지자 뉴욕에서는 같은 해 빈민생활상태 개선협회가 발족되었다. 후에 이 협회는 자선조직협회의 모체가 되었다(한국복지연구회, 1985: 87-88).

부모가 사망하거나 삶이 어려운 탓에 유기되는 아이도 증가했다. 1790년 남캘리포니아 주의 찰스턴에 최초의 주립 고아원이 생겼다. 1817년에는 코네티컷 주 하트포트에 무료 농아학교인 갈로데 학원이 들어섰다. 1824년에는 최초의 비행소년보호시설인 사립감화원이 뉴욕에 설립되었다.

1840년대가 되자 뉴욕에는 30개 이상의 자선단체가 발족돼 왕성한 활동을 펼쳤다. 특이한 것은 요보호자의 종류에 따라 구분된 시설이 생겨났다는 점이다. 시설보호의 전문화를 도모하기 시작했음이다. 복지관계자와 선각자를 중심으로 정신질환자에 대한 관심이 제고된 것도 이 시기다.

3) 자선조직협회와 인보관운동

시민전쟁(1861~1865년)이 끝나고 흑인노예가 해방되면서 공업화가 급속히 진행되었다. 서부개척이 가능해지고 인구가 폭발적으로 늘어났다. 공업과 시장이 발달하면서 자연스럽게 독점자본주의가 성립되었다. 필연적으로 독점자본주의는 부의 편중과 인권소외, 도시화를 유발시켰다.

새로운 사회문제 발생에도 불구하고 당시 미국의 지배적인 사상은 자유방임주의였다. 동물세계에서 적자생존이 불가피하듯 인간세계의 생존과 발전을 위한 필요악이라는 것이다. 정부의 구호가 소극적인 것과는 달리 민간의 구호활동은 점차 조직적이며 적극적인 상태로 전개되었다. 민간자선단체는 무질서하고 체계적이지 못했던 과거의 구빈활동을 반성하고 사선의 효율화를 위해 영국으로부터 자선조직협회 방식을 도입하였다. 영국 런던자선조직협회의 자원봉사자로 일했던 거틴(Gurteen) 목사가 1877년 버팔로에 자선조직협회를 창설하였다. 이후 자선조직협회는 미국 전역으로 퍼져 나갔다. 1890년대까지 100여 개 도시에 자선조직협회가 만들어졌다.

자선조직협회는 원조의 방법으로 우호적인 방문(friendly visiting)을 사용하였고, 빈민을 원조받을 가치가 있는 빈민(worthy poor)과 원조받을 가치가 없는 빈민(unworthy poor)으로 구별하였다. 원외구호에 대해서는 반대 입장을 취하였고, 여성 신교도를 훈련시켜 활용하였다.

산업화에 따른 도시집중은 빈민가라는 부정적 유산을 남겼다. 비위생, 부도덕, 높은 범죄와 무질서는 사회문제로 등장했다. 런던의 토인비 홀을 방문해 깊은 인상을 받았던 스탄톤 코이트(S. Coit)는 미국에도 이와 유사한 인보관을 만들기에 이른다. 1887년 뉴욕의 인보조합은 미국 최초의 인보관이다. 2년 뒤에는 제인 아담스(J. Adams)와 엘렌 스타(E. Starr)에 의해 시카고에 헐 하우스(Hull House)가 세워진다(Haynes & Homes, 1994: 64).

인보관운동 관계자는 빈곤을 비롯한 사회문제의 제 원인이 개인이 아닌 사회적 환경에 있다고 보았다.

4) 도전받는 자유주의 사상(1900~1929년)

18세기 이후 자유방임주의 경제이론과 다위니즘을 배경으로 미국을 지배해 오던 자유주의 사상의 쇠퇴가 이루어진 시기다. 법적인 규제와 보호를 통해 사회정의를 실현하려는 방안이 제기되었다. 제1차 세계대전(1914~1918년) 동안 미국은 전쟁 물자를 수출하면서 산업발전을 가속화시켰다. 인구도 급성장해 1900년 7,600만 명의 인구가 30년에는 1억 2천만 명을 넘어설 정도로 폭발적인 인구팽창이 이루어졌다.

노동자의 삶을 여유롭게 하는 제반 정책이 경쟁적으로 선을 보였던 시기로, 1906년 연방정부에 의해 하루 8시간 노동제가 도입되었다. 1915년에는 선원법, 1916년 농업신용법과 재해보상법이 각각 제정되었다. 아동노동자와 노동의 최저연령을 제한하는 법안이 속속 등장하였다. 1911년 일리노이 주에서 모자부조법이 최초로 시행됐다. 1927년에는 미국노령보장협회가 조직되었다.

공공과 민간복지기관이 증가하면서 유급사회복지사가 늘어났다. 전문가의 수요가 늘어나자 이들을 교육시키는 전문교육기관의 수 역시 증가했다. 전문직 단체의 설립은 전문사회사업의 정착을 가속화시켰다.

5) 대공황과 뉴딜정책(1930~1940년)

1929년 가을 주식시장의 붕괴와 경제공황으로 수많은 노동자가 직장을 잃었고, 평생 동안 모아온 저축을 한꺼번에 잃어버렸다. 국내적으로는 농업 부문의 만성적 불황과 공업의 과잉생산, 방만한 신용정책, 증권투기가 그 원인으로 지적됐다. 대외적으로는 제1차 세계대전 채무국의 구매력 격감과 관세장벽, 구소련의 덤핑판매 등의 악재가 작용하였다.

1929년 봄 286만 명이었던 실업자 수가 1930년 1월 400만 명으로 1930년 3월에는 460만 명, 다시 9월에는 500만 명으로 확대됐다. 1930년 말에는 1,500만 명의 실업자가 양산되었다. 국민의 40%가 구제대상이었고, 심한 지역에서는 90%가 구제의 대상이 되었다.

경기회복과 빈곤구제를 위해 국민은 국가 차원의 획기적 조치가 단행될 것을 기대하였으나 후버 정부는 경기에 대한 낙관론만을 되풀이하며 별다른 후속 조치를 내리지 않았다. 경기는 더더욱 나락에 빠지고 국민의 삶은 힘들어져만 갔다.

1933년 3월 루스벨트 대통령이 후버의 후임으로 취임하면서 연방정부의 개입이 가시화되었다. 루스벨트는 뉴딜(new deal)이라는 정책을 통해 실업자를 위한 지출을 확대하고 공공사업을 대대적으로 펼쳤다. 제도적 관점에서 공공의 복지에 투자하겠다는 의지의 표명이었다.

루스벨트는 경제보장위원회를 소집해 사회보장 프로그램의 개발을 명했다. 1935년

1월 17일 경제보장위원회는 '사회보장 프로그램을 위한 권고'를 작성하였다. 이 법안은 하원에서 371 대 33, 상원에서는 77 대 6으로 통과되어 같은 해 8월 14일 사회보장법(social security act)으로 제정되었다(함세남 외, 1999: 208).

사회보장법은 3가지의 방법으로 사회보장을 시행하고 있다. 첫째는 연방정부가 운영하는 사회보험 프로그램이다. 실업보험과 노령·유족 및 장애보험이 이에 속한다. 둘째는 연방정부가 재정을 보조하고 주정부가 운영하는 공적 부조 프로그램이다. 맹인부조, 장애인부조, 노령부조, 요부양아동가족부조 등 4가지 프로그램이 이에 해당한다. 급여를 받기 위해서는 자산조사를 받아야 했다. 셋째는 주정부와 지방정부가 각각 재정을 보조하는 프로그램이다. 보건, 입양, 장애인서비스와 같은 서비스가 그 성격에 따라 보조의 주체가 달랐다.

뉴딜정책에 의해 지출된 구제비, 공공사업비의 총액은 기하급수적으로 늘어났다. 세출에서 차지하는 비율이 1934년 35%, 1935년 45.6%, 1936년 34.7%가 되었다. 적자는 증가되고 국채가 대량으로 발행됐으며, 조세가 늘어나는 등 국민의 부담 역시 가중되었다.

뉴딜에 나타난 사회복지 프로그램은 급여 수준이 낮았고 지역 간에도 격차가 심했다. 의료부조나 의료보험, 공공주택정책이 활성화되지 못했던 미국은 오랜 기간 동안 복지후진국으로 남아 있어야 했다.

유럽국가의 대부분이 가족과 의료, 주택, 부조를 통합적으로 다루는 복지정책을 펴나갔던 데 반해 미국은 뉴딜 시대부터 사회복지 프로그램을 사회보험과 공공부조로 나뉘어 실행함으로서 일관성 있는 사회복지정책을 펴 나가지 못하게 됐다는 비판도 제기됐다(Patterson, 1986: 76).

이러한 부정적 관점에도 불구하고 뉴딜은 빈곤의 원인을 개인이나 문화적인 관점에서 경제적이며 구조적 관점으로 파악하였다는 긍정적 측면이 있다. 비로소 미국이 복지국가의 대열에 합류했음을 의미하는 것이기도 하다.

6) 복지의 확대시대(1940~1960년)

1940년대 들어 대공황은 회복세를 보인다. 제2차 세계대전이 끝나고 트루먼 대통령이 취임하면서 물가의 통제, 완전고용, 주택정책을 중심으로 사회보장정책이 더욱 확대·개선되었다. 국내 정치가 안정되었지만, 국제적으로는 냉전이 심화되었다.

복지의 확대추세는 1960년에 이르기까지 이어진다. 1950년대에는 사회보장법을 개정해 노령부조, 맹인부조, 아동부조, 중장애부조를 받고 있는 피보호자에 대한 의료비의 일부를 연방이 보조하게 되었다. 1953년에는 연방사회보장청을 보건·교육·복지성으로 승격시켰다. 1952년 사회사업교육위원회가 설립되었고, 1955년에는 전국사회복지사협회(NASW)가 결성되었다(한국복지연구회, 1985: 102-105).

7) 빈곤의 재발견과 대 빈곤전쟁(1961~1975년)

케네디 대통령은 실업과 흑인민권운동에 관심을 갖고 의욕적으로 개혁에 앞장섰다. 1961년 취임식에서 케네디는 독재, 빈곤, 질병 및 전쟁은 인류 공동의 적이라고 연설하였다. 또한, 희망의 손길이 빈민과 억압된 자에게까지 확대되어야 한다고 선언하였다. 대도시인 뉴욕, 로스앤젤레스, 디트로이트의 슬럼 지역에서는 흑인의 폭동과 소요가 지속적으로 이어졌다. 이는 그동안 억압됐던 빈민과 흑인의 목소리가 일시에 터져 나온 것으로 봐야 할 것이다.

마이클 해링턴(M. Harrington)은 1962년에 『또 다른 미국(*The other America*)』이라는 책을 통해 대부분의 미국인은 빈민이 처하고 있는 실태를 모른다고 주장하였다. 그는 미국은 2개의 미국으로 구성되어 있는데, 하나는 풍요로운 사람이 사는 미국이고, 다른 하나는 적절한 교육, 주택, 고용 및 의료보호를 받지 못해 절망과 굴욕으로 고통 받고 있는 사람이 살고 있는 미국이라고 밝혔다.

그는 빈곤이 보이지 않는 이유를 4가지로 들었다. 첫째, 농촌의 빈곤은 농촌의 아름다운 경치에 가려 보이지 않는다. 둘째, 예전에 비해 빈민이 옷을 잘 입기 때문에 사람이 웬만큼 사는 것으로 보이지만 실제로는 매우 열악하게 살고 있다는 것이다.

셋째, 가난한 노인은 나쁜 건강, 공포심, 교통수단의 결여 등으로 집에만 거주하기에 보이지 않는다. 넷째, 빈민은 정치적인 목소리를 낼 수 없기에 보이지 않는다는 것이다. 해링턴은 자신의 책에서 미국 빈민의 수는 4,000만 명에서 5,000만 명에 이른다고 주장하였다.

존슨 대통령은 빈곤을 뿌리째 뽑아 없애 버린다며 1964년에 대빈곤 전쟁(war on poverty)을 선언하였다. 경제기회법이 제정되고 경제기획사무처가 신설되었다. 자원봉사단(volunteers in service to America)의 창설, 학교중퇴자를 위한 직업안정단(jobs corps), 소수민족 자녀의 조기교육 프로그램(head start), 10대 청소년을 위한 근린 청소년단(neighborhood youth corps), 슬럼 지역의 우수한 학생을 대학에 보내는 장학사업(upward bound), 여성에게 직업훈련을 주선하고 탁아소의 운영을 통해 직업을 갖게 하는 프로그램(WIN), 각종 법률 원조(legal aid), 보건·주택·소비자 교육 등에서 지역사회의 자치적 활동을 권장하는 지역사회개혁사업(community action program) 등이 그 대표적인 사업이다.

1964년에는 흑인의 투표권이 인정되었다. 인종차별을 금지하는 시민권법이 만들어졌고 식품권 프로그램(food stamp program)이 제정되었다. 1965년 사회보장법에 의료보험(medicare)과 의료보호(medicaid)가 포함되었다(Haynes & Holmes, 1994: 85).

1960년대의 대빈곤 전쟁은 뉴딜 시대와는 달리 경제적으로 호황을 누리는 시기에 단행되었다. 그렇지만 당시의 대표적인 공공부조였던 AFDC 프로그램의 팽창으로 복지재정의 압박을 받게 된다.

닉슨 대통령의 대표적인 사회복지 프로그램은 가족부조계획(Family Assistance Plan)이다. 관료와 사회사업가의 네트워크를 해체하고자 하는 저의로 마련되었다. 자녀를 가진 가족을 대상으로 하며, 실업 중인 4인 가족은 연방정부로부터 적어도 연간 1,600달러를 지급받았다.

이 시기의 사회사업가들은 사회개혁의 중요성과 클라이언트를 돕는 일을 동시에 해야 한다는 인식 전환을 하게 되었다. 이른바 사회행동(social action)이 사회복지 방법의 중요한 부분으로 부각하게 된 것이다.

1974년 닉슨의 뒤를 이은 포드 대통령은 보수적이었다. 복지개혁에 대한 관심이 별로 없었고, 연방교육보조나 의료보호·학교급식 프로그램 등에 대해 거부권을 행사하였다. 강제의료보험 제안에도 반대하였다. 민권운동법안에도 마찬가지 태도를 취하였다.

8) 신보수주의의 등장(1975~1990년)

카터 대통령은 인플레이션을 억제하고 군비 증액에 대한 재원조달을 위해 사회복지 프로그램 예산을 삭감하였다. 카터는 10대 세대주에게 포괄적 서비스를 제공하기 위한 법안, 탁아서비스를 위해 연방기금을 사용하는 법안, 배우자의 폭력으로 고통 받는 여성을 보조하기 위한 법안 등을 지지하지 않았다. 이 기간 동안 사회복지 예산의 효율성을 부정하는 인식이 팽배해졌는데, 아무리 돈을 많이 쓴다 해도 나라의 사회적 병폐를 일소할 수 없을 것이라는 인식 때문이었다.

1980년 당선된 레이건 대통령은 정부의 비대화를 혐오하였다. 자유로운 기업 활동과 건강한 기업 분위기를 미국인의 번영 출처로 인식하였다. 복지수혜자를 무임승차자로 간주하고 노동시장으로의 진입시켜야 한다는 입장을 견지했다. 사회복지 프로그램에 대한 정부지출을 감소시켰다. 방위예산을 증액하는 한편, 포괄적 고용 및 훈련법과 같은 공적 서비스 프로그램을 폐지하였다. 1983년과 1984년 사회복지 프로그램 예산을 추가로 삭감했다. 이로 인해 수백만 명의 시민이 빈곤선 이하의 생활을 하게 됐고 1980년에서 1983년 빈곤율은 11.7%에서 15.3%로 증가했다. 레이건의 재임 중 기업은 대체로 호황이었다. 부자는 더 부자가 되었고, 부자와 빈자 간의 격차는 더 커졌다.

부시가 1988년 대통령에 취임하였다. 부시는 레이건 행정부의 평화와 번영정책을 승계했다. 부시는 1989년 총괄적 예산조정법을 통과시켰다. 주 정부에게 연방정부가 아동보호 보조금을 제공하는 것을 골자로 한다. 적자 감소 패키지 법안은 빈곤한 가족의 소득세 감면을 주 목적으로 하였다. 1세 미만의 아동을 가진 빈곤가족을 위한 소득보충과 아동의 의료보험료 지불에 지원을 하였다.

레이건에서 부시로 이어지는 보수주의 정책의 시행으로 사회문제는 더욱 심화되었다. 빈부 격차는 극심해졌고 집 없는 서민은 늘었다. 인종차별을 줄이기 위한 노력도 시들해졌다. 교도소는 범법자로 넘쳐나기 시작했다. 편부모는 늘었고 환경오염도 도를 더해 갔다.

9) 복지 변화 시대(1990년대 이후)

민주당의 클린턴이 1992년 대통령으로 당선되었다. 제도적 개혁주의 관점으로 복지정책을 추진하였다. 클린턴은 부인 힐러리를 책임자로 임명해 의료보험제의 개혁을 시도했다. 정부가 모든 국민에게 의료보험을 보장하는 것을 골자로 하는 보편주의 원칙을 준용한 개혁안이었다. 그러나 보수주의자의 반대에 부딪혀 의회의 통과에는 실패했다.

공화당은 공공부조의 대폭적인 삭감을 주장했는데 클린턴의 거부권에도 불구하고 1996년 개인책임과 근로기회조정법(Personal Responsibility and Work Opportunity Reconciliation Action)이 통과되었다.

이에 따라 자녀가 있는 가구 중에서 자격이 있는 가구에는 복지혜택이 주어지던 요부양아동가족부조(AFDC), 교육·직업훈련 프로그램인 직업기회 기본 기술 프로그램은 폐지되었다. 이를 대신한 것이 빈곤가족 일시부조(Temporary Assistance to Needy Families : TANF) 프로그램이 시행되었다. 이는 무제한적으로 주어지던 빈곤가족에 대한 급여를 60개월 동안만 시행하도록 하였다.

2000년 공화당의 부시가 대통령으로 당선되어 재임하는 동안 미국의 사회복지정책은 대체로 이전의 틀을 유지하였다. 특히 2001년의 9·11테러와 2003년 3월의 이라크 전쟁이 계속되면서 재정의 상당 부분은 전쟁과 국가안보에 사용되었다는 비판을 받았다.

2009년 취임한 오바마 대통령은 미국의 숙원이었던 의료보험을 개혁하였다. 미국의 의료보험 시스템 개혁(일명 '오바마 케어'[5])의 핵심은 전 국민의 건강보험 가입을 의무화하는 것이다. 정식 명칭은 '환자보호 및 부담적정보험법(Patient Protection and Affordable Care Act : PPACA)'이다. 2010년 3월 승인된 의료보험 개혁 법안은 민영보험에만 의존하는 기존 의료보험 시스템을 바꾸고, 전 국민의 건강보험 가입 의무화를 골자로 하고 있다. 즉, 미국 내 3,200만 명 저소득층 무보험자를 건강보험에 가입시키고 중산층에 보조금을 지급해 의료비 부담을 낮추고자 하는 정책이다.

3 일본

1) 메이지(明治) 유신 이전

메이지 유신 이전 나라(奈良) 시대의 광명정후의 구빈시설이 전해져 내려온다.

2) 메이지 유신 이후부터 제2차 세계대전 이전

메이지 유신 이후 근대 국가로 지정된 뒤 정부에 의한 최초의 사회보장에 관한 규정은 1874년의 휼구구제이다. 태정관을 중심으로 한 행정기관의 구제, 즉 공적 부조였다. 대상자는 장애인, 70세 이상의 노인, 병자, 아동 등의 빈곤자이며 쌀(0.9리터)에 해당하는 현금이 지급되었다. 물론 지역공동체에 대한 근린상조, 친족 상호부조가 우선되었다.

농민, 상인, 직인층, 몰락 토족의 빈곤이 심화되면서 1883년 국민구조법안이 제출되었다. 청·일, 러·일 전쟁 후 일본은 비약적인 산업발전을 이루었다. 그러나 빈

5) 당시 미국에서 건강보험이 없는 국민이 4,800만 명에 이르렀다. 힐러리 클린턴 상원의원도 이러한 문제를 인식해 전국민보험입법을 추진했으나 실패하였다. 미국에서 사회보장 혜택을 받는 시민은 65세부터 메디케어(Medicare) 혜택으로 건강보험을 갖게 되고, 저소득층은 메디케이드(Medicaid)라는 프로그램으로 정부 주도의 건강 혜택을 받았다.

곤, 실업, 과밀주택 등의 사회문제가 발생하였다. 우선적으로 군인가족을 우대하는 정책을 폈다.

1900년 불량청소년에 대한 보호실현을 위해 감화법이 도입되었다. 1918년 6월에 내무대신의 자문기관으로 구제사업조사회가 설립되었다. 1921년에는 사회사업조사회가 생겼고, 직업소개소법이 제정되었다.

각종 사회사업시책이 이 당시에 발표되었다. 생활 곤란에 대한 응급대책으로 공설시장, 간이식당, 공익전당포, 공영주택, 공영목욕탕, 공동숙박소 등 경제적인 보호시설이 속속 설치되었다.

1929년에는 본격적인 구호법이 만들어졌다. 그러나 구호의 대상이 65세 이상 노인, 13세 이하의 유아, 임산부, 불구병자, 정신 및 신체장애에 의한 노동불능자를 대상으로 생활부조·의료·조산·생업부조의 4가지 급부에 한정됐다. 일단 수급받게 되면 선거권과 피선거권이 상실되었다.

이때의 재원은 국가가 1/2을, 부와 현이 1/4 이내의 비용을 부담하였다. 의료보장에 대한 기원은 미쓰비시 조선소 등의 기업 내 공제조합이 사회보장제도에 앞서 의료급부사업을 시행한 것이 시초가 된다. 피고용자에 대한 의료보험은 1927년 건강보험법이 제정됨으로써 가능하게 되었다.

3) 제2차 세계대전 시기

1931년 만주사변을 일으킨 일본은 1937년 중국 침략을 전면화했고, 1941년 태평양전쟁을 시작했다. 1937년 여름 국민전시총동원령이 발표되었고, 다음해에는 국가총동원령이 제정되었다. 노동운동이나 사회운동은 허락되지 않았다. 농산물의 생산율은 60%까지 떨어졌다. 영양섭취량에 비해 노동량은 강화되어 노동자의 질병이나 노동재해가 큰 폭으로 증가하였다.

사회와 경제시스템은 전쟁수행을 위한 체제로 전환되었다. 국민이 전쟁 관련 업무와 군사사업에 전면적으로 협력할 수 있도록 선원보험법(1939), 노동자연금보험법(1941), 후생연금보험법(1944)들이 정비되었다. 질병예방, 영양개선, 지역주민의 건강상담을 위해 보건소가 설치되었다.

4) 전후 사회복지의 부흥

미국점령군 총사령부는 일본의 비군사화 및 민주화를 기본 방침으로 정했다. 재벌의 해체와 기생지주제도의 폐지, 의회제 정치, 기본적 인권과 지방자치를 기본으로 하는 자유와 민주주의를 보장하였다. 헌법 25조는 '건강하고 문화적인 최저한의 생활'을 국민의 권리라고 규정하였다. 또, 국가는 사회복지, 사회보장 및 공중위생의 향상과 증진에 책무를 져야 한다고 명시하였다.

점령군 총사령부는 800만 명 정도인 요보호대상자에 대한 구제계획을 수립해 작성하도록 일본정부에 요청하였다. 일본정부는 이에 따라 '생활곤궁자 긴급생활 원호요강'을 각의에서 설정하고 1946년 4월부터 실행에 옮겼다. 원호를 받는 대상자가 126만 명을 넘어선 것으로 집계되었다. 총사령부는 생활보호의 국가책임, 공사분리, 곤궁자 보호의 무차별 평등, 무제한의 보호비 지급 등의 원칙을 제정하였다. 이러한 원칙 아래 1946년 9월 구생활보호법이 만들어졌다. 노동자 재해보상보험(1947년 4월), 실업보험(1947년 12월) 등이 만들어졌다. 아동복지법이 같은 해에 제정되었고, 1949년에는 신체장애자복지법이 제정되어 생활보호법과 함께 복지3법이 마련되었다.

사회보장심의회는 1950년 '사회보장제도에 관한 권고'를 정부에 보냈다. 권고의 내용을 보면, 우선 급부대상은 병·상해·분만·발병·사망·노령·실업·다산 등이다. 기능면에서는 보험방식 혹은 직접 공공부담에 있어서의 경제를 보장하는 것이다. 생활곤궁자에 대해서는 최저한의 생활을 보장하며, 건강하고 문화적인 생활수준을 유지할 정도로 규정하였다. 국민은 사회연대의 정신에 입각하며, 균등한 기회를 보장하는 것이 그 이념이다.

전후 사회복지 개혁은 나름대로의 변화를 도모했으나 실효를 거두지는 못하였다. 격심한 인플레로 건강보험은 형식에 그쳤고, 후생연금제도는 20년이라는 장기간의 거출기간이 수급의 자격요건으로 되어 있었기에 장애연금을 제외한 다른 보험은 실제적인 혜택을 주지 못하였다.

5) 고도성장 및 개보험시대

6·25 특수로 인해 일본경제는 급속하게 부흥하였다. 1955년부터 1974년까지 20년간 연평균 9.2%의 실질경제성장률을 달성했다. 경제가 성장하면서 사회보장제도 확충되었다. 1958년 자영업자, 농업종사자 등을 국민건강보험에 가입하는 것을 의무화하는 국민건강보험법이 제정되었다. 전 국민의 보험체제가 확립된 것이다. 1959년에는 국민연금법을 제정, 소득보장 분야에서도 국민개연금보장체제가 확립하게 되었다.

1963년에는 노인복지법, 1960년 정신박약복지법, 1964년 모자복지법이 제정되었다. 이로써 일본은 이른바 복지6법을 완성하였다(생활보호법, 아동복지법, 신체장애자복지법, 노인복지법, 지적 장애자복지법, 모자 및 과부복지법).

경제성장과 함께 이 시기에는 사회보장과 사회복지운동이 활발히 전개되었다. 1950년대 후반에는 원자폭탄금지운동이나 일본모친대회운동 등 평화와 생활을 수호하는 민주적인 대중운동이 확산되었다. 1958년에는 중립노동자연맹의 노동조합과 일본 환자동맹 등의 당사자 단체가 결성되었다. 1960년과 1961년에는 병원동맹파업이 진행되었다.

인간다운 생활을 할 권리를 찾기 위한 아사히 소송이 1960년 10월 진행되어 전 국민적 관심을 끌었다. 제1심이기는 하지만 원고의 주장을 인정하고, 생존권 보장의 국가책임과 국민의 권리를 인정한 것은 사회보장에 대한 의식 제고를 보여 준 일련의 조치였다.

1960년대 말부터 1970년대 초까지 중앙정부도 신경제사회발전계획에서 성장 위주의 정책을 복지 우선 혹은 생활중시정책으로 전환시켰다. 사회복지시설 긴급정

비계획을 수립하고, 사회복지시설 설치기준을 완화하였다. 1973년에는 70세 이상 노인의료의 무료화를 단행하였다.

복지사회라는 용어가 처음으로 사용된 것은 이 시기다. 국가뿐만 아니라 가족, 이웃, 기업의 상호 부조가 복지를 지탱해 간다는 견해에서 비롯된 것이다.

6) 석유위기와 사회보장의 전환

다나까(田中) 내각은 1973년을 복지원년으로 규정하였다. 복지를 사회경제의 우선정책으로 삼겠다는 발상이었다. 의료보험제에서는 건강보험 피부양자의 급부인상과 고액의료비제도가 도입되었다. 연금보험제는 급부 수준의 대폭 인상과 물가연동제 및 임금연동제 도입 등 대폭적인 제도 확충이 이루어졌다.

그러나 1973년 가을 석유위기가 발생해 일본 경제는 급격한 인플레이션과 경기후퇴, 마이너스 성장이 발생하는 등 스태그플레이션을 경험하며 고도성장이 종료되기에 이른다.

경제상황이 급박해지자 일본은 연금과 의료보험의 진료보수, 생활보호제도의 생활비 부조 등 급여 수준을 인플레이션의 정도에 맞춰 인상하였다. 1974년 진료보수 시 36%를 인상하였고, 생활부조 기준에서는 20%를 인상하였다. 이에 따라 사회보장 관련비용은 급격히 늘어났다.

복지재정지출은 증가했지만 재정 수입은 증가되지 않았다. 내수확대는 어려웠고 재정 적자 폭이 크게 확대되었다. 1975년 처음으로 특례공채를 발행했고, 1979년도 예산에서는 국채의 의존도가 40%를 넘어섰다.

1980년대 들어 재정건전성 확보가 최대의 목표가 되었다. 노인의료비지급제도 및 의료보험제도 등을 중심으로 사회보장에 대한 재검토 논의가 진행되었다. 1982년 노인보건제도가 창설되었는데, 노인의료비에 대한 환자 본인의 일부부담 및 노인의료에 필요한 비용에 있어서 의료보험 각 제도의 보험자가 공동으로 갹출하는 새로운 부담 방식이 도입되었다.

1984년에는 건강보험법이 개정되어 피고용자보험 본인에 대한 급부가 개정되어 정률 10% 도입제가 시행되었다. 퇴직자가 국민건강보험 가입자가 되기 위한 급여 수준을 낮추었다.

7) 골드플랜, 엔젤플랜

1989년 사회복지3심의회 합동 기획분과회의는 '고령자 보건복지 추진 10개년 전략'의 하나인 골드플랜(Gold Plan)을 내놓았다. 골드플랜은 2차에 걸쳐 수립되었다. 1차 골드플랜보다 2차 골드플랜, 즉 신골드플랜이 서비스 영역과 양적인 면에서 대폭 확대되었다. 1991년에는 노인복지법 등 복지관계 8개 법의 개정이 이루어져 사회복지 권한의 분권화, 시정촌을 중심으로 한 복지행정의 전개 및 지방행정의 계획적 노인보건복지 기반 정비 추진이 이루어졌다.

골드플랜의 특징 중 하나는 가족책임주의와 관련해 재가복지가 아닌 커뮤니티 케어의 강조다. 정상화 이론의 영향을 받았다.

골드플랜은 1994년도에 목표를 상회하는 등 계획을 재조정하여 1995년도부터 신골드플랜이 시작되었다. 개호가 필요한 고령자 등 개호를 사회 전체가 지탱해 이용자 본위의 개호서비스를 제공하였다. 다양한 서비스 공급 주체의 가입에 의한 서비스 질 향상을 위해 1997년 12월 개호보험법이 제정되었다.

당시에 제기되었던 개호보험은 몇 가지 유의점이 제기되었다. 첫째, 고령자로부터 보험료를 받는 경우 연금에서 경험한 것처럼 체납자 문제가 발생할 수 있었다. 둘째, 보험이 있다고 해도 케어가 제대로 보장되지 않을 경우 보험은 그 의미를 잃을 수 있었기에 공급조건에 대한 정비가 전제 조건으로 제기됐다. 셋째, 연령을 65세로 제한하는 경우 젊은 치매환자나 젊은 장애인의 욕구를 충족시키지 못하는 문제가 발생할 수 있었다. 넷째, 인권존중 차원에서 양질의 서비스를 제공해야 한다는 부담감 등이 그것이다.

일본의 고령화는 1993년 1.46까지 곤두박질했던 합계출산율에서 볼 수 있는 것처럼 소자녀화가 중요한 요인이었다. 이에 따라 육아휴업법이 제정되고 엔젤플랜(Angel Plan)이라는 보육제도 개편안이 제기되었다.

정상화 이념을 실현하기 위해 장애자 대책에 관한 신장기계획이 마련되었다. 지역에서 같이 생활하는 것, 사회적 자립의 촉진, 장벽의 제거, 생활의 질 향상, 안전한 생활 확보, 마음의 장벽 제거, 국제협력과 국제교류의 촉진 등이 주 내용이 된다.

장애인 정책의 실현은 지방자치단체이다. 장애인기본법에서는 도도부현 및 시정촌은 장애인 계획을 만들도록 되어 있다. 계획기간은 1996년부터 2002년까지 7개년이었다.

그룹홈, 복지홈, 채산시설, 복지공장, 정신장애인 시설과 데이케어시설, 홈헬퍼, 데이서비스센터, 신체장애인 요양시설, 지적 장애인 갱생시설에 대해서는 어느 정도 목표를 달성하였다. 단기거주, 정신장애인 생활훈련시설, 정신장애인 사회적응훈련 사업은 목표치의 80% 정도에 못 미쳤다.

크게 목표에 미치지 못한 분야로는 중증심신장애인의 통원사업, 시정촌 장애인 생활지원사업, 장애인 지역교육사업 등이었다.

2002년 12월 발표된 신장애인플랜은 2003년부터 10년간의 계획으로 짜여 있다. 장애 유무와 관계없이 국민 모두가 상호 인격과 개성을 상호 존중하는 공생사회를 실현하는 것이 목표가 된다. 정신과 병원과 시설입소에서의 장기 생활에서 지역 생활로의 이행 움직임을 명확하게 규정하였다. 활동하고 참가하는 능력 배양, 지역기반 정비, 정신장애인 시책의 충실화, 아시아 태평양 지역에 있어서의 지역 내 협력 강화, 계발 및 홍보, 교육과 육성, 고용과 취업의 확대가 주 내용이다.

8) 새로운 복지시대로

일본의 사회보장은 1970년대 중반까지는 뒤처졌다고 보았으나 오늘날 각각의 제도에서는 몇 가지 점을 제외한다면 복지국가로 불리는 정도에 도달하였다.

의료, 개호 등에 있어 복지국가 영역에 도달한 일본은 급격한 인구고령화에 의해 사회보장 부담 증가 및 경제력 저하 속에서 새로운 단계에 접어들고 있다.

첫째는 사회적 약자의 증가를 감소시킬 책무이다. 개인의 잠재능력 개발을 위해 사회보장제도를 재구축할 필요가 있다. 건강유지와 사적 연금, 직업훈련정책 등이 제기된다.

둘째는 사회보장제도를 시장메커니즘에 왜곡되지 않게 설계하는 것이다. 시장메커니즘과 조화를 이루거나 시장메커니즘을 활용할 수 있는 사회보장시스템으로 할 필요가 있다. 사회보장제도의 공헌성이나 공익성을 강화할 필요가 있다.

셋째, 약자의 자립을 적극 지원하는 것이다. 고령자나 장애인이 자립생활을 할 수 있도록 사회 자본을 확충하고 취업시스템을 효율적으로 운영해야 한다. 사회적 안전망이 아닌 자립의 계기가 되는 트램폴린(trampoline)의 역할이 필요하다.

넷째, 국민이 쉽게 이해하고 선택하는 사회보장시스템의 구축이다. 의료나 복지 분야에 있어 소비자의 이해가 쉽고 선택이 용이해야 한다.

1990년대의 불황과 저성장기를 경험한 일본의 21세기는 저성장과 높은 실업률, 인구의 고령화, 급격한 고용의 유연화로 특징지어진다. 샐러리맨을 중심으로 한 사회보험의 한계는 점차 명확해져 가고 있다. 연금과 의료, 개호, 복지 분야를 아우르는 21세기형 사회보장제도의 재확립이 과제로 부각되고 있다.

4 한국

역사적으로 한국의 사회복지정책은 유교의 인정(仁政)주의, 불교의 자비주의, 기독교의 사랑 등 종교의 기본 사상에 영향을 받았다. 유교는 체계적인 구빈행정체계를 세우는 데 기여하였다. 유교의 구빈행정은 천재지변과 같은 비상시에 구호를 행하는 구황정책과 평상시 빈민을 구제하고 빈곤을 예방하는 보식정책이 실시되었다.

1) 고대사회의 사회복지정책

국가에 의한 제도적 구빈활동이 전개된 것은 삼국시대부터다. 이 당시의 사회복지는 빈민구제와 재해구제로 나누어진다. 어진 임금이 되기 위해서는 백성을 잘 돌봐야 했다. 책기론은 백성이 힘들게 사는 것을 국왕의 책임이라고 간주하였다. 왕이 민생을 돌보고 챙길 때 선정이 이루어진다고 보았다.

삼국이 실시했던 정책으로 첫째, 관곡배급 사업이 있다. 국가가 비축했던 곡식을 궁핍한 백성에게 나누어 주는 것이다. 둘째는 사궁구휼(四窮救恤)로 여기에서의 사궁(四窮)이란 환과고독(鰥寡孤獨), 즉 늙고 아내가 없는 홀아비, 늙고 남편이 없는 과부, 어리고 부모가 없는 고아, 자녀가 없이 홀로 사는 노인을 위로하고 연명할 곡식과 재물을 제공하였다. 셋째는 조세감면정책이다. 재해를 입은 지역의 세금을 감면해 주는 것이다. 넷째, 대곡자모구면(貸穀子母俱免)이 있다. 춘궁기에 백성에게 대여한 관곡을 국가가 가을에 회수할 때 사정을 감안해 원곡과 이자를 감면해 주는 것이다. 다섯째, 종자와 식량의 무상대여이다. 여섯째, 이재민의 방문과 위로를 들 수 있다.

고구려의 대표적인 사회복지정책은 진대(賑貸)정책이다. 삼국유사 고구려본기에서 찾을 수 있는데, 재상이었던 을파소의 건의에 따라 고국천왕은 194년 진대법을 제정하고 이를 시행하였다. 조선시대의 환곡법과 유사하다.

신라의 역점 사회복지정책은 자연재해에 의한 기아였다. 이재민에게는 식량을 제공하였다. 구제는 왕의 순행, 사자파견, 백관 혹은 왕의 친행으로 이루어졌다. 유리왕은 순례길에서 추위에 떨고 있는 노인을 보고, "자신의 죄"라며 위문과 돌봄을 지시하였다는 기록이 전해 온다. 삼국시대에는 병고에 시달리는 사람을 국왕이 친히 방문한 사례가 전해져 온다. 신라의 유리왕, 고구려 대무신왕, 백제 비류왕의 기록이 그것이다.

통일신라시대에는 공직 시험에 효경을 채택해 사회복지의 주체로 가정의 기능을 강화시켰다.

2) 고려시대 사회복지정책

불교의 자비사상에 영향을 받은 위민사상이 그 근본이 되었다. 구호가 필요한 백성에게 다양한 부조를 제공했고, 천재지변이나 흉년이 들어 국민경제가 파탄에 빠졌을 경우 국가는 조세를 감면하거나 면제해 주었다. 경로효친을 강조하였다.

성종은 6도에 사절을 파견해 노인과 어린이가 굶주리고 유리하는 것을 구제하고, 홀아비와 고아를 돌보았다는 기록이 고려사에 전해진다.

노령의 부모를 부양하도록 자녀나 손·자녀에게 국역을 면제해 주는 시정법(侍丁法)이 실시되었다. 현종 때에는 80세 이상자에게는 시정 2인을, 100세 이상에게는 시정 1인을 배치하였다. 경로정책의 일환으로 치사책(致士策)을 실시하였다. 관원 가운데 70세가 넘는 연로한 신하를 현직의 보임자가 받는 녹봉의 절반 정도를 지급하면서 정치 자문역으로 국사에 참여시켰던 제도이다.

고려의 5대 진휼사업은 첫째, 은면지제(恩免之制)로 개국, 즉위, 순행, 경사 등의 시기에 조세를 감면해 주는 등 은전을 베푸는 것이다. 둘째, 재면지제(災免之制)로 천재지변 등으로 흉작이 되었을 때 조세와 부역의 일부나 전부를 감면해 주는 것이다. 셋째, 환과고독진대지제(鰥寡孤獨賑貸之制)로 홀아비, 과부, 고아 및 늙고 자식 없는 자 등의 구휼사업을 하였다. 넷째, 수한질여진대지제(水旱疾濾賑貸之制)로 홍수, 가뭄, 전염병 등 갑작스런 재해를 당했을 때 백성에게 각종 물품, 의료, 주택 등을 급여하였으며, 고려의 역대 진대사업 중 실시의 빈도와 범위가 가장 넓고 국가 재정도 가장 많이 소모되었다. 다섯째, 납속보관지제(納粟補官之制)로 재민 구휼을 위해 많은 돈을 기부한 자에게 관직을 주는 제도다. 원의 제도를 모방한 것이며 재해가 2~3년씩 겹치거나 전란이 수년 동안 이어지는 경우에는 곡물이 아닌 다른 대용물로 끼니를 잇도록 하였다.

(1) 생활보장제도

흑창, 제위도감, 유비창, 연호미법, 제위보, 상평창 등이 있다. 흑창은 태조 2년에 설치되어 빈민을 구제하였다. 성종 2년에 의창으로 개명하였다. 곡식을 비축하여 두었다가 흉년 때 긴급구호를 행하고 추수기에 원곡을 관에 환납토록 하기 위해 각 지방에 설치한 농민구제를 위한 창고이다.

제위도감은 곡물이나 식염, 소채, 의류와 면포를 저장하고 빈민에게 급식과 의식 지급 등 구빈사업을 실행하였다. 유비창은 충선왕 때 설치된 것으로 풍년 시 백성이 능력에 따라 출곡을 해 이를 창고에 저장하였다가 흉년이 들면 찾아가는 제도다. 연호미법은 풍년에 차등으로 곡식을 비축해 두어 유사시에 대비하는 것이다. 제위보는 국고수입과 기타 고정된 기금을 원금으로 거치하고 여기서 나오는 이자로 구제사업을 시행한 것을 말한다. 성종 12년(993년)에 설치된 상평창은 풍년과 흉년 때 물가를 조절해 백성의 안녕과 생활증진에 기여하기 위한 것으로, 서경과 개경에 설치되었다.

(2) 의료제도

혜민국과 대비원이 있다. 서민의료기관인 혜민국은 일반 백성을 대상으로 질병을 치료하고 약제를 지급하였다. 대비원은 문종 때 설립됐다. 불교의 대자대비사상 구현을 위해 병들고 외로운 백성들의 질병을 치료해 주었던 국립의료원이다. 개경에 동대비원과 서경의 서대비원을 설치하여 환자를 돌보았다.

3) 조선의 사회복지정책

조선의 사회복지정책은 성리학에 근거한 왕도사상에 따라 시행되었다. 일차적인 빈민구제는 지방관이 지휘하였다. 중앙정부는 구호관계 교서나 법을 제정하고 지방관의 구호행정을 지도·감독하였다.

(1) 구휼정책

상평창, 의창, 사창 등 삼창으로부터 관곡을 내어 빈민이나 재해 시 백성을 구제하였다. 선조 때 선혜청으로 통합되었다.

상평이란 상시평준(常時平準)의 약어로 항상 공평하게 백성에게 혜택을 주는 창고라는 의미이다. 물가조절기관으로 풍년이 들어 물가가 하락하면 적당량을 시가 이상으로 구매해 저장하였다. 흉년이 들면 이를 매도해 소비자의 부담을 줄였다.

의창은 고려시대의 진휼제도를 이은 것이다. 의창의 구호 대상은 도적의 침입이나 방화로 가옥이 소실된 자, 1리(里)가 공지하는 빈곤한 자, 상이나 수재 화재의 피해자 등이다. 의창곡은 이식(利息)이 싸서 빈민뿐 아니라 부호도 대출해 가는 실정이었다. 사창은 일종의 민간창제도이다. 말단 행정기구인 리의 구성원이 자율적으로 만든 구제기관이다. 지역실정에 맞게 춘궁기에 양곡을 대출하고, 추수기에 대여한 양곡을 수납해 운영하였다.

조선시대의 구휼로, 첫째는 설죽을 들 수 있다. 빈민을 위해 서대문 밖의 홍제, 동대문 밖의 진제 등 빈민을 위한 설죽소(設粥所)를 설치했다. 둘째는 아동보호이다. 10세까지의 걸식자와 3세의 유기아가 이에 해당한다. 셋째는 경로사업이다. 노인을 위해 기로소(耆老所)를 설립했다. 세종은 100세 이상인 노인에게 백미, 주, 육, 노직을 하사하였다. 넷째는 지세와 호세 부역 등의 조세를 감면하는 조치이다. 다섯째는 가세가 곤궁해 장례나 혼사를 치르지 못할 경우 장례비를 지급해 주거나 관청이 주도해 혼사를 치르도록 하였다. 30세가 되었으나 가난 때문에 성혼식을 치르지 못하는 경우 관에서 비용을 부담하였다. 여섯째는 서민의 병환치료를 위한 활인원과 혜민서 제도가 있다.

(2) 구황정책

국가가 백성을 위해 생활 대책을 강구해 굶주림에서 벗어나게 하는 시책을 말한다. 삼국시대와 고려는 왕의 의중에 따라 산발적으로 이루어졌다. 조선시대에는 구황청이 설치되어 전문적인 구제를 펼쳤다.

첫째, 사궁구휼, 둘째, 노인보호사업이 그 대표적인 것으로 고려시대의 맥을 잇는 시책이었다. 셋째는 시식사업이 있다. 흉년이나 재난 시에 사원 혹은 공터에 취사장과 식탁을 설치해 기민이나 걸인에게 식사를 제공하는 무료급식사업이다. 넷째, 진휼과 진대사업이 있다. 다섯째, 조적 및 방곡사업으로 조적은 풍작이나 흉년으로 곡가가 상승하거나 떨어질 경우 관에서 매입해 곡가의 안정을 취하는 제도다. 여섯째, 고조가 있다. 빈곤해 혼례나 장례를 치르지 못한 자에게 관에서 비용을 부담하였다. 일곱째, 구황방, 초근목피 가운데 식용 가능한 것을 연구·조사해 대용식물로 선정하고 이를 널리 알렸다.

(3) 의료

조선의 중앙의료기관은 내의원, 전의감, 혜민서가 있다. 내의원은 국왕을 비롯한 고관의 치료를 담당하였다. 전의감은 의원의 선발, 의생교육, 약재의 관리 등 의료행정을 맡았다. 혜민서는 일반 백성의 치료와 약품의 조제, 판매를 담당하였다. 후에 혜민서와 합병한 제생원과 활인서는 백성의 질병을 치료하였다. 동서활인원은 주로 전염병 환자를 치료하였다. 월령의는 한성부 5곳에 빈곤한 질병인이 있을 때 월령의를 파견해 치료하고 지불능력이 없는 사람에게는 관에서 대납토록 하였다.

4) 식민지시대의 사회복지정책

주로 구빈정책으로 실시되었다. 노동능력이 없는 빈민, 일시적으로 재해를 당한 사람을 위한 구호사업과 농촌빈민, 화전민, 토막민(농촌과 도시의 하층민이 도시나 외곽의 하천이나 제방 등 국유지나 사유지를 무단 점거해 소 주택을 이루며 살아가는 빈민), 도시세궁민 등 노동능력이 있는 빈민을 대상으로 하는 정책으로 구분되었다.

빈민의 기본적 욕구를 충족시키고 복지를 증진시키기 위한 동기에서 비롯된 것이 아닌 일본 자국의 전쟁 수행을 위해, 혹은 민중적 저항운동으로 인한 사회적 혼란의 방지, 식민정권의 정통성 확보, 황민사상의 강화를 위해 시행되었다. 1944년 일본은 징병과 징용에 따른 민심의 동요를 막기 위해 일본에서 행해지던 구호법을 도입해 조선구호령을 제정하였다. 조선구호령은 구호의 대상을 65세 이상의 노쇠자, 13세 이하의 유아, 임산부, 불구·폐질·질병·기타 정신 혹은 신체장애로 인해 노동에 지장이 있는 자로 정하였다.

구호령의 급여는 생활부조, 의료부조, 조산부조, 생업부조로 구성되었다. 신청주의, 자산조사, 거택보호가 우선되었다.

일본은 1927년 방면위원제도를 경성에서 시행하였다. 경제적 구제보다는 사회조사를 담당하기 위한 것이었다. 교화사업이나 전시체제 강화를 위한 책략으로 사용됐다.

5) 미 군정 시대의 사회복지정책

1945년 8월 15일 해방부터 1948년 8월 15일 대한민국 정부가 수립될 때까지의 3년간의 기간이다.

일제 강점기에 시행되었던 토지조사사업 등의 여파로 빈민이 늘어났다. 해외로 이주하였다가 돌아온 귀환 동포와 북에서 남으로 넘어온 월남 동포 그리고 남한에 남아 있던 빈곤자 등으로 남한의 빈곤은 심각한 양상을 보였다.

미 군정기에는 공업 부문이 일제 강점기보다 줄어들어 취업은 더욱 어려워졌다. 농업도 마찬가지여서 농업 생산력과 경지 면적은 축소되었다. 이때의 빈곤층은 개인의 무능력이나 자연재해 때문이 아닌 전쟁으로 인해 빈곤해지거나 사회복지대상자가 된 사람이었다.

불안한 상황은 노동조합과 농민조직의 확대로 심화되었다. 파업과 소요는 군정기간 내내 지속되었다. 미군은 통치력 강화를 위해 경찰과 군대의 물리력에 의존하였다.

1946년 11월 실업자 수는 1백10만 2천 명에 달했다. 귀환전재민이 212만 명에 달했다. 군정기의 사회복지정책은 일제 강점기와 마찬가지로 빈곤정책이 주류를 이루었다. 미 군정장관인 아놀드는 1945년 미 군정 법령 제18호를 공포하였다. 조선총독부 경무국 위생과의 명칭을 보건후생부로 변경하였다. 학무국 사회과, 경무국 방호과 전재민계, 광방외사과 보호계, 광공국의 조선 노무자 및 전재민 구호회의 제반 업무가 보건후생부로 이관되었다.

1946년 9월 미군정 법령 107호를 공포, 보건후생부에 부녀국을 설치하고 기아 방지 등 주민의 욕구를 충족시키고자 하였으나, 적극적이고 획기적인 사업추진이나 장기 계획은 세워지지 않았다.

군정 초기 긴급구호가 이루어졌으나 군정 후기 충분한 국비를 보장하기 어려운 만큼 관과 민이 협력해 지역별로 혹은 개별적으로 후원 단체를 구성해 사회복지사업을 추진해 나갈 것을 권면하였다. 이는 1946년 2월 27일 주일 연합국 최고사령부가 일본의 구제 및 복지증진을 촉구하고, 이듬해 8월 일본의 사회보장실태를 전문가를 통해 연구하게 한 것과는 사뭇 다른 양태이다. 그해 12월 일본에서는 사회보장심의회법이 제정되었다.

미 군정기의 사회복지정책은 기아 방지, 최소한의 서민 생계유지, 보건위생 및 치료, 응급주택공급, 실업구제사업 등에 중점을 두었다. 미 군정의 주된 관심은 한국국민의 복리증진이 아닌 남한을 반공의 보루로 만드는 것이었다. 따라서 미 군정은 미국 본토의 미국식 복지제도를 우리나라에 이식하기보다는 일제하에서 실시되어 왔던 제도를 그대로 답습하는 데 그치고 말았다. 정책은 장기적이거나 체계적이지 못했고 대체로 임시방편의 성격이 짙었다.

6) 대한민국 정부수립 이후

(1) 제1공화국

1948년 8월 15일 대한민국 정부가 수립된 후 4·19혁명으로 이승만 대통령이 1960년 4월 26일 하야성명을 발표할 때까지 12년의 기간을 말한다. 제헌헌법 제19조는 "노령, 질병, 기타 근로능력의 상실로 인하여 생활유지능력이 없는 자는 법률이 정하는 바에 의해 국가의 보호를 받는다."라고 하였다. 그렇지만 이를 실현하기 위한 구체적인 입법적 노력은 없었다.

구체적인 입법이 없는 기형적 상태 하에서 사회부 장관은 보건과 노동, 복지, 부녀 등의 업무를 관장하였다. 응급구호와 외원 원조방식에 의존하는 구호가 주류를 이루었다. 대체적으로 사회복지시설에 대한 시책이 복지정책의 근간이 되었다.

1950년 6월 25일 북한의 남침으로 국토는 폐허가 되고, 1천만 명이 넘는 이재민이 발생하였다. 1953년 7월 27일 휴전이 성립되었다. 전쟁으로 이산가족은 1천만 명이 넘었다. 국민의 복지 욕구는 강하게 분출되었지만 정부는 이를 충족시키지 못하였다.

1953년 휴전 당시 전국의 아동시설 수는 440개였고, 수용아동의 수는 53,964명이었다. 그러나 전쟁 중 흩어진 아동을 감안하면 이보다 몇 배나 되는 아동이 피해를 입었다. 전쟁으로 남편을 잃고 자활능력이 없는 부녀자도 구호의 대상이었다.

우리나라 최초의 사회사업교육은 1947년 이화여자대학교에 기독교 사회사업학과가 설치됨으로써 시작되었다. 1953년 중앙신학교에 사회사업학과가 설치되었고, 1958년에는 서울대학교 대학원과 학부 과정에 사회사업학과가 설치되었다. 1956년부터 보건사회부에서는 전국 후생시설에서 종사하는 6,000여명의 직원에게 순회교육을 실시하였다. 이듬해 시설종사자의 재교육 및 신임교육의 필요성이 인정되어 훈련소가 문을 열었다. 공무원과 민간시설에 종사하는 직원의 교육과 현임훈련을 실시하였다.

6·25전쟁 이후의 사회복지 프로그램은 타의적으로 실시되었다. 당시의 긴급성에 비추어 볼 때 응급처치 수준의 서비스가 주류를 이루었다. 1950년대 후반으로 넘어 가면서는 수용시설서비스가 늘어났다.

〈표 6-1〉 우리나라 사회복지정책 비교

구분	1, 2공화국	3, 4공화국	5, 6공화국	문민정부	국민의 정부	참여정부
정책의 주체	국가, 외국	국가	국가	국가, NGO	국가, 민간	국가, 민간
정책의 대상	국민최저선 이하 국민	국민최저선 이하 국민	아주 낮은 수준의 모든 국민	낮은 수준의 모든 국민	중간 수준의 모든 국민	높은 수준의 모든 국민
정책의 지원 수준	최소한의 생존	선별적 지원	매우 낮은 수준의 포괄적 지원	낮은 수준의 포괄적 지원	중간 수준의 포괄적 지원	높은 수준의 포괄적 지원
대상의 권리 수준	무권리	무권리	아주 낮은 수준의 복지수급권리	낮은 수준의 포괄적 권리	중간 수준 복지수급권리	높은 수준 복지수급권리
경제와의 관계	높은 수준 경제종속	높은 수준 경제종속	중간 수준 경제종속	중간 수준 경제종속	낮은 수준 경제종속	낮은 수준 경제종속

출처: 김경우·양승일·강복화, 2008. 사회복지정책론. p.86-87.

10만 어린이 부모찾기운동을 통해 부모를 잃어버린 아이의 부모찾기운동이 활발히 전개되었다. 임시위탁가정보호와 국내·외 입양사업도 활발히 전개되었다. 1954년 한국아동양호회, 1955년 가톨릭 구제회, 안식교 성육양자회, 1956년 홀트 양자회, 1957년 국제사회봉사회 등이 설립되어 해외 입양업무를 추진하였다. 입양의 주 대상국은 6·25전쟁 참전국이었다.

1953년 5월 12일 아동자선병원, 1956년 대구 파티마병원, 1958년 한노병원, 1959년 국립중앙의료원, 원주기독병원 등이 개원되었다.

(2) 제2공화국의 사회복지정책

1960년 4월 27일 이승만 대통령의 사임서가 국회에서 수리된 후 7월 29일 총선에서 민주당이 선거에 승리했다. 윤보선 의원이 대통령으로 장면이 국무총리가 되었다. 이때부터 1961년 군사 쿠데타로 정권을 탈취당할 때까지 9개월간이다.

자유민주주의 실현과 경제개발은 제2공화국의 국가목표였다. 제1공화국과 마찬

가지로 공공구호 위주의 정책이 시행되었다. 혁신적인 정책의 변화는 충족되지 못하였다.

(3) 군사정부, 제3·4공화국의 사회복지정책

1961년 5월 16일 군사 쿠데타로 집권한 박정희 군사정권은 반공태세 재정비, 구악의 일소, 민생고 해결, 자주경제 재건 총력, 국제협력, 국력 배양의 기초 마련 후 원대 복귀하겠다는 혁명공약을 발표하였다.

1963년 민정 이양기까지 많은 복지관계법이 탄생했다. 그동안 재정 형편이 어려워 유보되었던 사회복지 관계법이 무더기로 국가최고위원회에 상정되어 통과된 것이다. 생활보호법(1961), 군사원호보상법(1961), 재해구호법(1962), 국가유공자 특별원호법(1962), 아동복리법(1961), 고아입양 특례법(1961), 고아의 후견직무에 관한 법(1961), 윤락행위 등 방지법(1961), 갱생보호법[6] 등이 있다.

근대적인 사회복지정책을 수행할 수 있는 법적 근거가 마련되는 등 혁신적인 계기를 마련할 수 있었다는 점에서 의미를 찾을 수 있다. 그러나 복지 관련법의 일련의 제정 행위가 자신이 내건 혁명공약을 구체화하고 국민의 요구를 충족시키기 위해서였다. 1962년 1월 5일 박정희는 "의료균점시책을 수립하고 부조와 보험을 근간으로 하는 사회보장제도의 기틀을 마련해 국민생활 향상과 복지사회 건설을 도모하겠다."고 밝혔다. 쿠데타에 대한 정당성 확보와 군정 직후 선거를 통해 정권을 재창출하기 위한 도구로 사회복지법을 만들게 된 것이다.

내용면에 있어서도 수혜 대상을 범주별로 구분하였고, 친족부양을 우선으로 하는 보충적이며 잔여적인 복지체계였다. 급여의 종류나 보호방법이 제한적이었으며, 국가 온정주의적 색채를 띠었다.

---

6) 갱생보호대상자의 건전한 사회복귀를 촉진함으로써 재범의 위험을 방지하는 한편, 갱생보호사업의 건전한 육성을 도모하고자 제정되었다. 1986년 12월 23일 법률 제3858호로 제정·공포되었다가, 1995년 1월 5일 법률 제4933호에 의하여 폐지되면서 보호관찰 등에 관한 법률로 대체되었다.

1963년 8월 31일 대통령선거에서 박정희 최고의장이 대통령에 당선되었다. 제3공화국의 출발이었다.

박정희 정부는 1960년대 경제성장에 전력투구했다. 노동시장이 공급과잉이었기에 임금은 억제되었다. 빠른 성장이 국민 대중의 일반적인 복지를 증진시킬 수 있다는 신념을 가졌다. 복지에 대한 지출은 비생산적이며 낭비적인 유출로 간주하였다.

공무원연금, 군인연금 등 전략적인 특수 직종의 사회보험제를 도입하였고, 산업재해보상보험제도를 시행하였다. 생활보호제도도 이 시기에 시행되었지만, 생존권의 보장과는 거리가 멀었다. 자활이 가능한 집단에 대한 지도사업(자활지도사업에 관한 임시조치법, 1967), 타인의 재해를 구하려다 입은 사상에 관한 구호(재해구제로 인한 의사상자 구호법, 1970), 사회복지사업의 기본적 사항과 제도에 대한 규정(사회복지사업법, 1970) 등의 복지 관련 입법이 있었다. 복지예산(정부예산 대비 보건사회부 예산)을 비교해 보면 이승만 정권 기간보다 낮으며 유신시절보다는 높았다.

1972년 유신체제를 도입했다. 이때부터 1979년 그가 10·26사건으로 종말을 고할 때까지의 기간이 제4공화국이다.

이 시기의 중요 사회복지정책은 1973년의 국민복지연급법 제정과 1976년의 의료보험법 개정이다. 1973년 사립학교교원연금법과 의료보험법은 공무원과 교직원에 대한 특별한 배려였다. 당시 국민복지연금법은 법만 제정되었을 뿐 시행되지 못하였다. 연금제 실시가 국민의 복리증진이 아닌 기금의 원활한 유용(중화학 공업에 투자하기 위한 조달의 수단)이라는 인식을 얻었기 때문이다.

1963년 제정되었다가 1976년 개정된 의료보험법은 1977년부터 500인 이상 사업장 근로자를 대상으로 시행되었다. 이후 공무원 및 사립학교교직원 의료보험법이 시행되었으며, 저소득층의 의료보장을 위해 의료보호법도 제정되었다.

사회복지 사업체가 사회복지법인으로 변경됨으로써 사회복지사업 운영의 질서가 잡혔고, 사회복지시설과 단체가 정부의 보조를 받을 수 있는 길이 열렸다.

이 시기의 사회복지정책을 종합해 보면 선성장, 후분배의 기본적인 정책노선이었음을 알 수 있다. 이는 소득 분배의 왜곡을 유발하였고, 계층 간의 갈등을 야기하였으며, 국민통합이라는 새로운 정책과제를 사회복지정책에 부과한 시기였다. 군사독재정권에서의 사회복지정책은 국민의 욕구와 참여가 무시된 채 소수의 국가엘리트에 의한 비민주적 정책이 수립된 시기로 특징지을 수 있다.

(4) 제5공화국의 사회복지정책

제5공화국은 1981년 2월 25일부터 1988년 2월 25일까지 7년간 계속됐다. 고도성장에 따른 비인간화와 비민주화 등의 부작용과 성장과 복지의 괴리현상을 치유해야 하는 명제를 안고 있던 시기였다. 안전성장, 인간화, 민주화로 빈부의 격차를 해소하고 성장과 복지를 조화롭게 달성하려는 시기였다(김윤환, 1980).

전두환 정부는 국정의 지표로 민주주의의 토착화, 복지사회건설, 정의사회구현, 교육개혁과 문화창달 등을 제시하였다. 전쟁과 빈곤, 정치적 탄압과 권력남용으로부터 해방될 것임을 취임사에서 밝혔다.

절대빈곤의 퇴치를 최우선의 사회복지과제로 삼은 제5공화국은 1982년 전년 대비 31.78%, 1983년에는 역시 전년 대비 21% 이상 복지예산을 증가시켰다.

제5공화국 헌법은 전문을 통해 '사회정의 구현, 기회균등, 국민생활의 평등한 향상'을 선언했다. 모든 국민은 인간으로서 존엄과 가치를 가지며 행복을 추구할 권리를 지닌다(「헌법」 제9조)고 명시하였다. 아울러 인간다운 생활을 할 권리(제29조), 국가의 사회보장과 사회복지증진을 위한 노력의무(제32조), 여자와 소년의 근로상 특별보호(제30조) 등을 명확히 하였다.

새로운 제도보다는 기존의 제도를 점진적으로 확충·심화시켰다. 의료보험제도의 적용 범위를 점진적으로 확대시켰으며, 1982년 산업재해보상보험법을 개정하였고, 7일 이상의 요양을 요하는 질병과 부상을 4일 이상으로 확대하였다.

1981년 노인복지법이 제정되었다. 아동복지법도 같은 해 제정해 1984년 개정하였다. 보편주의적 접근이 수용된 것이 특색이다. 「장애인복지법」도 1981년 제정되었다.

1980년대 들어 노동자의 저항이 조직적, 지속적으로 변모하면서 전두환 정부는 복지사회건설을 그 대응책으로 내걸었다. 3대 복지정책, 곧 국민연금·의료보험 전국민 확대실시, 최저임금제 시행을 발표했다(시행은 노태우 정권에서부터).

생활보호법을 개정해 보호대상자의 범위를 확대하였다. 생활보호대상자는 자신의 생활을 유지하고 발전시키기 위해 최대한 노력할 것을 전제로 하며, 보호의 수준은 건강하고 문화적인 최저생활을 유지할 수 있는 것임을 명시하였다.

5공시절 사회복지예산의 확대와 입법에 대해 음모론적인 입장을 통해 비판하기도 한다. 5·18광주민주화운동을 무력으로 진압한 전두환 정권이 정통성의 부족과 민심이 이반되는 현상을 타개하기 위해 정략적인 조치를 취했고, 그것이 바로 복지예산과 관련한 입법 활동이라는 것이다.

(5) 제6공화국의 사회복지정책

13대 대통령으로 취임한 노태우 정권의 1988년부터 1993년까지의 시기이다. 경제발전의 여파로 국민의 생활이 향상되고 중산층이 확대되었다. 그렇지만 도시노동자와 농어민, 도시서민은 상대적 빈곤을 경험해야 했다.

제6차 5개년 계획(1987~1991년) 하에서 설정된 사회복지정책의 기본 방향은 경제발전에 알맞은 복지시책, 가족 및 지역사회의 복지기능 최대한 보장, 자립정신에 입각한 복지시책, 민간의 복지자원 최대한 동원 등이었다. 기본 방향은 선성장, 후분배, 선가족 및 지역사회보호 후 사회보장, 자조사업 중시 및 복지다원주의라는 특징을 보였다.

제5공화국이 약속한 3대 복지정책은 제6공화국에서 실현되었다. 1986년 12월에 제정된 국민연금법은 1988년 1월 1일을 기해 실시되었다. 1976년 개정된 후 부분적으로 실행되어 오던 의료보험제도는 1979년 7월부터 300인 이상, 1981년 1월 100인 이상, 1986년 4월부터 16인 이상, 1987년 5인 이상의 상시근로자를 고용하는 사업장으로까지 확대·적용되었다.

1986년 12월에 제정된 최저임금법은 1988년 1월 1일부터 시행되었다. 보편주의적 사회복지의 도입이 보다 가시화된 제도라 할 수 있다.

노태우 정부는 노동자의 복지에 중점을 두었다. 1991년 사내 근로복지기금법, 1993년 중소기업근로자복지진흥법 등을 제정·시행하였다. 장애인과 여성·노인의 고용을 촉진하기 위한 장애인고용촉진 등에 관한 법률(1990), 영유아보육법 및 시행령(1991), 고령자 고용촉진법(1991)이 제정되었다.

중산층의 확대로 보통 사람의 충족되지 않은 욕구와 이들이 겪는 생활상의 문제 해결이 사회복지정책의 전면에 등장한 시기이다. 1989년 노인복지법과 장애인복지법이 개정되었고, 모자복지법이 제정되었다. 1991년 영유아보육법이 제정되었고, 1992년에는 사회복지사업법이 개정되기에 이른다.

1990년 소수여당이었던 민정당이 민주세력의 대변자였던 김영삼과 김종필의 공화당과 합당하면서 정치적 안정이 이루어졌다. 보수대연합으로 정통성을 어느 정도 회복했다고 인식한 노태우 정권은 다시금 경제 제일주의로 선회하였다. 고용보험이 연기되었고 일 더하기 운동이 전개되기 시작한 것이다. 노동연계복지가 등장한 것도 이 시기이다.

(6) 문민정부의 사회복지정책

1993년부터 1998년까지의 시기다. 1995년까지 경제 활성화에 치중해 사회보장 부문과 보건복지 예산의 상대적 비중이 줄어든 시기다. 1995년의 보건복지부 예산은 중앙정부의 일반회계 예산에서 차지하는 비중이 3.82%에 불과했다. 노태우 정부가 1990년 보건복지 부문의 예산을 5.02%까지 끌어 올렸던 것과 대비되는 수치이다. 김영삼 정부는 1996년 일반회계 대비 보건복지 예산을 4.03%, 1997년 4.22%로 늘렸다.

문민정부는 중장기 사회복지를 위한 각종 위원회 활동을 장려하였다. 국민복지기획단의 보고서인 〈삶의 질의 세계화를 위한 국민복지 기본 구상(1996)〉은 한국형 복지모형의 구축을 제창하였다. 기본 이념은 성장과 복지의 조화, 한국적 특수성의 반영, 생산적·예방적 복지의 강화, 복지 공급체의 다원화, 물질적 만족과 정신적 행복 추구라는 5가지로 요약하였다.

취약계층에 대해서만 국가가 책임지겠다는 잔여적 개념이 읽혀지는 이념이다. 근로능력이 있는 사람은 일을 해야 하며, 사회복지서비스는 기본적으로 수익자 부담의 원칙을 준용하는 것으로 명시되었다. 이는 복지를 시장의 원리에 맡긴다는 것을 뜻한다.

(7) 국민의 정부 시대의 사회복지정책

1998년부터 2003년까지의 생산적 복지시대이다. 생산적 복지는 빈곤을 사후에 대처하는 소극적 차원의 복지에서 탈피한 적극적인 복지로 이해되었다. 미래를 위한 훈련과 교육, 건강 등의 지원을 통해 인간자본을 향상시킨다는 것이다. 소극적인 복지에서 적극적이며 생산적인 복지로의 전환임을 정부는 설파하였다. 복지의 수급자가 노동시장에서 스스로를 책임지는 건강한 복지로 거듭나는 정책을 의미하였다.

김대중 정부는 집권과 동시에 대대적인 복지개혁을 단행하였다.

국민연금의 소득대체율을 70%에서 60%로 낮추고, 기금 운영의 투명성과 가입자의 정책결정 참여를 골자로 하는 개혁을 시도했다. 공적 관리, 세대 간·계층 간의 연대, 관대한 급여 수준, 임금근로자와 자영업자의 통합 관리라는 기본 골격은 유지되었다. 1994년 4월 1일부터 연금의 대상이 도시 지역으로 확대되어 명실공히 전 국민의 국민연금제도가 이루어졌다.

지역과 공직자, 직장의료보험 등으로 분리되어 운영되던 의료보험은 1998년의 1차 통합(공무원·교원의료보험)과 1999년의 2차 통합(직장의료보험과의 통합)을 거쳐 2000년 7월부터 국민건강보험공단이 탄생하였다. 조합별로 다르게 부과되었던 보험료가 하나로 통일되었다.

고용보험과 산재보험이 사회보험방식으로 전환된 것도 개혁의 하나다. 1998년부터 1인 이상의 근로자를 고용하는 사업장에까지 고용보험의 적용이 확대되었다. 외환위기 이후 사회보험 분야는 획기적인 확대가 이루어졌고, 제도면에서도 중요한 사회적 위험을 커버하는 사회보장제가 구축되었다.

공공부조 분야에도 변화가 이루어졌다. 1999년 9월 제정되고 2000년 10월 1일부터 시행된 국민기초생활보장제도는 기존 「생활보호법」의 문제점을 해결하였다. 65세 이상과 18세 미만이라는 인구학적 급여조건을 개선해 근로능력의 유무와 관계없이 소득이 최저생계비에 미달하는 국민은 누구나 대상자로 선정될 수 있게 하였다.

소득 수준을 최저생계비까지 확대해 생존권적인 기본권을 보장하였다. 명칭 자체도 스티그마를 부여하는 「생활보호법」에서 「국민기초생활 보장법」으로 바꾸었다. 보호나 피보호자 등의 전근대적 용어도 보장이나 수급자라는 권리성 문구로 개정했다.

사회적 취약계층에 대한 복지서비스도 개선되었다. 경로연금신설, 장애범주의 확대, 가정폭력방지법의 제정, 저소득층 자녀를 위한 무상보육사업, 저소득 편부모 가정에 대한 생업자금 융자대상 확대, 사회복지관과 재가복지봉사센터 설치의 확대 등이 이루어졌다. 1998년에는 사회복지공동모금회법이 제정되었다.

1898년 6.05%와 4.12%에 달했던 일반회계 예산 대비 사회보장 예산과 보건복지 예산의 비중은 2000년 7.27%와 5.23%로 각각 증가하였다.

(8) 참여정부의 사회복지정책

2003년 2월 25일부터 2008년 2월 24일까지의 시기이다. 정권의 이름처럼 특성은 참여로 요약된다. 사회복지에 대한 국가의 책임을 기본으로 하며, 가족과 사회·기업의 참여가 촉진되어야 한다는 인식을 참여정부는 강조한다. 자립과 사회연대가 조화를 이루는 복지를 의미하며, 사회복지가 사회통합과 안정을 위한 가장 효율적인 장치임을 밝히고 있다. 자립을 추구하는 만큼 국민의 정부에서 제창한 생산적 복지와도 맥을 같이한다.

노무현 대통령은 2003년 새 정부를 출범하면서 '참여'라는 가치를 전면에 내걸었다. 집권과 함께 '참여복지 5개년 계획'을 제시했고 2005년 9월에는 '희망한국21－함께하는 복지', 2006년 8월에는 '고령화 양극화 해소를 위한 비전 2030'을 발표했다.

최근에는 '사회투자국가'를 근간으로 한 복지개혁 프로젝트를 진행하였다.

그러나 이러한 정부의 적극적인 의지와 달리 이른바 '참여복지'는 가시적인 성과를 내지 못하였다. 사회 양극화가 오히려 심화됐다는 비판까지 나올 정도였다. 실제로 국민의 소득수준 격차는 벌어졌고 집값 폭등은 양극화의 골을 더 깊게 만들었다.

2005년 지방자치 활성화를 위한 '국가보조금 정비방안'이 시행되면서 중앙정부가 갖고 있는 사업 중 상당수가 지방자치단체로 이양됐다. 이 가운데 반수 이상인 67건은 복지부 소관이었다. 당연히 복지정책도 영향을 받았다.

정부의 목표는 지자체의 권한과 복지서비스의 질을 동시에 증가시키는 것이었다. 그러나 정부의 기대는 엇나갔다. 권한은 증대됐지만 서비스의 질은 하락했다. 결국 복지재정의 분권화는 생활보장에 대한 책임을 중앙정부에서 지방정부로 떠넘기고 국가의 재정 부담만 줄이는 결과를 낳았다.

2000년 이후 67개 사회복지사업이 지방으로 이양되었지만 지자체가 지역실정에 맞는 복지행정과 지역특성을 고려한 복지서비스 제공을 능동적으로 수행해 나갈 수 있는 역량은 여전히 미흡한 것으로 지적되었다(보건사회연구원 사회정책연구소, 2015). 중앙정부에서 복지정책을 설정하고 지자체는 그것을 그대로 따라가는 일이 많았다. 지역적 특성이 결여된 사회복지정책의 집행이 이루어진 셈이다.

사회적 기업육성법(2007) 등을 바탕으로 사회적 기업의 설립을 장려하였다. 일방적인 지원보다는 적절한 일자리를 통해 빈곤층의 자활을 장려하자는 취지였다. 그러나 이런 식으로 만들어진 사회적 일자리의 상당수는 비정규직에 저임금이다. 임금 수준이 월 80만 원 이하인 일자리가 대부분이며, 특히 가사도우미는 월 61만 원에 그치고 있다. 2007년 최저임금(70만 원)이나 국민기초생활보장제도가 설정한 2인 가족 최저생계비(73만 4,000원)에도 미치지 못하는 수준이다.

복지서비스 인력을 늘리는 데는 성공했지만 또 다른 목표인 저소득층의 자활지원에는 미흡하였다. 게다가 현행 비정규직법상 간병도우미 등 사회서비스 일자리는 2년 이상 일해도 정규직으로 전환될 수 없다.

1998년 우리나라 총 세출 예산 중 사회복지 예산의 비중은 7.4%였다. 문민정부

마지막 해인 2002년에는 10.1%까지 증가했다. 이를 이어받은 참여정부의 사회복지 예산 비중은 2003년 10.2%로 시작해 2004년 10.5%에 그쳤다. 2005년에는 9.9%, 2006년에는 25%, 2007년 26%를 기록하였다.

① 노령연금제도

기초노령연금이란 전체 노인의 60%(300만 명)에게 매월 일정액의 연금을 지급하는 제도이다. 본인의 노후대비를 미처 하지 못한 노인세대를 지원하게 되는데, 보건복지부의 발표에 따르면 소득이나 재산이 전혀 없는 노인 가구가 전체 32%에 이른다.

기초노령연금제도는 생활이 어려운 노인에게 매월 연금을 지급해 노후생활 안정에 도움을 주는 데 목적이 있다. 대상자는 65세 이상 전체 노인 중 소득과 재산이 적은 60%(2008년)의 노인에게 지급하며, 2008년도에는 전체 500만 명 중 약 300만 명이 해당될 것으로 예상된다.

2008년 1월부터는 70세 이상(1937년 12월 31일 이전 출생자)의 노인에게, 2008년 7월부터는 65세 이상 노인에게도 지급된다. 65세 이상 전체 노인 중 소득과 재산이 적은 하위 60%를 선정하는 기준은 혼자 사는 노인은 40만 원 이하, 노인부부인 경우는 64만 원 이하이다.

노인부부만을 단위로 적용, 부부의 소득·재산을 기준으로 수급자 선정(동거자녀 부양의무 폐지)했다는 데서 의미를 찾을 수 있다.

② 저출산·고령화 대책

2005년 9월 저출산·고령사회위원회를 출범시켰다. 대통령을 위원장으로 하며, 12개 부처 장관 및 민간위원 12명으로 위원회를 구성하였다. 한 달 후인 2005년 10월 보건복지가족부 저출산·고령사회정책본부가 출범했다.

2005년 11월부터 2006년 7월까지 제1차 저출산·고령사회 기본계획을 수립하고 실무 추진단을 운영하였다. 2006년 8월 1일 제1차 저출산·고령사회 기본계획을 확정했다.

정부가 이렇게 나서게 된 것은 출산은 줄고 노령화가 가속돼 방치할 경우 국가의 존망에까지 위협을 줄 요인으로 파악했기 때문이다. 통계청이 밝힌 인구 관련 현황을 보면 합계출산율이 2005년 1.19명으로 이런 추세가 이어지면 2020년 총 인구는 4,996만 명을 정점으로 감소한다는 것이다.

생산가능인구가 감소하고, 평균근로연령의 상승과 저축소비투자가 위축되면 경제의 활력이 저하되고 국가경쟁력은 약화된다. 생산가능인구는 2016년 3,650만 명을 정점으로 감소하고, 평균 연령도 2005년 38세에서 2030년 43.1세로 증가할 것으로 예상된다.

잠재성장률은 2000년대 5.08%에서 2030년대 2.16%로 하락이 전망된다. 노인인구부양을 위한 생산가능인구의 조세사회보장비 부담이 증가함에 따라 세대 간 갈등이 야기될 개연성도 커진다.

노인부양부담이 계속 증가하여 2005년에는 생산가능인구 8.2명이 노인 1명을 부양하였으나, 2020년에는 4.6명, 2050년 1.4명이 노인 1명을 부양해야 한다.

배우자 출산휴가제도는 출산을 장려하기 위한 제도다. 엄마채용장려금에 이어 남녀고용평등법을 개정해 배우자 출산휴가제, 육아기 근로시간단축제 등 제도를 도입했다.

고령자 고용촉진을 위해서 고령자 신규채용장려금 인상, 정년연장장려금제도를 도입했다. 하지만 고령자 중소기업 인턴 프로그램인 뉴 스타트 프로그램의 활성화, 임금피크제 확산을 위한 제도 개선은 아직 숙제로 남아 있다.

(9) 이명박 정부의 복지정책

이명박 정부는 집권 초 정부의 최대 목표를 선진 일류국가의 건설로 설정하고 5대 지표를 제시하였다. 즉, 섬기는 정부, 활기찬 시장경제, 능동적 복지, 인재대국, 성숙한 국가 등이다. 이명박 정부는 경제성장 목표에 비해 복지를 소홀하게 취급하였다. 5대 국정지표 중 복지 분야는 능동적 복지 하나로 축소되었다.

43개의 핵심 지표 중에서 사회복지와 관련된 사항은 국민연금과 기초노령연금 통합, 지속 가능한 의료보장체계 구축, 저소득층 자녀 지원을 위한 드림스타트사업, 금융소외자 신용회복 지원 등 4가지에 불과하다.

복지정책의 특이점으로 공급방식을 국가 주도에서 사회 공동 협력관계로 전환하려고 하였다. 또한, 수요자 중심이 보육정책은 복지 분야에서도 시장원칙을 강조하는 것이었다. 그렇지만 이명박 정부의 복지 지출은 증가하였다. 사회보험의 증가가 주 원인이 되었다. 2008년부터 본격적으로 완전노령연금 수급자가 발생하였다. 기초노령연금의 지출 증가도 복지지출의 증가로 이끌었다. 노무현 정부에 의해 2007년 마련되었던 기초노령연금이 이명박 정부에 와서 실현된 것이다.

이명박 정부의 복지정책은 다분히 선별적이었다고 평가할 수 있겠다. 복지 축소를 주장하지는 않았지만 복지의 실행에 있어 시장의 활용, 범주적·선별적 영역의 우선성으로 복지 영역을 변화하고자 하였다. 잔여적이며 자유주의적 복지모델로 파악될 수 있다.

종합해 보면 이명박 정부에서도 복지정책의 확대는 느려졌으나 확대경향은 유지되었다. 방법 면에서는 복지의 시장친화적 원리를 도입하였다(김원섭, 2015).

CHAPTER

07 복지국가와 복지사회

1 복지국가의 개념과 목적

1) 복지국가의 개념

브릭스(Briggs)에 따르면, '복지국가(welfare state)'라는 영어 용어는 제2차 세계대전 동안에 템플(Temple) 대주교가 처음으로 만들어 낸 용어이다. 이때 템플 대주교는 전쟁 당시의 영국을 나치 독일의 '전쟁국가(warfare state)'와 대비시켰다(Wikipedia, 2009).

사실, 사회국가나 복지국가라는 표현을 영어에서도 사용하려고 예전에 시도한 바가 있었다. 그러나 템플 대주교가 복지국가라는 용어를 대중화시키고 나서야 사회국가나 복지국가라는 용어는 일반적으로 사용하는 용어가 되었다. 그리고 현대에 들어서 복지국가라는 용어를 사용한 것은 '베버리지 보고서'를 근거로 해서 영국에서 1948년에 도입된 포괄적인 사회보험제도와 관련이 있다(Encyclopædia Britannica, 2009).

하지만 제2차 세계대전 이후에 복지국가라는 용어를 자주 사용하고 있으나, 복지국가가 무엇인지에 대해서는 합의된 정의가 존재하지 않는다. 그리고 많은 사람은 복지국가를 정의하는 것과 관련된 문제점에 대해서 지적해 왔다(Powell & Hewitt, 2002).

『웹스터(Webster) 사전』에서는 복지국가를 "국가가 개인과 시민의 사회복지에 대해 주로 책임을 진다는 전제에 근거하고 있는 사회체제"라고 정의하고 있다. 그리고 『브리태니커 백과사전』의 경우 복지국가는 시민의 경제적 복리와 사회적 복리를 보호하고 증진하는 데 있어 국가가 핵심적인 역할을 하는 정부를 가리킨다고 보고 있다(Encyclopædia Britannica, 2009). 따라서 사전적 정의에서는 시민의 복리를 국가가 책임진다는 식으로 복지국가를 단순하게 인식하고 있다.

이에 비해서 일부 학자는 복지국가에 관해 좀 더 구체적인 정의를 내리고 있다. 예를 들어, 미쉬라(Mishra, 1984)는 복지국가란 시장경제에 여러 가지로 관여함으로써 시민의 복리에 대해 책임지는 자유국가라고 정의하였다. 이때 시장경제에 관여하는 예로 완전고용정책을 실시하고 사회복지서비스를 제공하여 관여하는 것이 있다.

이외에도 복지국가와 관련해 여러 가지 정의가 제시되어 왔다. 그렇지만 프로그램의 측면에서 가장 실질적인 정의는 브릭스가 제시한 정의라고 볼 수 있다(Gilbert & Terrell, 2005). 브릭스는 자기 힘으로는 생활할 수 없는 시민의 복리를 개선하기 위해 시장의 힘이 작동하는 것을 완화시키고자 하는 정부 활동에 복지국가의 본질이 있다고 보았다. 이런 관점에서 볼 경우 복지국가는 자기 힘으로는 생활할 수 없는 시민의 복리를 개선하기 위해 시장의 힘이 작동하는 것을 완화시키고자 하는 국가라고 볼 수 있다. 전반적으로, 브릭스의 정의는 복지국가가 가지는 여러 측면의 모습을 가장 포괄적으로 제시한다고 볼 수 있다. 따라서 이런 면에서 브릭스의 정의는 복지국가와 관련해 가장 유용한 정의라고 볼 수 있다(김태성·성경륭, 2007).

2) 복지국가의 목적

브릭스는 복지국가가 추구하는 3가지의 특별한 목적을 제시하고 있고, 이런 3가지 목적에 맞는 정책의 형태를 제시하고 있다(Gilbert & Terrell, 2005). 복지국가의 3가지 목적과 관련 정책 및 대상은 〈표 7-1〉에 정리되어 있다.

〈표 7-1〉 **복지국가의 3가지 목적과 관련 정책 및 대상**

복지국가의 목적	관련 정책	대상
경제적으로 보장해 주고자 한다. 구체적으로, 상실된 소득을 대체해 줌으로써 일반적인 생활 위험으로부터 시민을 보호하고자 한다.	이런 목적과 관련된 정책은 사회보험정책이다. 이것은 질병·실업·장애·퇴직 상태에 놓이거나 배우자가 사망하였을 경우에 대비하는 사회보험을 말한다.	노동시장에 참여하고 있는 집단, 퇴직자, 근로자와 퇴직자의 가족과 근로자·퇴직자가 보호하는 사람
물질적으로 충분하게 해 주고자 한다. 구체적으로, 기본 수준의 사회적 보호를 제공하고자 한다.	이런 목적과 관련된 정책은 공공부조정책이다. 이런 정책을 통하여, 현금급여와 사회서비스를 제공한다.	빈곤층과 취약층
기본 서비스를 제공하고자 한다. 구체적으로, 중요한 물품과 서비스를 이용할 수 있게 해 주고자 한다.	이런 목적과 관련된 정책은 교육정책, 의료정책, 주택정책, 식품정책이다.	모든 시민

출처: Gilbert & Terrell(2005), p.48.

3) 복지국가의 특징

복지국가의 특징에 대한 견해는 학자에 따라 다소의 차이를 보인다. 김상균(1987)은 국가안보, 경제제도로서의 수정자본주의 혹은 혼합경제의 운용, 정치제도로서의 민주주의, 국민 복지에 대한 국가의 막중한 책임 등을 들고 있다. 신섭중(1999)은 사회보장, 완전고용, 혼합경제, 민주주의를 꼽았다.

2 복지국가의 유형

복지국가를 유형화하기 위한 연구는 그간 많이 진행되었다. 그간의 연구에서는 다양한 기준을 적용하여 복지국가를 유형화하려고 하였다. 그러므로 그간의 연구에서 사용한 기준에 따라서, 복지국가의 유형을 정하는 방법을 다음과 같이 5가지로 나눌 수 있다(김태성·성경륭, 2007).

① 사회복지의 지출에 따라서 복지국가를 유형화할 수 있다.
② 사회복지 프로그램을 도입한 시기에 따라서 복지국가를 유형화할 수 있다.
③ 복지국가의 성격을 개념적으로 분석해 복지국가를 유형화할 수 있다.
④ 복지국가의 정책을 결정하는 요인을 분석해 복지국가를 유형화할 수 있다.
⑤ 복지국가 프로그램의 내용을 분석해 복지국가를 유형화할 수 있다.

이 중에서 가장 많이 인용되는 유형화는 복지국가의 성격을 개념적으로 분석해 복지국가를 유형화하는 것이다. 이런 유형화를 몇 가지 살펴보면 다음과 같다.

1) 티트머스의 분류

티트머스(1979)는 사회정책의 3가지의 모델인 잔여적 복지 모델(residual welfare model), 산업적 성취·업적 모델(industrial achievement-performance model), 제도적 재분배 모델(institutional redistributive model)을 제시하는데, 이런 모델을 복지국가에 그대로 적용해 볼 수 있다.

(1) 잔여적 복지 모델

잔여적 복지 모델은 개인의 욕구가 적절하게 충족되는 2가지의 '자연적인' 주체가 있다는 전제에 근거하고 있다. 여기서 2가지 주체는 '시장'과 '가족'을 가리킨다. 잔여적 복지 모델에서 사회복지제도는 시장과 가족이 붕괴될 경우에만 운영하여야 하고, 그것도 일시적으로만 운영하여야 한다고 본다.

(2) 산업적 성취·업적 모델

산업적 성취·업적 모델은 사회복지제도가 경제 영역의 보조물로서 중요한 역할을 수행한다고 본다. 따라서 산업적 성취·업적 모델에서는 공적, 근로실적, 생산성에 근거를 두어서 사회적 욕구가 충족되어야 한다고 본다. 산업적 성취·업적 모델은 시녀 모델(handmaiden model)이라고도 불리고 있다.

(3) 제도적 재분배 모델

제도적 재분배 모델에서 사회복지는 사회에 있는 주요한 통합된 제도라고 여기며, 사회복지는 욕구의 원칙에 근거하여 시장 밖에서 보편적 서비스를 제공한다고 본다.

2) 퍼니스와 틸튼의 분류

퍼니스와 틸튼(1977)은 그간의 역사적 진전을 살펴보면서, 국가가 경제 영역에 개입하는 형태를 3가지 모델로 요약하고 있다. 이 3가지 모델에 근거하여 퍼니스와 틸튼은 국가를 적극적 국가(positive state), 사회보장국가(social security state), 사회복지국가(social welfare state)로 구분하고 있다.

(1) 적극적 국가

적극적 국가가 추구하는 주요 목적은 자산을 가진 사람을 규제되지 않은 시장의 어려움으로부터 보호하고, 재분배하라는 요구로부터 보호하는 데 있다. 적극적 국가의 정책에서는 경제성장을 위해 정부와 기업이 협력하는 것을 지향한다. 이런 협력관계의 경우 기업은 시장과 관련해 마음대로 결정할 수 있는 능력을 많이 포기하는 대신에 국내에서는 정부로부터 재정적 지원을 받고, 해외에서는 정치적으로 지지를 받는다.

복지 영역에서 적극적 국가는 경제적 '효율성'과 일치되지 않는 것은 하지 않으려는 경향이 있다. 이 때문에, 적극적 국가는 사회보험 프로그램을 주로 강조한다. 즉, 적극적 복지국가 모델은 정부가 경제 영역에 상당히 개입하고, 정부가 기업 활동을 제약한다는 특징을 지니고 있다. 그러나 적극적 국가는 복지국가가 아니다.

왜냐하면 적극적 국가는 복지국가의 기본적인 기능을 수행하고 있지 않기 때문이다.

(2) 사회보장국가

사회보장국가에서는 모든 사람에게 자산을 대신할 수 있는 소득을 제공하는 복지국가의 이상을 실현하고자 한다. 또한, '국민 최저수준 보장(guaranteed national minimum)'이라는 중요한 목적을 추구한다. 사회보장국가의 지침이 되는 원칙은 결과의 평등이 아니라 기회의 평등이다.

(3) 사회복지국가

사회복지국가의 경우 공공사업을 통해서 완전고용을 이루기보다는 노동시장에서 '정부와 노동계 사이에 협력함(government-union cooperation)'으로써 완전고용을 이루고자 한다. 사회복지국가에서는 환경계획정책과 연대임금정책이 완전고용정책만큼이나 중요하다. 연대임금정책의 경우 노동조합이 임금 및 고용의 결정에 적극적으로 참여하고자 한다.

경제정책뿐만 아니라 사회정책에서도 사회복지국가는 평등과 연대를 증진하고자 한다. 즉, 시민에게 최저수준을 보장하고자 할 뿐만 아니라 생활수준이 일반적으로 평등한 상태를 이루고자 한다.

3) 미쉬라의 분류

미쉬라(Mishra, 1984)는 복지국가를 분화된 복지국가(differentiated welfare state)와 통합된 복지국가(integrated welfare state)로 구분한다.

(1) 분화된 복지국가

분화된 복지국가는 다원주의적 복지국가(pluralist welfare state)라고도 불린다. 분화된 복지국가의 특징은 다음과 같다.

첫째, 경제를 수요의 측면에서 규제한다.
둘째, 사회복지 영역은 경제와는 별개의 영역이면서 비교적 자율적인 영역으로 인식된다.
셋째, 정치 영역은 여러 이익집단으로 구성되어 있다.

요컨대, 분화된 복지국가는 사회복지 영역은 경제 영역, 산업 영역, 공공 영역과 구분되고 사회복지 영역이 이런 영역과는 관련이 없다고 보는 복지국가를 말한다.

(2) 통합된 복지국가

통합된 복지국가는 조합주의적 복지국가(corporatist welfare state)라고도 불린다. 통합된 복지국가의 특징은 다음과 같다.

첫째, 경제를 수요의 측면과 공급의 측면 모두에서 규제한다. 예를 들어, 이윤, 투자, 임금 수준, 인플레이션, 노동시장 여건을 규제한다.
둘째, 사회복지 영역은 경제 및 경제정책으로부터 자유롭다고 보지 않는다.
셋째, 정치 영역은 집중화된 이익집단으로 구성되어 있다.

요컨대, 통합된 복지국가는 사회복지 영역이 경제 영역, 산업 영역, 공공 영역과 밀접하게 관련된다고 보는 복지국가를 말한다. 따라서 통합된 복지국가에서는 다음과 같은 경향이 나타난다.

첫째, 사회복지 프로그램과 사회복지정책은 경제 영역 및 정치 영역과 관련해서 의미가 부여된다.
둘째, 사회복지를 더 넓은 사회에 통합하고자 한다.

4) 에스핑 앤더슨의 분류

복지국가의 분류에서 가장 체계적이고, 가장 크게 영향을 미치고 있는 모델 가운데 하나는 에스핑 앤더슨(Esping-Andersen, 1990)이 제시하는 복지국가(복지정권)의 유형이다.

(1) 주요 차원

에스핑 앤더슨은 복지국가를 비교할 경우에 주목할 필요가 있는 주요한 차원에는 다음과 같은 것이 포함된다.

첫째, 노동의 탈상품화(decommodification) 정도가 있다. 노동의 탈상품화 정도는 '개인이나 가족이 시장에 참여하는지 여부와는 관계없이 사회적으로 인정할 만한 생활수준을 누릴 수 있는 정도'를 가리킨다.

둘째, 계층화(stratification)의 정도가 있다. 계층화의 정도는 복지국가가 사회 집단 사이에 차이를 두는 정도를 가리킨다. 이런 예로, 복지국가가 직업 상태에 근거해서 사회집단 사이에 차이를 두는 것이 있다.

(2) 복지국가의 유형

위와 같은 차원(기준)을 근거로 에스핑 앤더슨은 3가지의 복지국가(regimes of welfare capitalism)를 구분한다. 여기서 3가지의 복지 자본주의 정권은 보수적 복지국가, 자유적 복지국가, 사회민주적 복지국가를 말한다. 에스핑 앤더슨에 따르면, 대부분의 복지국가는 이런 3가지의 복지국가 유형에 포함될 수 있다.

첫째, 보수적 복지국가에서 국가복지는 기존의 계급 차이와 지위 차이를 유지하거나 강화하는 데 사용된다. 즉, 사회 안정과 정치 안정을 장려하고 국가에 계속해서 충성하는 것을 장려한다.

보수적 복지국가의 경우 시장보다는 국가가 복지를 전달하는 데 있어 중요한 역할을 하는 경향이 있다. 그러나 국가가 재분배를 장려하거나 평등을 장려하는 방식으로 복지를 전달하는 것은 아니다.

그리고 교회가 크게 영향을 미치는 경향이 있기 때문에 보수적 복지국가는 전통적인 가족 형태를 유지하는 데 관여하는 경우가 많으며, 가족이 가족구성원의 문제를 해결할 수 없다고 인식할 경우에만 국가가 개입한다. 또한, 결혼한 여성이 노동시장에 참여하는 것을 반대하고, 복지 급여는 엄마 역할을 강조하는 방식으로 제공되는 경향이 있다.

에스핑 앤더슨에 따르면 오스트리아, 프랑스, 독일, 이탈리아가 보수적 복지국가에 속한다.

둘째, 자유적 복지국가의 주요한 특징은 시장에 근거한 사회보험을 강조하고, 급여를 배분하는 데 있어 자산조사를 사용한 데 있다. 자유적 복지국가의 경우 보편적인 급여의 양은 많지 않고, 공적 사회보험에서 제공하는 급여의 양도 많지 않다. 그리고 자유적 복지국가에서 복지는 국가에 의존하는 빈곤층을 주요 대상으로 삼는 경우가 많다. 복지 급여는 제한되어 있고, 복지 급여에는 오명이 따라 붙는다. 왜냐하면 자유적 복지국가에서는 급여를 더 많이 제공하면 노동 의욕을 감퇴시킬 것으로 가정하기 때문이다.

즉, 자유적 복지국가의 경우 국가복지를 받는 사람은 빈곤상태에 있기 때문에 국가복지를 받는 사람끼리는 상대적으로 평등한 상태에 놓여 있다. 그리고 일반인 사이에는 시장에 따라서 복지가 차이가 나고 있다.

에스핑 앤더슨에 따르면 미국, 캐나다, 호주가 자유적 복지국가에 속한다.

셋째, 사회민주적 복지국가는 보편주의 원칙과 평등의 원칙을 강조한다. 이들 국가에서는 높은 수준에 토대를 두고 평등을 장려하는 경향이 있다.

사회민주적 복지국가에서는 시장을 배척하고, 본질적으로 보편적인 유대를 구축한다. 또한, 국가는 전통적으로 가족의 책임으로 여겼던 많은 복지 분야를 맡고 있고, 국가는 이런 분야에 사회가 관여하도록 하고 있다. 그 결과, 사회민주적 복지국가는 개인의 독립을 권장한다.

사회민주적 복지국가의 경우 완전고용은 중요한 관심거리가 된다. 에스핑 앤더슨에 따르면 스칸디나비아의 국가들이 사회민주적 복지국가에 속한다.

(3) 유의점

에스핑 앤더슨도 분명히 언급하는 것처럼 그가 제시하는 3가지 복지국가의 어느 것도 완전한 형태나 순수한 형태로 찾아볼 수 없다(Cochrane, Clarke & Gewirtz, 2001). 그 대신에, 각각의 특정한 복지국가는 3가지 복지국가의 요소를 부분적으로 모두 가지고 있을 수 있다. 그리고 일부 복지국가는 에스핑 앤더슨의 3가지 복지국가에서는 제시되지 않은 아주 특별한 특징을 가지고 있을 수 있다.

3 복지사회

근래에 들어서 복지사회(welfare society)라는 용어도 자주 사용되고 있다. 그러나 복지사회에 관해서는 정설은 없다. 하지만 복지사회는 복지국가와 관련해 언급되는 경우가 많다. 예를 들면, 다음과 같다(한국사회복지협의회, 1993).

첫째, 영국과 북유럽 국가를 복지국가라고 하고, 이에 대해서 프랑스와 독일 등을 포함한 서구 선진국을 복지사회라고 부르는 식으로 구분하는 경우가 있다.

둘째, 복지국가를 정치행정의 측면에서 보고, 이에 대해서 복지사회는 국민의 의식태도에 관한 것으로 보는 경우가 있다. 이런 관점에서 복지사회는 복지국가의 사회적 토대를 구성한다고 본다.

복지사회라는 용어는 관심의 방향이 국가에서 사회로 변하고 있다는 것을 보여준다(Powell & Hewitt, 2002). 그러나 복지사회는 여러 가지 형태를 가질 수 있다. 즉,

광범위한 복지사회 모델에는 여러 가지 형태가 있을 수 있다.

복지사회와 관련해 주류를 이루는 모델은 복지다원주의(welfare pluralism)나 복지의 혼합경제(mixed economy of welfare)에 토대를 둔 모델이다. 이런 모델의 경우 국가가 아닌 영역에서도 복지를 제공하는 곳이 존재한다고 주장한다.

복지사회는 정치적 우파와 관련된 경우가 많은 용어이다. 일반적으로 복지사회는 중앙정부의 역할이 감소하는 것과 관련된 경우가 많다(Powell & Hewitt, 2002).

복지사회에 관해 일찍부터 의견을 제시한 대표적인 학자는 롭슨(Robson, 1976)이다. 롭슨은 공공정책과 사회적 태도 사이에는 커다란 차이가 있는 경우가 많다고 본다. 롭슨에 따르면, 사람이 자신의 태도와 행동에 복지국가의 정책과 복지국가의 가정을 반영하는 경우가 많지 않을 때에는 복지국가의 목적을 실현할 수 없다.

그러므로 복지국가는 의회가 법령을 제정하고 정부가 이것을 실행하는 것이고, 복지사회는 일반 복지와 관련된 문제에 대해 사람이 행동하고 느끼고 생각하는 것이라고 주장한다. 그리고 복지국가의 파트너로서 복지사회가 없이는 순수한 복지국가는 존재할 수 없다고 롭슨은 주장한다.

CHAPTER

08 사회보장

1 사회보장의 개념[7)]

사회보장(social security)이라는 용어는 전 세계적으로 두루 사용되고 있다. 사회보장이라는 용어는 유럽에서 실시하고 있던 '사회보험'의 '사회(social)'와 미국의 대공황 시기에 구성된 '긴급경제보장위원회(Emergency Economic Security Committee)'의 '보장(security)'이란 말이 합쳐서 탄생한 것으로 알려져 있다. 이와 같이, 사회보장이라는 용어가 등장한 시기에 관해서는 대체로 의견이 일치되어 있다.

그러나 사회보장의 개념에 관해서는 분명하게 합의되어 있지 않다. 그 결과, 학자에 따라서 사회보장에 대한 정의는 서로 다르다. 그리고 더 나아가 국가와 시대에 따라서도 사회보장의 의미는 서로 다르게 인식되고 있다(Midgley, 1996; Pieters, 1993). 사회보장의 개념을 몇 가지 살펴보면 다음과 같다.

7) 본 장은 노병일의 『사회보장론』(2009, 공동체)을 많이 참조하였다.

1) 베버리지

베버리지(1942)는 이른바 베버리지 보고서라고 불리는 〈사회보험과 관련 서비스(Social insurance and allied services)〉에서 사회보장은 다음과 같은 것을 위해서 소득을 보장해 주는 것이라고 정의하고 있다.

첫째, 실업이나 질병이나 사고 때문에 수입이 중단될 경우에 이런 수입을 대신한다. 둘째, 나이가 들어 퇴직하는 것에 대비한다. 셋째, 가장(家長)과 같은 가족 구성원이 사망한 탓에 부양을 받지 못하는 것에 대비한다. 넷째, 특별한 비용(예컨대, 출생·사망·결혼과 관련된 비용)을 감당한다.

그리고 베버리지에 따르면 좋은 사회보장제도가 되기 위해서는 다음과 같은 전제 조건이 충족되어야 한다.

첫째, 아동수당을 제공한다. 이 경우 15세까지의 아동에게 아동수당을 제공하고, 아동이 정규 학생이면 16세까지 아동수당을 제공한다.

둘째, 포괄적인 의료서비스와 재활서비스를 제공한다. 이 경우 질병을 예방하고 질병을 치료하기 위해서, 또한 일할 수 있는 능력을 회복하기 위해서 포괄적인 의료서비스와 재활서비스를 제공한다. 그리고 이런 서비스는 지역사회의 모든 사람이 이용할 수 있어야 한다.

셋째, 고용을 유지한다. 이것은 대규모 실업을 방지하는 것을 말한다.

2) 국제노동기구

국제노동기구(ILO)는 1942년에 발간한 〈사회보장에의 접근(*Approaches to social security*)〉에서 사회보장의 개념에 관해 설명한 바 있는데, 국제노동기구가 제시하는 이런 개념은 일반적으로 많이 인용되고 있다. 국제노동기구에 따르면 사회보장은 "사회구성원이 부딪히는 일정한 위험에 대해 사회가 적절한 조직을 통해 부여하는 보장"을 말한다(장인협, 1986, 재인용).

국제노동기구는 그 후 사회보장의 의미를 표준화하려고 시도해 왔다. 예를 들어, 국제인권기관, 국제노동기구의 관련 자료, 국제노동기구가 채택한 사회보장 협약과 권고안에 근거해서 국제노동기구는 사회보장을 다음과 같이 정의하고 있다(ILO, 2008). 사회보장은 다음과 같은 이유 때문에 상실되거나 감소된 특정 수준의 소득을 제공해 주어 빈곤을 완화하고 방지하기 위해서, 보호할 필요가 있는 모든 사람에게 기본적인 소득보장을 확보해 주기 위한 공적인 조처를 취하는 것을 말한다.

첫째, 일할 능력이 없기 때문에 소득이 상실되거나 감소되는 경우가 있다. 둘째, 여러 가지 사건이 발생한 탓에 유급 일자리를 찾지 못하기 때문에 소득이 상실되거나 감소되는 경우가 있다. 여러 가지 사건으로는 질병, 실업, 노령, 산업재해, 가족부양, 아동의 출산, 폐질(invalidity),[8] 가장의 사망이 있다.

3) 우리나라의 사회보장기본법

1995년에 제정된 우리나라 사회보장기본법의 경우 사회보장은 질병·장애·노령·실업·사망 등의 사회적 위험으로부터 모든 국민을 보호하고 빈곤을 해소하며 국민생활의 질을 향상시키기 위해 제공되는 사회보험·공공부조·사회복지서비스를 말한다.

사회보장의 연구에서는 소득보장에 초점을 두는 접근방식이 전통적으로 주류를 이루었다. 그래서 위에 제시한 사회보장 개념 중에는 소득보장을 강조하는 개념이 많다. 그러나 사회보장이 소득보장과 밀접한 관련이 있음은 사실이나, 현대에 들어 새로운 사회적 위험이 등장함에 따라서 사회보장의 개념을 더 넓게 보는 방향으로 나가고 있다.

---

8) 국제노동기구의 경우 '폐질'은 개인이 소득을 얻을 수 있는 일자리에 영구적으로 참여할 수 있을 가능성이 아주 적은 것과 관련된다고 본다. 그러나 유엔의 인권선언협약에서는 폐질이 되는 상황을 '장애(disability)'로 언급하기도 한다.

한편, 유럽의 경우 '사회보장'이라는 용어는 미국이나 영국에 비해 아주 드물게 사용되고 있다. 그 대신에, 유럽연합에 속한 국가는 사회보장을 나타내는 다른 용어로 '사회적 보호(social protection)'라는 용어를 사용하는 경향이 있다(Abel-Smith, 2008).

유럽연합에 속한 국가가 사용하는 사회적 보호라는 용어는 사회보장이라는 용어보다 더 넓은 의미를 지니는 식으로 사용되고 있다. 하지만 사회적 보호에 대해서는 일반적으로 합의된 정의가 없다. 사회적 보호라는 용어를 사용하는 사람마다, 사회적 보호의 영역에 관해서 크게 다른 의견을 제시하고 있다(Ogborn, 2009). 사회적 보호를 가장 넓은 영역을 가지는 용어로 보면 사회적 보호에는 정부가 하는 것 중에서 빈곤과 연관될 수 있는 모든 것이 포함된다고 할 수 있다.

그리고 사회안전망(social safety net)이라는 용어도 대략적으로 사회보장을 나타내는 의미로 자주 사용되고 있다. 그러나 사회적 보호나 사회보장이라는 용어의 의미에 비해서, 사회안전망이라는 용어가 가지는 의미는 덜 정확한 것처럼 보인다.

2 사회보장의 목적

사회보장이 추구하는 목적은 시대와 국가와 대상자에 따라 차이가 나는 경우가 많다. 또한, 사회보장의 목적은 분명하게 겉으로 드러나기보다는 묵시적인 경우도 많다. 그리고 때에 따라서는 사회보장이 추구하는 하위 목적은 서로 모순되는 경우도 있다(Ditch, 1999).

우선, 국제노동기구는 사회보장의 목적을 다음과 같이 좁은 의미와 넓은 의미의 2가지로 나눈 바 있다(ILO, 1984).

첫째, 사회보장이 추구하는 좁은 의미의 목적은 빈곤을 방지하고 빈곤을 구제하는 것이다.

둘째, 사회보장이 추구하는 가장 넓은 의미의 목적은 안정을 얻고자 하는 욕구와 관련된다. 즉, 사회보장이 추구하는 근본적인 목적은 개인과 가족의 생활수준과 삶의 질이 사회적 사건 및 경제적 사건 때문에 크게 손상되지 않을 것이라고 개인·가족이 믿게 하는 것이다. 사회보장이 추구하는 이런 넓은 목적을 달성하기 위해서는, 현금급여뿐만 아니라 여러 가지의 사회서비스와 의료서비스도 필요하다.

그리고 세인즈베리(Sainsbury, 1999)의 경우 사회보장의 오래된 목적과 사회보장의 최근 목적을 구분하는 것이 유용할 수 있다고 주장한다. 사회보장의 오래된 목적은 다음과 같다.

첫째, 사회보장은 빈곤을 구제하고자 한다. 이것은 사회보장의 목적 중에서 일반인에게 가장 잘 알려진 목적의 하나이다.

둘째, 사회보장은 사람의 욕구를 충족하고자 한다. 그러나 '사람의 욕구를 충족하고자 하는 목적'이 구체적인 정책에서 어떻게 실현되는지는 정치의 영역에서 결정된다. 이에 따라, 사람의 욕구를 충족하는 목적은 논쟁이 생길 가능성이 있고, 또한 이에 대해서 근본적으로 합의에 이르기 어렵다.

셋째, 사회보장은 소득을 유지하고 소득을 대체하고자 한다.

넷째, 사회보장은 보상하고자 한다.

다섯째, 사회보장은 인구층 사이에 재정적 자원을 재분배하고자 한다.

그리고 사회보장의 최근 목적은 다음과 같다.

첫째, 사회보장은 일자리를 가지게 하고자 한다.

둘째, 사회보장은 저소득층의 행동을 변화시키고자 한다.

요컨대, 학자나 기관에 따라서 사회보장의 목적으로 강조하는 점에서 차이가 난다. 그러나 대부분의 학자나 기관이 사회보장의 목적과 관련해 공통적으로 제시하는 목적은 사회적 사건에 대해 미리 대비함으로써 사회구성원의 최저생활을 확보하고 궁극적으로 국민이 안정된 생활을 유지하게 하는 것이다.

3 사회보장의 형태

사회보장의 형태는 여러 가지로 분류되고 있다. 사회보장의 형태에 대해 분류한 것을 몇 가지 살펴보면 다음과 같다.

1) 베버리지

베버리지(1942)는 '보장방법'을 다음과 같이 사회보험, 국가부조(공공부조), 임의보험으로 분류하고 있다.

첫째, 사회보험은 급여를 신청할 때에 개인이 가진 자원에 상관없이, 개인이 직접 납부하거나 또는 그 개인을 대신해서 다른 사람이 납부한 강제적인 기여금(보험료)에 근거해서 현금급여를 제공받는 방법이다.

둘째, 국가부조(national assistance)는 기여금을 이전에 납부하였는지 여부에 상관없이, 급여를 신청할 때 증명된 욕구에 따라서 현금급여를 제공받는 방법이다. 국가부조는 특별한 경우의 욕구를 충족시키는 방법이다.

셋째, 개인이 기본적인 생활수준에 추가해서 더 높은 수준을 유지하는 것이 필요할 경우에는 개인은 임의보험(voluntary insurance)을 선택할 수 있다.

2) 피터즈

피터즈(Pieters, 2006)는 사회보장을 사회보험, 사회부조(공공부조), 사회수당, 사회보상으로 구분하고 있다. 이 중에서 사회수당과 사회보상에 대해 간단히 살펴보면 다음과 같다.

사회수당은 조세를 통해 재정을 충당하는데, 이런 점에서 사회수당은 사회부조(공공부조)와 유사한 측면이 있다. 그러나 사회수당은 어떤 욕구와 관련이 있는 것이 아니라 어떤 정해진 사회적 위험과 관련이 있는데, 이런 점에서 사회수당은 사회보험과 유사한 측면이 있다.

사회보상은 정부나 사회가 특별한 어려움을 겪는 사람에게 연대감을 표시하기 위해 사용하는 제도이다. 이런 예로 전쟁과 관련해 피해를 입은 사람이나 과거의 정부가 기본적인 인권을 탄압하는 과정에서 피해를 본 사람에게 제공하는 연금이 있다. 사회보상에 대한 재정은 일반 조세로 충당한다.

3) 우리나라의 사회보장기본법

우리나라의 사회보장기본법에서는 사회보장의 종류를 다음과 같이 사회보험, 공공부조, 사회복지서비스로 구분하고 있다.

첫째, 사회보험은 국민에게 발생하는 사회적 위험을 보험방식에 의해 대처함으로써 국민건강과 소득을 보장하는 제도이다.

둘째, 공공부조는 국가와 지방자치단체의 책임 하에 생활유지능력이 없거나 생활이 어려운 국민의 최저생활을 보장하고 자립을 지원하는 제도이다.

셋째, 사회복지서비스는 국가·지방자치단체 및 민간 부문의 도움을 필요로 하는 모든 국민에게 복지·보건의료·교육·고용·주거·문화·환경 등의 분야에서 인간다운 생활을 보장하고 상담·재활·직업소개 및 지도·사회복지시설 등을 제공해 정상적인 사회생활이 가능하도록 지원하는 제도이다.

지금까지 논의한 것을 종합하면, 사회보장의 주요한 형태가 사회보험과 공공부조라는 점에 대해서는 학자나 기관 사이에 대체로 의견이 일치되어 있다. 그러므로 사회보험과 공공부조 이외에 어느 형태가 추가되느냐에 따라서 학자나 기관마다 약간의 차이가 있다.

4 사회적 위험

사회보장은 사회적 위험(social risk)에 대비하여 급여를 제공하는 장치이다. 사회적 위험을 제시할 경우에, 국제노동기구 102조 협약(convention)에 제시된 것을 기본으로 삼는 경우가 많다(Pieters, 2006; ILO, 2008).

국제노동기구 102조 협약에서는 사회보장의 최저수준을 논의하고 있는데, 여기에서는 구체적으로 의료급여, 질병급여, 실업급여, 노령급여, 산업재해급여, 가족급여, 모성급여, 폐질급여, 유족급여를 다루고 있다.

국제노동기구 102조 협약에서 제시된 것은 사회적 위험과 관련되기보다는 급여제도와 관련된 것이다. 그러나 국제노동기구 102조 협약에서 제시된 급여 형태는 인정된 사회적 위험을 제시한다고 볼 수 있다. 즉, 국제노동기구 102조 협약에서 제시된 급여 형태를 통해서 사회적 위험으로 의료, 질병, 실업, 노령, 산업재해, 가족부담, 모성, 폐질, 유족을 끄집어 낼 수 있다. 따라서 국제노동기구는 9가지의 사회적 위험을 제시하는 셈이다.

그리고 피터즈(Pieters, 2006)는 사회적 위험으로 다음과 같은 것을 제시하고 있다.

첫째, 노령이나 근로 능력을 상실하거나 실업 때문에 더 이상 일하지 못하는 사람에게 영향을 미치는 소득 부족이 있다.

둘째, 가장이 사망하였기 때문에 소득이 부족한 것이 있다.

셋째, 아동과 기타 가족구성원을 돌보는 데 필요한 특별비용이 있다.

넷째, 의료비가 있다.

다섯째, 품위가 있게 사는 데 필요한 자산이 부족한 것이 있다.

사회적 위험의 종류와 관련해, 피터즈가 취하는 접근방식은 국제노동기구가 취하는 접근방식과 몇 가지 측면에서 차이가 난다.

5 사회보장 프로그램의 분류

여러 가지의 사회적 위험에 대비하기 위해서 여러 가지의 사회보장 프로그램이 제시되어 왔다. 학자와 기관이 제시한 구체적인 사회보장 프로그램의 예를 일부 살펴보면 다음과 같다.

첫째, 미국사회보장청(SSA, 1999)은 사회보장 프로그램을 노령·장애·사망 프로그램, 산업재해 프로그램, 질병과 모성 프로그램, 실업 프로그램, 가족수당 프로그램, 자산조사식 프로그램으로 분류한 바 있다.

둘째, 국제사회보장협회와 미국사회보장청(ISSA & SSA, 2007)에서는 사회보장 프로그램을 노령과 장애와 유족과 관련된 프로그램, 질병 및 모성과 관련된 프로그램, 산업재해와 관련된 프로그램, 실업과 관련된 프로그램, 가족수당과 관련된 프로그램으로 분류하고 있다.

셋째, 고든(Gordon, 1994)은 사회보장 프로그램의 주요한 유형을 연금 프로그램, 의료급여 프로그램, 실업 및 고용과 관련된 프로그램, 아동수당 및 가족정책과 관련된 프로그램, 공공부조 프로그램으로 분류하고 있다.

대체적으로 보면, 구체적인 주요 사회보장 프로그램으로 노령과 장애 및 배우자 사망(유족)과 관련된 프로그램, 질병 및 모성과 관련된 프로그램, 산업재해와 관련된 프로그램, 실업 및 고용과 관련된 프로그램, 아동 및 가족수당과 관련된 프로그램, 자산조사를 거치는 프로그램을 제시할 수 있다.

전 세계적으로 가장 일반적인 형태의 사회보장 프로그램은 노령·장애·유족연금이다. 그리고 그 다음으로 가장 일반적인 프로그램은 산업재해 및 직업병과 관련된 프로그램, 질병 및 모성과 관련된 프로그램, 가족수당 프로그램, 실업과 관련된 프로그램의 순으로 되어 있다(ISSA, 2008).

그리고 앞으로 고령화가 빠르게 진행됨에 따라서, 노인을 장기적으로 보살피는 것과 관련된 사회보장 프로그램도 중요한 위치를 차지할 것으로 예상된다.

6 사회보장의 기능

사회보장은 여러 가지의 다양한 기능을 수행하고 있다. 사회보장이 수행하는 기능은 사회보장의 개념이나 사회보장의 목적을 논의할 때 직접적으로 또는 간접적으로 이미 제시되어 왔다. 사회보장이 수행하는 기능은 여러 가지가 있지만, 사회보장의 주요한 기능을 크게 경제적 기능, 사회적 기능, 정치적 기능으로 나눌 수 있다.

1) 사회보장의 경제적 기능

사회보장의 경제적 기능은 사회보장을 거론할 때 자주 제시되는 기능이다. 구체적으로 사회보장의 경제적 기능은 다음과 같다(SSA, 2008; Gordon, 1994; ILO, 1984; Tracy, 1996; ISSA, 2008).

첫째, 사회보장은 개인과 가족에게 경제적 안정을 제공하는 기능을 한다. 사회보장 프로그램 중에서 개인이나 가족 수준에서 수행하는 경제적 기능을 가장 잘 보여주는 프로그램은 연금제도이다.

둘째, 사회보장은 경제제도를 발전시키는 기능을 수행한다. 그 결과, 사회보장은 경제제도에 긍정적으로 기여한다. 이것은 사회보장제도에서 제공하는 급여는 금융시장과 일반 시장에 다시 투자되어, 결국에 가서는 경제가 잘 돌아가게 만드는 기능을 가리킨다. 예를 들어, 연금으로 생활하는 사람이 연금을 받아서 시장에서 물품이나 서비스를 구입할 경우에 시장경제가 활성화된다. 또한, 실업자가 받는 실업급여는 경기가 침체된 시기에 상품을 구매할 수 있는 능력을 유지하는 데 도움을 주어 궁극적으로 경제제도를 안정시키는 역할을 한다.

셋째, 사회보장은 소득을 재분배하는 기능을 수행한다. 구체적으로 사회보장은 국내총생산의 상당한 부분을 재분배함으로써 사회구성원을 사회적으로 보호하는 데 긍정적인 역할을 한다. 사회보장의 소득 재분배 기능은 여러 가지 기제를 통해서 이루어진다. 예를 들어, 사회보장 급여가 사회보장 기여금에 비례하는 정도와 관련해 사회보장의 소득 재분배 기능이 자주 논의되고 있다.

2) 사회보장의 사회적 기능

사회보장은 사회적으로 유리한 기능을 수행한다. 일반적으로 사회 안정을 가져오거나 사회 안정을 유지하는 기능을 말한다. 구체적으로 사회보장의 사회적 기능은 다음과 같다(Walker, 2005; Pieters, 1993).

첫째, 사회보장은 국민의 최저생활을 확보해 줌으로써 사회 안정을 가져오는 기능을 한다. 이 경우, 사회보장은 생활이 더 불안해짐에 따라 나타나는 사회적 긴장을 완화시켜 주는 기능을 한다.

둘째, 사회보장은 서로 지지하고 서로 책임을 지는 네트워크에 다양한 사회인구적 집단을 묶는 기능을 한다. 그러므로 사회보장은 사회적 위험을 겪고 있는 층 사이에 연대관계를 형성해 주는 기능을 한다.

3) 사회보장의 정치적 기능

사회보장은 정치적으로 의미 있는 기능을 수행한다. 구체적으로 사회보장의 정치적 기능은 다음과 같다(Baldwin, 1995).

첫째, 사회보장은 계급의식을 약화시키고 불만을 방지함으로써 체제를 유지시키는 기능을 수행한다. 즉, 사회보장은 사회 구조와 정치체제의 판을 근본적으로 새로 짜는 급진적인 혁명이 발생하는 것을 예방하고, 그 대신에 개혁이 체제 내에서만 일어나게 하는 기능을 한다.

둘째, 사회보장은 정치를 긍정적으로 안정시키는 기능을 한다. 위에서 언급한 체제 유지·안정과 관련된 기능이 사회보장을 비판적 시각에서 바라본 것이라면, 긍정적 정치 안정의 기능은 사회보장을 긍정적 시각에서 본 것이다. 즉, 잘된 사회보장제도를 갖추면 정치적으로 안정된 상황이 나타날 가능성이 커지고, 이와 반대로 사회보장이 열악하거나 미비하면 정치적으로 불안정한 상황이 나타날 가능성이 커진다는 것이다.

CHAPTER

09 사회보험

1 사회보험의 개념과 목적[9)]

1) 사회보험의 개념

사회보험은 사회보장제도에서 규모가 가장 큰 프로그램이다. 일부 기관과 법령에서 사회보험에 관해 정의한 예를 살펴보면 다음과 같다(Rejda, 1999; Barker, 2003; 한국사회복지협의회, 1993).

첫째, 미국의 위험·보험협회에 따르면, 사회보험은 가입자가 미리 명시된 상실을 겪을 경우에, 이 가입자나 관련자에게 현금급여나 서비스를 제공하도록 법에 규정된 기관(대개는 정부)에게 이런 위험을 맡김으로써, 위험을 공동으로 관리하는 제도를 말한다.

둘째, 미국의 전국사회사업가협회에서 간행한 사전에 따르면, 사회보험은 법적으로 명시된 위험에 대해 사회구성원을 보호해 주는 정부 프로그램을 말한다.

셋째, 우리나라의 사회보장기본법의 경우 사회보험은 "국민에게 발생하는 사회

9) 본 장은 노병일의 『사회보장론』(2009, 공동체)을 많이 참조하였다.

적 위험을 보험방식에 의해 대처함으로써 국민건강과 소득을 보장하는 제도"라고 정의하고 있다.

넷째, 한국사회복지협의회의 경우 사회보험은 "질병·부상·분만·노령 ·장애·사망·실업 등 생활 곤란을 초래하는 여러 가지 사고에 대해 일정한 급부(급여)를 행함으로써 피보험자의 생활안정을 도모하는 강제성 보험제도"라고 정의하고 있다.

요컨대, 사회보험은 강제보험방법을 사용하여 사회구성원이 겪는 사회적 위험에 대해 공동으로 대비하는 제도라고 볼 수 있다.

2) 사회보험의 목적

사회보험의 가장 큰 목적은 사회구성원의 소득을 안정되게 유지하는 것이다. 경제적 관점에서 볼 때, 사회보험은 몇 가지 중요한 목적을 가지고 있다. 레이더(Rejda, 1999)는 이런 중요한 목적을 다음과 같이 제시한다.

첫째, 인구층에게 기본적인 경제적 보장을 제공하고자 한다. 즉, 사회보험의 목적은 이른 나이에 사망하는 것, 나이가 드는 것, 질병에 걸리는 것, 장애 상태에 놓이는 것, 실업 상태에 놓이는 것과 같은 장기적 위험을 경험할 때, 경제적 측면에서 기본적으로 안정된 생활을 누리게 하는 데 있다.

둘째, 빈곤을 예방하고자 한다.

셋째, 경제를 안정되게 하고자 한다. 즉, 사회보험의 목적은 국가가 경제적으로 더 안정되게 하는 데 기여하는 것이다.

넷째, 중요한 가치를 보존하고자 한다. 즉, 사회보험의 목적은 개인적 동기와 적극성과 절약정신을 더 가지게 하는 데 있다.

2 사회보험의 특징

1) 사회보험의 일반적 특징

사회보험의 특징은 다음과 같다(Rejda, 1999; Barker, 2003; Forsakringskassan, 2006).

첫째, 사실상 모든 경우 법에 의해서 사회보험에 강제로 가입하도록 되어 있다. 즉, 사회보험은 강제적(의무적)으로 기여금을 내고 강제적(의무적)으로 참여하여야 한다.

둘째, 사회보험을 처음으로 도입하는 과도기를 제외하고 사회보험급여를 받을 수 있는 자격은 사실상 당사자나 그가 보호하는 사람이 해당 사회보장 프로그램에 납부한 기여금에서 나온다. 따라서 사회보험에서는 자산조사를 실시하지 않는다.

셋째, 급여를 결정하는 방법은 법에 명시되어 있다. 즉, 사회보험은 급여를 제공하는 것과 관련해 확정된 공식이 있다.

넷째, 사회보험에서 받는 급여의 양은 당사자나 관련자가 납부한 기여금의 양과 직접적으로 비례하지 않는 경우가 많다. 그 대신에 사회보험급여의 양은 어떤 집단에 유리하도록 분배하는 경우가 많다.

다섯째, 사회보험급여에 필요한 재정을 충당하기 위한 명확한 계획이 세워져 있다. 이런 계획은 장기적으로 적절하도록 설계되어 있다.

여섯째, 사회보험제도에 필요한 비용은 주로 기여금을 통해서 충당된다. 기여금은 급여를 받는 대상자가 납부하거나 고용주가 납부하거나 대상자·고용주 모두가 납부하는 경우가 많다.

일곱째, 정부는 사회보험제도를 운영하거나 적어도 감독한다.

한편, 위의 특징 중 일부는 서로 관련되어 있다. 사회보험의 특징이 서로 관련된 예를 몇 가지 살펴보면 다음과 같다(Thompson, 1994).

첫째, 소득이 낮은 층에게도 소득을 적절히 보장해 주기 위해서 소득이 높은 층으로부터 소득이 낮은 층으로 경제적 자원이 이전되어야 한다. 그러므로 이와 같이 소득 재분배를 위해서 사회보험에서는 기여금에 직접 비례하는 방식으로 급여를 제공하는 것이 아니라, 소득을 재분배하는 방식으로 급여를 제공할 수밖에 없다.

둘째, 재분배를 추진하는 프로그램에서는 강제적으로 가입하게 하는 방식을 취할 수밖에 없다. 강제적으로 가입하는 방식을 취하지 않으면 소득이 높은 층은 사회보험 프로그램에 가입하려고 하지 않을 수 있기 때문이다.

2) 사회보험과 민간보험(사보험)의 유사점과 차이점

사회보험과 민간보험은 서로 혼동되는 경우가 많은데, 그 이유는 민간보험의 기준을 사회보험에 적용하였기 때문이다. 우선, 사회보험과 민간보험은 다음과 같은 점에서 비슷하다(Rejda, 1999).

첫째, 사회보험과 민간보험은 위험을 이전하고자 하고, 정해진 위험을 광범위하게 공동으로 관리하고 있다.

둘째, 사회보험과 민간보험에서는 적용 범위, 급여의 내용, 재정과 관련된 모든 조건에 관해서 구체적이고 완벽하게 명시하고 있다.

셋째, 사회보험과 민간보험의 경우 급여를 받을 자격과 급여의 양을 결정하기 위해서 정확하게 수학적으로 계산할 필요가 있다.

넷째, 사회보험과 민간보험에서는 프로그램을 운영하는 데 필요한 예상 비용을 충당하기에 충분한 기여금이나 보험료가 필요하다.

다섯째, 사회보험과 민간보험에서 정해진 급여를 받고자 할 때, 욕구를 증명할 필요가 없다.

여섯째, 사회보험과 민간보험은 경제적 안정을 제공하는 데 있어 사회 전체적으로 긍정적인 역할을 한다.

그러나 사회보험과 민간보험은 다음과 같은 점에서 크게 차이가 난다(Rejda, 1999).

첫째, 가입에서 차이가 있다. 사회보험에서는 강제적으로 가입하여야 한다. 그러나 민간보험에서는 임의로(자율적으로) 가입한다.

둘째, 보호 수준에서 차이가 있다. 사회보험에서는 최저수준의 소득을 보호한다. 그러나 민간보험에서는 더 많은 양의 보호를 받을 수 있으며 보호의 양은 개인이 바라는 바와 지불할 수 있는 능력에 따라 좌우된다.

셋째, 강조하는 사회적 가치에서 차이가 있다. 사회보험에서는 사회적 적절성을 강조한다. 이에 따라서 사회보험에서는 복지요소를 강조한다. 그러나 민간보험에서는 개인적 형평을 강조한다. 이에 따라서 민간보험에서는 보험요소를 강조한다.

넷째, 급여의 근거에서 차이가 있다. 사회보험에서는 법에 따라 급여가 결정되고, 이런 법은 변경될 수 있다. 그러나 민간보험에서는 법적 계약에 따라 급여가 결정된다.

다섯째, 독점 여부에서 차이가 있다. 사회보험은 정부가 독점한다. 그러나 민간보험은 민간회사가 서로 경쟁한다.

여섯째, 비용에서 차이가 있다. 사회보험의 비용은 예측하기 어렵다. 그러나 민간보험의 비용은 더 쉽게 예측할 수 있다.

일곱째, 재정 확보의 정도에서 차이가 있다. 사회보험에서는 재정을 완전하게 확보할 필요가 없다. 사회보험은 강제가입 방식이므로 새로운 가입자로부터 기여금이 계속해서 납부되기 때문이다. 또한, 사회보험 프로그램은 영구히 지속될 것으로 보기 때문이다. 그러나 민간보험에서는 완전한 재정을 확보할 필요가 있다. 왜냐하면 민간보험은 새로운 가입자가 납부하는 보험료에 의존함이 없이, 완전히 재정을 확보한 상태에서 운영하여야 하기 때문이다.

여덟째, 보험계약에서 차이가 있다. 사회보험에서는 보험계약을 하지 않는다. 그러나 민간보험에서는 개인적으로 또는 집단이 보험계약을 한다.

아홉째, 목적과 결과에 대한 의견에서 차이가 있다. 사회보험의 목적과 결과에 관해서는 의견 차이가 크다. 그러나 민간보험의 목적과 결과에 관해서는 의견이 일반적으로 더 통일되어 있다.

열째, 투자하는 방식에서 차이가 있다. 사회보험에서는 일반적으로 중앙정부나 위임기관이 주도하여 투자한다. 그러나 민간보험에서는 주로 민간통로를 통해 투자한다.

열한째, 인플레이션에 취약한지 여부에서 차이가 있다. 사회보험은 인플레이션 때문에 생긴 손실을 보상하기 위해 정부가 세금을 부과하는 힘을 쉽게 동원할 수 있다. 그러나 민간보험은 그렇지 못하므로 민간보험은 인플레이션에 더 취약하다.

이상을 정리하면 〈표 9-1〉과 같다.

〈표 9-1〉 **사회보험과 민간보험의 차이점**

항목	사회보험	민간보험
가입	강제가입	임의가입
보호 수준	최저수준의 소득보호	더 많은 양의 보호 가능 (개인의 희망과 지불 능력에 좌우)
강조하는 사회적 가치	사회적 적절성(복지 요소 강조)	개인적 형평(보험 요소 강조)
급여의 근거	법에 따라 결정 (법적 권리에 근거)	법적 계약에 따라 결정 (계약적 권리에 근거)
독점 여부	정부 독점	경쟁
비용	예측 어려움	더 쉽게 예측 가능
재정 확보	완전한 재정 확보 필요 없음	완전한 재정 확보 필요
보험 계약	안 함	개인·집단이 계약
목적·결과에 대한 의견	큰 의견 차이	더 통일됨
투자 방식	중앙정부나 위임기관이 주도	주로 민간 통로 통함
인플레이션 대처	세금 부과력을 쉽게 동원	더 취약

출처: Rejda, 1999, 노병일, 2009, 재인용 및 재구성.

3) 사회보험의 장점

다른 사회보장 프로그램에 비해서 사회보험은 장점을 많이 가지고 있다. 사회보험의 장점을 몇 가지 살펴보면 다음과 같다(Thompson, 1994; ILO, 1984).

첫째, 사회보험급여는 법적 권리로 제공되므로 급여를 받는 사람은 남에게 의존한다는 의식을 갖지 않게 되고, 또한 급여를 받는 사람이 이전에 지니던 지위가 위축되지 않는다. 즉, 사회보험급여는 기여금에서 나오기 때문에 사회보험급여를 받는 사람은 오명을 피할 수 있고, 또한 자신의 권위를 지킬 수 있다.

둘째, 사회보험제도는 재정과 관련해 다음과 같은 장점이 있다.

① 일반 납세자에게 세금부담을 주지 않는다.

② 재정을 확보하기가 비교적 쉽다. 왜냐하면 사회보험의 기여금을 계산하는 방법은 단순하기 때문이다. 또한, 고용주도 기여금을 납부하므로 근로자 자신도 기꺼이 기여금을 납부하려고 하기 때문이다.

③ 사회보험방식은 재정적으로 방만해지지 않을 수 있다. 사회보험급여를 받는 사람은 급여액이 많을수록 좋아할 것이다. 그러나 사회보험의 경우에 급여수준이 증가되려면 그에 맞게 기여금 수준도 증가되어야 한다. 따라서 급여를 많이 받기 위해서는 기여금도 많이 납부해야 하므로 사회보험의 급여 수준을 증가시키려는 정치적 움직임이 견제될 수 있다.

셋째, 빈곤을 감소시키는 데 있어서 사회보험 프로그램은 공공부조 프로그램보다 더 효과적이다.

3 사회보험제도의 방식

사회보험을 설계하는 데 2가지의 주요한 방식이 있다. 이런 방식은 20세기에 독일의 수상이었던 비스마르크(Bismark)와 영국의 베버리지와 관련되어 있다. 대부분의 국가에 존재하는 사회보험제도는 비스마르크의 견해와 베버리지의 견해에서 주장하는 특징을 포함하고 있다(Pieters, 2006).

비스마르크 방식의 경우 사회보험은 노동시장에 참여하고 있는 층의 일부를 대상으로 삼는다. 특히 비스마르크 방식은 근로자를 대상으로 한다. 이때 근로자가 받는 급여의 양과 급여를 받는 기간은 다음과 같은 요소에 따라 달라지는 것이 관례이다. 첫째, 근로자가 노동시장에 참여해 기여금을 납부한 기간에 따라 달라진다. 둘째, 사회적 위험이 발생하기 이전의 소득이나 기여금에 따라 달라진다.

또한, 직접 관련된 집단, 노동조합, 고용주가 위탁을 받아 운영하고, 재정은 근로자가 소득에 근거해 납부하는 기여금과 고용주가 납부하는 기여금으로 충당된다.

베버리지 방식에서 사회보험은 전체 인구층을 대상으로 하고, 급여는 일정한 비율로 고정된다.

이때 사회보험제도는 정부가 주로 맡아서 운영하며, 필요한 재정은 예산으로 충당한다. 즉, 사회보험제도에 필요한 재정을 세금으로 충당한다.

4 사회보험의 원칙

베버리지(1942)의 경우 사회보험은 다음과 같은 6가지의 기본적인 원칙을 구현한다고 주장한다.

첫째, 정액 급여(flat rate of subsistence benefit)의 원칙이다. 정액 급여의 원칙은 실업이나 장애 때문에 중단된 소득의 양이나 퇴직으로 중단된 소득의 양에 상관없이, 사회보험의 급여를 정액으로 제공하는 것을 말한다.

둘째, 정액 기여금(flat rate of contribution)의 원칙이다. 정액 기여금의 원칙은 사회보험에 가입한 사람이나 고용주는 가진 자산에 상관없이, 강제적으로 기여금을 정액으로 납부하여야 하는 것을 말한다.

셋째, 행정 간소화(unification of administrative responsibility)의 원칙이다. 행정 간소화의 원칙은 효율성과 경제성을 위해서 행정적 측면을 통일하는 것을 말한다.

넷째, 급여 적절성(adequacy of benefit)의 원칙이다. 급여 적절성의 원칙은 급여가 양과 시간의 측면에서 적절한 것을 말한다.

다섯째, 포괄성(comprehensiveness)의 원칙이다. 포괄성의 원칙은 급여를 받는 대상과 이들의 욕구와 관련해 포괄적이어야 함을 말한다.

여섯째, 분류(classification)의 원칙이다. 분류의 원칙은 사회보험이 통일되고 포괄적이기는 하나, 사회에 있는 서로 다른 층의 서로 다른 생활방식을 고려하여야 한다는 것을 말한다.

5 사회보험의 대상과 급여와 운영 및 재정

1) 사회보험의 대상

대부분 일정 범주의 근로자와 그 고용주는 사회보험제도에 의무적으로 가입하도록 되어 있다. 그러나 일부 사회보험제도에서는 근로자가 자발적으로 사회보험에 가입하는 것을 허용하고 있다. 이것은 자영업자의 경우에 특히 그렇다. 때에 따라서 근로자가 이런 프로그램에 자발적으로 참여하는 것을 장려하기 위해서 정부가 이런 프로그램에 보조금을 제공하는 경우도 있다(ISSA & SSA, 2007).

2) 사회보험의 급여

모든 거주민을 대상으로 하는 보편적 사회보험제도는 급여액이 정액인 경우가 많다. 그리고 직업 활동에 근거해 운영되는 사회보험제도에서는, 일정기간 동안에 얻은 평균임금이나 평균소득의 일정 비율을 현금급여로 제공하는 경우가 많다(Pieters, 1993; ISSA & SSA, 2007).

일반적으로 연금을 포함한 모든 장기적·단기적 급여의 양은 관련된 사회적 사건 때문에 소득이 중단되기 이전의 소득과 관련된다. 그러나 급여의 양에는 상한선이 있는 경우가 많다. 또한, 어떤 경우에는 최저급여도 있다.

3) 사회보험의 운영

정부가 사회보험제도를 관리하거나 감독하지만, 정부가 사회보험업무를 반드시 운영하는 것은 아니다. 사회보험제도는 다음과 같은 3가지 방식으로 운영될 수 있다(Thompson, 1994).

첫째, 민간기관이 운영하는 방식이 있다.
둘째, 공공기관과 민간계약자가 합동으로 운영하는 방식이 있다.
셋째, 공공기관이 직접 운영하는 방식이 있다.

4) 사회보험의 재정

사회보험제도는 고용주나 근로자나 고용주·근로자 모두가 납부하는 기여금으로 재정을 전부 충당하거나 많은 부분을 충당한다. 일반적으로 기여금은 소득의 일정 비율로 정해진다(ISSA & SSA, 2007).

CHAPTER

10 국민연금

1 국민연금의 의의

1) 의의

국민연금은 국가가 보험의 원리를 도입하여 만든 사회보험의 일종으로 가입자, 사용자 및 국가로부터 일정액의 보험료를 받고 이를 재원으로 하여 노령으로 인한 근로소득 상실을 보전하기 위한 노령연금, 주 소득자의 사망에 따른 소득 상실을 보전하기 위한 유족연금, 질병 또는 사고로 인한 장기근로능력 상실에 따른 소득 상실을 보전하기 위한 장애연금 등을 지급함으로써 국민의 생활안정과 복지증진을 도모하는 사회보장제도의 하나다(국민연금관리공단, 2015).

국민의 노령장애 혹은 사망에 대해 연금급여를 실시해 국민의 생활안정과 복지증진에 이바지함을 목적으로 한다(「국민연금법」 제1조). 국민이 나이가 들거나 장애를 당한 경우 혹은 사망에 이를 경우, 국민연금을 통해 본인이나 유족에게 일정액의 연금 지급으로 소득을 보장하여 인간다운 삶을 유지할 수 있도록 하는 데 일차적인 목적을 두고 있다.

국민연금이 실시되기 전 특수직 연금이 있었다. 특수직 연금정책은 1960년의 공무원연금, 1963년 군인연금, 1973년 사립학교교직원연금이 각각 실시되었다.

1973년 「국민복지연금법」의 제정에 따라 일반 국민을 대상으로 한 연금제도가 1974년부터 도입될 예정이었으나, 석유파동 등 부정적 영향으로 실시가 연기되었다. 법제정 후 13년이 지난 1986년 「국민복지연금법」을 「국민연금법」으로 개정하고 1988년 1월부터 시행하였다.

국민연금제는 1988년 도입 당시 10인 이상의 사업장 근로자를 당연적용 대상자로 한정하였다. 1992년에는 5인 이상 사업장 근로자로 확대하였다. 이어 1995년 농어촌 주민과 당연적용사업장의 외국인, 1999년 도시지역 주민과 국내거주 외국인으로 각각 확대되기에 이른다. 또한, 2001년에는 5인 미만 사업장에 대한 임의적용제가, 2003년 7월 1일부터는 5인 미만 사업장에 국민연금 의무가입이 시행되었다.

1973년에 제정된 「국민복지연금법」상의 가입자는 사업장가입자와 지역가입자, 그리고 임의계속가입자로 구분하였다. 소요 비용을 위해 가입자와 사용자로부터 기여금을 징수토록 하였고, 급여의 종류는 노령연금·장애연금·유족연금·반환일시금으로 규정하였다. 일종의 책임준비금으로 국민연금기금을 설치하도록 했다. 국민연금의 운영을 적립방식으로 정한 것은 초기에 요구되는 비용을 줄이고, 기금의 효율적인 운용을 위한 조치로 받아들여진다. 보건복지부의 위탁을 받아 국민연금공단이 설립되었다.

2) 필요성

(1) 세계에서 가장 빠르게 느는 노인인구

생활수준 향상과 의료기술의 발달로 평균 수명이 늘어나고 출산율 감소로 빠른 속도로 노령화가 진행되고 있다. 65세 이상 노령인구 비율이 2000년 7.2%로 노령화사회에 진입한 후 2017년과 2026년에는 각각 고령사회(14%)와 초고령사회(20%)에 진입할 것으로 예상된다. 고령화 사회에서 고령사회, 초고령사회로의 이행기간이 각각 17년과 9년에 불과하다. 이는 세계 역사상 찾아볼 수 없는 빠른 노령화 속도이다. 프랑스가 고령사회에 진입하는 데 115년이 걸렸고, 독일은 40년, 미국은 72, 일본은 24년이 소요됐다. 초고령사회로의 진입기간도 프랑스 39년, 독일 40년, 미국 18년, 일본 11년에 비해 짧은 시간이다.

〈표 10-1〉 **고령화 속도 국제비교**

구분	프랑스	영국	일본	미국	대한민국
고령사회	115년	46년	24년	72년	17년
초고령사회	39년	53년	11년	11년	9년

출처: 통계청, 2015.

(2) 급감하는 출산율

고령화 사회로의 빠른 진입은 평균 수명이 늘어난 반면, 출산율이 빠른 속도로 감소했기 때문이다. 1980년 2.83명이던 한국의 출산율은 2013년에 1.2명으로 떨어져 세계에서 가장 낮을 뿐만 아니라, 최근 30년 동안 선진국 인구 통계상 최저수준이다(저출산·고령사회위원회, 2014). 이는 부양해야 할 노령인구가 증가한다는 것을 의미하는데, 2014년 고령인구는 전체 인구의 12.7%이다. 생산가능인구[10] 5명이 1명의 노인을 부양하고 있는 것이다(통계청, 2015). 이런 추세라면 2030년에는 2.6명이 노인 1명을, 2060년에는 1.2명이 1명을 부양해야 할 것으로 예상되고 있다.

(3) 부모를 부양하지 않는 세태

평균 수명이 짧고 노년인구의 수가 적었던 과거의 노인은 지혜의 원천이자 집안의 어른으로 존경의 대상이었다. 그러나 노년인구가 많아지고 산업화와 핵가족의 영향으로 노인을 존경의 대상보다는 부양의 대상으로 인식하고 있다. 경제적 어려움이 노인에게 가장 해결이 어려운 문제로 나타나고 있으나 가족구조, 부양의식 변

10) 15~64세 인구를 말한다. 우리나라는 2017년 3,612만 명을 정점으로 생산가능인구가 감소하기 시작할 것으로 예상되고 있다(매일경제 경제용어사전).

화 등으로 인해 사적 부양의 역할은 축소되고 있는 추세이다. 소득활동능력이 있을 때 체계적으로 자신의 노후를 준비해야 하며, 이러한 맥락에서 대표적인 공적 부양 제도인 국민연금이 더욱 중요한 역할을 담당할 것이다.

(4) 이루지 못한 자조의 원칙

현재의 넉넉지 못한 가계와 젊다는 이유로 많은 사람이 노후준비를 미루고 있다. 노후 걱정을 많이 하면서도 노후를 준비하는 직장인은 10명 중 3명에 불과했다(대한상공회의소, 2008). 금융소득이나 퇴직금만으로는 노후생활이 어렵고 개인연금제도 또한, 대다수가 중도해지하는 등 노후 보장수단으로는 한계가 있다. 따라서 노후 빈곤문제는 심각한 사회문제가 될 것이다.

(5) 사회적 위험의 증가

개인의 인간다운 생존을 위협하는 현상이 대부분의 사회구성원에게 보편적으로 발생할 가능성이 있는 경우를 말한다. 전통적인 사회적 위험은 질병, 노령, 장해, 폐질, 실업, 자녀의 출생과 양육, 사망 등이 있다. 타인의 도움이 없이는 생존이 어려운 장애인, 부양의무자가 없는 가정(소년소녀가장세대, 빈곤 노인세대, 심신의 미성숙 아동 및 청소년) 등도 사회적 위험에 처해 있다고 할 수 있다.

급격한 사회변화로 과거에 볼 수 없었던 새로운 위험이 증가하고 있는 추세다. 이러한 위험에 국가가 나서야 한다는 공감과 사회적 약속에서 국민연금제도가 도입되었다(국민연금관리공단, 2015).

2 국민연금의 도입과 발전

1) 도입 준비단계

1960년대 추진된 경제개발계획으로 산업화, 도시화, 핵가족화, 노령화가 빠른 속도로 진행되고, 이로 인해 발생된 사회문제의 해결 방안으로 1973년 「국민복지연금법」이 제정·공포되었다. 그러나 1973년 석유파동에 따른 경제 불황으로 1974년 1월부터 시행 예정이었던 국민연금제도를 무기한 연기하게 된다.

2) 도입 및 실시단계

1986년 종전의 국민복지연금제도를 수정·보완하여 1988년 1월부터 국민연금제도를 시행하였다. 기금운용 등 효율적 관리운영을 위해 1987년 9월에 독립기관으로 국민연금공단을 설립하였다.

3) 확대단계

1992년 5인 이상 사업장으로 당연적용대상을 확대하였으며, 1995년에는 농어촌지역에까지 국민연금제도를 확대하였다. 1999년 4월 도시 지역에까지 국민연금제도를 실시함으로써 전 국민 연금시대가 열렸다. 2008년 가입 기간 20년 이상의 수급자에 한하여 완전노령연금 지급이 시작되었다.

〈표 10-2〉 **국민연금제도의 변천**

시기	내용
1973. 12. 24.	국민연금복지법 공포(석유파동으로 시행 연기)
1986. 12. 31.	「국민연금법」 공포(법률 제3902호)
1987. 9. 18.	국민연금관리공단 설립
1988. 1. 1.	국민연금제도 실시(상시 근로자 10인 이상 사업장)

시기	내용
1992. 1. 1.	사업장 적용범위 확대(상시 근로자 5인 이상 사업장)
1992. 1. 1.	특례노령연금 지급 개시
1995. 7. 1.	농어촌 지역 연금확대 적용
1999. 4. 1.	도시 지역 연금확대 적용(전 국민 연금확대 적용)
2000. 7. 1.	농어촌 지역 특례노령연금 지급
2001. 11. 1.	텔레서비스 시스템 전국 확대 운영
2003. 7. 1.	사업장 적용범위 확대(근로자 1인 이상 사업장)
2006. 1. 1.	사업장 적용범위 확대(근로자 1인 이상 사업장 전체)
2008. 1. 1.	완전노령연금 지급 개시
2009. 8. 7.	국민연금 4개 직역연금 가입 기간 연계시행
2011. 7. 1.	10인 미만 사업장 저소득근로자에 대한 국민연금 보험료 지급사업 시행
2014. 7. 25.	기초연금 지급 개시

출처: 국민연금공단, 2015.

3 연금의 유형

1) 연금제도의 분류

분류기준과 내용은 국가마다 다르나 일반적인 분류 기준은 운영주체·근로기간·연금액의 결정방법·연금 수급기간 등으로 이루어진다.

(1) 공적 연금

공적 연금의 운영주체는 국가 또는 법률로 정한 특수법인이며 강제 가입이 그 특징이다. 공적 연금제도는 국가에 따라 그 종류와 내용이 다르다. 선진국의 경우 공적 연금제도의 종류도 다양하고 그 외에 사적 연금이 보완적으로 잘 발달되어 있으나, 한국의 경우에는 공무원연금·군인연금·사립학교교직원연금·국민복지연금 등

의 공적 연금만이 있다

(2) 사적 연금

기업연금과 협약연금으로 구분된다. 사적 연금은 공적 연금이 기본적인 생활보장에만 한정되어 있다는 점을 보완하기 위하여 실시되는데, 기업연금은 기업 내부에서 종업원을 대상으로 실시되는 제도이며, 한국의 경우 일시불 퇴직금제도를 연금제도로 전환함이 바람직할 것이다. 협약연금이란 노사 간의 단체교섭에 의하여 다수의 노동조합과 다수의 사용자 간에 성립되는 연금제도이다.

(3) 개인연금

생명보험회사 등 금융기관이 계약자 한 사람씩을 대상으로 하는 연금계약이며, 개인의 자유의사에 따라 체결하는 연금제도이다.

2) 결정방법에 의한 분류

(1) 완전연금

규정대로 기간 중에(과거근무연금을 포함) 갹출금을 납입하고 정상적인 연금지급 개시 연령에 달하였을 때 지급 개시되는 제도이다.

(2) 감액연금

일정 연령 이전에 퇴직하는 자에 대해서 소정액을 공제하고 지급하는 연금이다.

(3) 경과연금

잠정연금(暫定年金)이라고도 하는데, 과거 근무연금을 포함하고 있는 연금을 말한다. 이것은 보험료를 납입하지 않은 과거 근무 기간분에 대응하여 약간의 부분을 퇴직연금에서 공제하는 경우의 연금이다.

3) 사회 경제적 기능

연금제도는 노동 능력이나 기회를 상실한 자에 대하여 생활수단을 제공하여 주므로, 이런 점에서 하나의 사회적 임금이라 할 수 있다.

4) 연금의 특징

(1) 강제가입

국민연금은 모든 국민이 가입 대상이다. 또한, 강제가입제를 채택하고 있다. 강제적용을 하지 않는다면, 국민연금에 가입하지 않거나 보험료를 납부하지 않을 수 있기 때문이다.

가입을 기피하는 사람이 많을수록 노년 빈곤층이 많아지고 사회문제화될 경우 결국 국가는 빈곤 해소를 위해 조세 등을 통해 해결해야 한다. 성실하게 노후를 준비한 사람은 자신의 노후는 물론 노후를 준비하지 못한 사람에 대한 보장을 책임지는 이중 부담을 해야 하기 때문에, 소득 활동을 하는 사람은 누구나 의무적으로 가입하도록 하였다(국민연금관리공단, 2008).

(2) 소득 재분배 기능

국민연금은 고소득계층에서 저소득계층으로 소득이 재분배되는 세대 내 소득 재분배 기능과 미래 세대가 현재의 노인 세대를 지원하는 세대 간 소득 재분배 기능을 갖는다.

저소득계층의 경우 전체 가입자의 평균소득이 자신의 소득보다 높기 때문에 더 많은 연금을 받는 데 비해, 고소득계층은 전체 가입자의 평균소득이 자신의 소득보다 낮기 때문에 저소득계층에 비해 상대적으로 연금 혜택이 적다. 세대 내 소득의 재분배 기능이다.

세대 간 소득 재분배 기능은 미래의 세대가 현재의 노인세대를 지원하는 기능을 말한다. 국민연금 도입 초기단계 가입자의 제도 순응성을 높이기 위해 도입되었다.

미래세대는 자신의 노후만 준비하면 되지만, 국민연금 초기가입자의 경우 자신의 노후는 물론 부모부양이라는 이중 부담을 지고 있어 이들의 부담을 완화하기 위해 낮은 보험료에서 출발해 단계적으로 보험료를 높여 가도록 한 것이다.

(3) 안전성

국민연금은 국가가 지급을 보장하기 때문에 국가가 존속하는 한 반드시 지급된다고 봐야 할 것이다. 적립된 기금이 모두 소진된다 하더라도 그해 연금지급에 필요한 재원을 그해에 걷어 지급하는 부과방식으로 전환해서라도 연금을 지급한다는 것이 공단의 주장이다. 일부 국가는 초기에는 기금을 적립하여 운영하다가 연금제도가 성숙되면서 부과방식으로 변경하기도 했다. 공적 연금제도를 실시하고 있는 나라는 170여 개국에 달하지만 연금지급을 중단한 예는 한 곳도 없다.

(4) 적절성

국민연금은 물가가 오르더라도 실질가치가 보장된다. 연금을 지급할 때는 과거 보험료 납부소득에 연도별 재평가율을 적용한 후 현재가치로 재평가하여 계산한다. 예를 들어, 1988년도 100만 원 소득으로 국민연금에 가입되었다면 이를 2007년 현재가치로 재평가하면 약 430만 원의 소득액으로 인정, 국민연금을 계산한다. 연금지급 중에도 전국 소비자물가 변동률에 따라 금액이 조정된다.

5) 가입유형

(1) 사업장가입자

국민연금에 가입된 사업장의 18세 이상 60세 미만의 사용자 및 근로자로서 국민연금에 가입된 자를 말한다. 1인 이상 근로자를 사용하는 사업장이나, 주한외국기관으로서 1인 이상의 대한민국 국민인 근로자를 사용하는 사업장에서 근무하는 18세 이상 60세 미만의 사용자와 근로자는 당연히 사업장가입자가 된다. 지역가입자가 사업장에 취업하면 사업장가입자가 되고, 지역가입자 자격을 잃는다.

(2) 지역가입자

국내에 거주하는 18세 이상 60세 미만의 국민으로서 사업장가입자가 아닌 사람이 지역가입자가 된다. 다른 공적 연금에서 퇴직연금(일시금), 장애연금을 받는 수급권자, 「국민기초생활 보장법」에 의한 수급자, 소득활동에 종사하지 않는 사업장가입자 등의 배우자 및 보험료를 납부한 사실이 없고 소득활동에 종사하지 않는 27세 미만인 자는 지역가입자가 될 수 없다.

(3) 임의가입자

사업장가입자와 지역가입자가 될 수 없더라도 60세 이전에 본인의 희망에 의해 가입신청을 하면 임의가입자가 될 수 있다. 다른 공적 연금에서 퇴직연금(일시금), 장애연금을 받는 수급권자, 「국민기초생활 보장법」에 의한 수급자, 소득활동에 종사하지 않는 사업장가입자 등의 배우자 및 보험료를 납부한 사실이 없고 소득활동에 종사하지 않는 27세 미만인 자는 임의가입자가 될 수 있다.

(4) 임의계속가입자

가입 기간이 20년 미만인 가입자가 60세에 도달해 국민연금 가입자 자격을 상실하였으나, 가입 기간이 부족하여 연금을 받지 못하거나 가입 기간을 연장하여 더 많은 연금을 받고자 원할 경우는 65세에 달할 때까지 신청에 의하여 임의계속가입자가 될 수 있다.

6) 사업장

(1) 사업장의 범위

「국민연금법」상 사업장은 근로자를 사용하는 사업소 및 사무소를 의미한다. 사업소, 영업소, 사무소, 점포, 공장 등 근로자를 사용하고 있는 곳은 모두 사업장에 해당된다(「국민연금법」 제3조).

(2) 당연적용사업장

당연적용사업장이란 「국민연금법」에 의하여 국민연금에 의무적으로 가입해야 되는 사업장이다. 해당 여부는 사업장의 근로자 수를 기준으로 하는데, 1인 이상의 근로자를 사용하는 모든 사업장은 국민연금 의무가입 대상이 된다. 국민연금이 시작된 1988년에는 10인 이상의 근로자를 사용하는 사업장을 당연적용사업장으로 하였지만, 점차 그 범위가 확대되어 1인 이상의 근로자를 사용하는 사업장은 모두 당연적용사업장에 포함되었다.

(3) 신고대상사업장

국민연금에 가입신고를 해야 하는 사업장은 근로자를 1인 이상 사용하고 있는 사업장이다. 사업장은 「민법」, 「상법」상의 개인이나 법인, 「특별법」상의 법인체 여부, 영리·비영리 여부를 불문한다. 국가 지방자치단체, 학교, 국내에서 영업 중인 외국인회사, 대사관 등 주한외국기관으로서 1인 이상의 근로자를 사용하는 경우도 포함된다.

사업장 상호 간에 본점과 지점·대리점 또는 출장소 등의 관계에 있고, 그 사업경영이 일체로 되어 있는 경우에는 이를 하나의 사업장으로 본다. 당연 가입의 기준이 되는 근로자는 직업의 종류에 관계없이 사업장에서 노무를 제공하고 그 대가로 임금을 받아 생활하는 자를 의미한다.

(4) 사업장 가입 예외

18세 미만이거나 60세 이상인 사용자 및 근로자가 이에 해당한다. 다만, 18세 미만의 근로자로서 본인이 희망하는 경우 사용자의 동의를 얻어 가입할 수 있다. 「국민연금법」, 「사립학교교직원연금법」, 「별정우체국법」에 따른 퇴직연금, 장해연금 또는 퇴직연금일시금 수급권을 취득하거나 「군인연금법」에 따른 퇴역연금, 상이연금 등을 취득한 사람이다.

또한, 소재지가 일정치 않은 사업장에 종사하는 경우도 포함된다.

(5) 가입 신청

사업장 주소지 근처의 국민연금공단 지사에서 신청을 받는다. 우편이나 팩스를 이용한 신고도 가능하다. 4대보험 정보포털서비스를 이용해 신고할 수 있다. 당연적용사업자의 가입신고 서류는 당연적용사업장해당신고서, 사업장가입자 자격취득신고서, 사업자등록증 사본 또는 법인등기부 등본, 사본 등이다.

가입을 하지 않거나 지체할 만한 타당한 사유가 없음에도 불구하고 사용자가 가입신고를 지체하거나 해제할 때에는 「국민연금법」 제14조 제3항에 의거 직권가입 조치 또는 「국민연금법」 제131조 제1항에 의거 과태료 처분을 받을 수 있다.

(6) 내용 변경 및 정정

내용 변경은 신고된 사실이 신고일 이후에 다르게 된 경우에 이를 현재 사실로 변경하는 것이다. 내용 변경은 사업장의 법인격이 계속하여 동일성을 유지하는 경우에 한하여 변경할 수 있다.

내용 정정은 고의, 착오 등으로 사실과 다르게 신고되거나 처리된 사항을 바르게 정정하는 것을 말한다. 내용 정정은 본래의 올바른 사실관계 발생일로 소급하여 정정하게 된다. 내용 변경은 변경된 날이 속하는 달의 다음 달 15일까지이며, 내용정정은 착오 사항이 발견된 즉시 해야 한다.

(7) 사업장의 분리적용

본점과 지점, 대리점 또는 출장소 등의 관계에 있고, 그 사업 경영이 일체로 되어 있는 하나의 사업장을 2개 이상의 사업장으로 분리하여 각각의 사업장으로 가입하는 것을 말한다. 여러 개의 사무소를 가진 사업장이나 규모가 큰 사업장이 국민연금업무를 신속·용이하게 수행할 수 있도록 하기 위한 제도다.

(8) 사업장 통·폐합

사업장 통·폐합이란 기업 합병 등에 의하여 2개 이상의 사업장이 하나의 사업장으로 관리되는 것을 말한다. 2개 이상의 사업장을 합병하여 1개의 새로운 사업장을 설립하는 신설합병과, 하나의 사업장이 다른 1개 이상의 사업장을 흡수하는 흡수합병이 있다. 사업장 통·폐합의 경우 합병에 의해 신설되거나 잔존하는 사업장은 흡수되어 해산(폐업)되는 사업장의 체납보험료 등의 납부의무를 부담하게 된다.

(9) 사업장 탈퇴

사업장 탈퇴란 국민연금에 가입되어 있는 사업장이 조업중단 등의 사유로 국민연금을 납부할 수 없는 경우에 국민연금 가입 상태에서 이탈하는 것을 말한다. 사업장 폐업, 사업장 휴업, 근로자가 없는 경우 등이 이에 해당한다.

(10) 가입 기간 중 기준소득월액 결정

사업장가입자는 취득 당시 소득월액을 결정한 이후에는 매년 1회씩 정기적으로 다시 결정하며, 이를 가입 기간 중 기준소득월액의 결정이라고 한다. 전년도에 그 사업장에서 얻은 소득을 기준으로 그 해 적용할 소득을 결정하며, 결정된 소득월액은 그해 7월부터 그 다음해 6월까지 1년간 적용된다.

7) 사업장가입자

(1) 가입 대상

1인 이상의 근로자를 사용하는 사업장 또는 주한외국기관으로서 1인 이상의 대한민국 국민인 근로자를 사용하는 사업장(당연적용사업장)에 근무하는 사용자와 근로자는 외국인을 포함하여 모두 국민연금에 가입하여야 한다.

(2) 납부예외 및 납부제외

납부예외란 가입자가 휴직 등의 사유로 연금보험료를 납부할 수 없는 경우 해당 기간 동안 연금보험료 납부를 면제함으로써 그 부담을 경감시켜 주는 제도이다. 납부예외 기간에는 보험료를 납부하지 않으므로 이 기간은 가입 기간에 포함되지 않으며, 연금급여의 산정 시 그만큼 연금액이 줄어든다. 그러나 납부예외기간 동안은 가입 중인 것으로 인정되므로, 납부예외 중 장애를 입거나 사망하게 되더라도 장애연금 또는 유족연금을 받을 수 있다.

납부예외 신청대상 사유는 휴직, 병역의무를 수행, 무급근로자(쟁의행위 등으로 보수가 지급되지 않을 때) 등이다.

8) 지역가입자

국내에 거주하는 18세 이상 60세 미만의 국민으로서 사업장가입자가 아닌 사람은 당연히 지역가입자가 된다. 가입은 의무적이며, 자격취득신고와 함께 취득 당시 발생된 소득을 신고해야 한다.

(1) 기준소득월액

지역가입자의 기준소득월액이란 연금보험료 및 급여의 산정을 위해 최저 24만원부터 최고 389만 원까지의 범위(2012년 7월 ~ 2013년 6월 적용)에서 정하는 금액이다. 지역가입자는 취득(납부재개) 신고 시 종사하는 업무에서 얻는 소득으로 기준소득월액을 신고해야 한다. 이 소득을 기준으로 보험료가 결정된다.

(2) 납부예외

납부예외란 소득이 없는 기간 동안 연금보험료를 면제 받는 것을 말한다. 보험료를 납부하지 않으므로 가입 기간에는 가산되지 않는다. 소득이 없더라도 원할 경우 납부가 가능하고, 납부예외된 기간은 추후 납부를 통해 가입 기간에 산입된다.

(3) 지역가입자 소득월액

지역가입자의 소득월액은 가입자 또는 대리인이 신고한 소득으로 기준소득월액이 결정되며, 그 결정을 한 날이 속하는 달의 다음 달부터 적용된다.

(4) 농어업인 국고보조

농어업인 국고보조는 국민연금제도가 농어촌 지역으로 확대, 시행되기 시작한 1995년부터 시행된 제도다. 신고소득이 낮은 농어촌 지역의 경제적 부담을 덜어 주기 위하여 연금보험료의 일부를 농어촌특별세에서 지원해 주고 있다.

그 대상은 농어업인인 지역가입자, 농어업인 지역가입자에서 농어업인 지역임의계속가입자로 된 자, 지역가입자에서 임의계속가입자로 된 후에 농어업인이 된 자 등이다.

2015년 현재 국고보조대상자 1인당 월별 지급금액은 기준소득월액 910,000원(보험료 81,900원) 이하인 경우 본인이 보험료의 50%에 해당하는 금액을 지원받는다. 기준소득월액 910,000원 초과의 경우 910,000원 보험료의 50%에 해당하는 금액(40,950원)을 정액으로 지원받는다.

9) 임의가입자, 임의계속가입자

임의가입은 사업장가입자나 지역가입자가 될 수 없는 사람도 국민연금에 가입하여 연금 혜택을 받을 수 있도록 하는 제도다. 사업장가입자와 지역가입자 이외의 18세 이상 60세 미만인 자가 본인이 희망할 경우 신청에 의하여 가입 자격이 부여된다.

임의계속가입은 60세에 도달해 국민연금가입자의 자격을 상실하였으나, 가입 기간이 부족해 연금을 받지 못하거나 가입 기간을 연장하여 더 많은 연금을 받고자 하는 경우 65세에 달할 때까지 가입할 수 있다. 60세가 되어도 가입 기간이 부족하여 노령연금을 받을 수 없는 경우 신청하는 경우가 많다.

10) 외국인 가입자

우리나라에 거주하고 있는 외국인은 내국인과 동등하게 국민연금에 가입해야 한다. 18세 이상 60세 미만의 외국인이 국민연금에 가입된 사업장에 근무하면 사업장가입자가 되고, 그 외의 외국인은 지역가입자가 된다.

제외되는 가입 대상은 연수생(연수취업은 가입 대상)·유학생·외교관 등 법령에 의해 국민연금 의무가입을 제외한 경우, 국민연금과 같은 성격의 연금제도에서 대한민국 국민을 의무적으로 가입시키지 않는 나라의 국민, 우리나라와 사회보장협정을 맺은 나라에서 우리나라로 파견된 근로자가 본국의 가입증명서를 제출할 경우 등이다.

〈표 10-3〉 외국 연금의 적용 국가

구분	국가
사업장·지역 당연적용국 (71개국)	가이아나, 카보베르데(까뽀베르데), 그리스, 네덜란드, 노르웨이, 뉴질랜드, 도미니카(연방), 독일, 덴마크, 라트비아, 러시아, 루마니아, 룩셈부르크, 리비아, 리투아니아, 리히텐쉬타인(리히텐슈타인), 모나코, 모로코, 모리셔스, 몰도바, 몰타, 미국, 바베이도스, 바하마, 버뮤다, 벨기에, 불가리아, 브라질, 세르비아, 수단, 세인트빈센트그레나딘, 스위스, 스웨덴, 스페인, 슬로바키아(슬로바크), 슬로베니아, 아르헨티나, 아이슬란드, 아일랜드, 알바니아, 아제르바이잔, 에스토니아, 영국, 오스트리아, 오스트레일리아(호주), 우루과이, 우즈베키스탄, 우크라이나, 이스라엘, 이탈리아, 일본, 자메이카, 중국, 체코, 칠레, 캐나다, 크로아티아, 키프로스, 탄자니아, 터키, 토고, 튀니지, 트리니다드토바고, 파나마, 포르투갈, 폴란드, 프랑스, 핀란드, 필리핀, 헝가리, 홍콩
사업장 당연적용, 지역적용 제외국 (36개국)	가나, 가봉, 그레나다, 타이완(대만), 라오스, 레바논, 멕시코, 몽골, 바누아투, 베네수엘라, 벨리즈, 볼리비아, 부탄, 스리랑카, 시에라리온, 아이티, 알제리, 에콰도르, 엘살바도르, 예맨(공화국), 요르단, 우간다, 인도, 인도네시아, 짐바브웨, 카메룬, 카자흐스탄, 케냐, 코스타리카, 코트디부아르, 콩고, 콜롬비아, 키르기스스탄, 타이(태국), 파라과이, 페루
사업장·지역 적용 제외국 (22개국)	그루지야, 나이지리아, 남아프리카공화국, 네팔, 티모르민주공화국(동티모르), 말레이시아, 몰디브, 미얀마, 방글라데시, 베트남, 벨로루시, 사우디아라비아, 싱가포르, 스와질란드(스와질랜드), 아르메니아, 에티오피아(이디오피아), 이란(사회보장협정에 의함), 이집트, 캄보디아, 통가, 파키스탄, 피지

출처: 국민연금공단, 2015.

11) 연금보험료

연금보험료는 연금급여를 지급하기 위한 재정 마련을 위해 법률에 근거해 납부하는 것으로 국민연금의 주 재원이 된다. 납부가 이루어지지 않으면 공과금과 같이 연체료(연금보험료의 3~9%)가 가산된다. 일정기간 납부가 되지 않을 경우 국세체납처분의 예에 따라 납부의무자의 재산에 대해 압류처분 등 강제 징수를 진행한다.

(1) 보험료 금액과 보험료율

가입자 자격취득시의 신고나 정기적인 결정에 의해 결정되는 기준소득월액에 보험료율을 곱해 산출한다.

연금보험료 = 가입자의 기준소득월액 × 연금보험료율

기준소득월액은 연금보험료 및 급여 산정을 위해 가입자가 신고한 소득월액에서 1,000원 미만을 절사한 금액을 말한다. 최저 27만 원에서부터 421만 원까지의 범위다. 신고소득이 27만 원보다 적으면 27만 원을 기준소득월액으로 한다. 또한, 421만 원보다 많을 경우 421만 원을 기준소득월액으로 한다. 기준소득월액의 상한선과 하한선은 매년 3월 말까지 보건복지부 장관이 고시하며, 해당 연도 7월부터 1년간 적용한다.

사업장가입자의 보험료율은 소득의 9%로, 본인과 사업자가 각각 4.5%씩 부담한다. 지역가입자는 보험료 전액(소득의 9%)을 본인이 부담한다.

(2) 사회보험 징수통합

국민건강보험공단, 국민연금공단, 근로복지공단에서 따로 수행하던 건강보험, 국민연금, 고용보험, 산재보험 업무 중 비슷하거나 중복성이 높은 보험료의 징수 업무를 국민건강보험공단이 통합하여 운영하는 제도이다. 보험료는 사업장, 지역가입자에게 각각의 고지서를 한 봉투에 담아 한 번에 발송한다.

(3) 납부기한

해당 월의 다음 달 10일이다. 10일이 토 혹은 일요일, 공휴일인 경우 그 다음 영업일까지 납부하면 된다.

12) 국민연금의 급여

국민연금은 나이가 들거나 장애 또는 사망으로 인해 소득이 감소할 경우 일정한 급여를 지급하여 소득을 보장하는 사회보험으로서, 지급받게 되는 급여의 종류는 노령연금(분할연금), 장애연금, 유족연금, 반환일시금, 사망일시금이 있다.

연금을 받는 기간 동안 매년 전국 소비자물가 변동을 반영하여 연금액을 조정함으로써 물가가 인상되더라도 연금액의 실질가치를 보장하고 있다.

가입기간인정(크레딧)제도가 운영되고 있는데 출산, 군복무 등이 그것이다. 출산 크레딧의 경우 2자녀는 12개월, 3자녀 30개월, 4자녀 48개월, 5자녀 50개월을 주고 있다. 군복무의 경우 2008년 1월 1일 이후 군에 입대하는 자부터 인정되는데, 병역의무를 이행한 자에게 6개월의 가입 기간을 추가로 인정한다.

〈표 10-4〉 급여의 종류와 내용

<table>
<tr><th colspan="2">연금급여(매월 지급)</th><th colspan="2">일시급 급여</th></tr>
<tr><td>노령연금</td><td>노후소득보장을 위한 급여
국민연금의 기초가 되는 급여</td><td>반환
일시금</td><td>연금을 받지 못하거나 더 이상 가입할 수 없는 경우 청산적 성격으로 지급하는 급여</td></tr>
<tr><td>장애연금</td><td>장애로 인한 소득감소에 대비한 급여</td><td rowspan="2">사망
일시금</td><td rowspan="2">유족연금이나 반환일시금을 받지 못할 경우 장제보조적, 보상적 성격으로 지급하는 급여</td></tr>
<tr><td>유족연금</td><td>가입자의 사망으로 인한 유족의 생계보호를 위한 급여</td></tr>
</table>

출처: 국민연금공단, 2015.

(1) 연금급여

① 급여액과 지급일

노령연금의 지급률은 가입 기간이 10년일 경우 50%를 지급한다. 1년당 5%씩 증가한다. 장애연금의 지급률은 장애 1급의 경우 100%, 2급은 80%, 3급은 60%이다.

급여의 지급일은 매월 25일이다. 지급일이 토요일이거나 공휴일일 경우 그 전일에 지급한다.

② 압류금지

수급권자에게 지급된 급여로 150만 원 이하의 금액에 대해서는 압류하지 못하도록 하여 연금을 통한 기본적인 생활을 보장하는 것이다.

농어업인으로서 지역가입자에서 임의계속가입자로 된 경우다.

③ 연체금 징수 예외

천재지변 등 부득이한 사유로 연금보험료를 납부기한 내에 납부할 수 없는 경우 연체금을 징수하지 않음으로써 가입자의 권익을 보호하는 제도다. 전쟁 또는 사변으로 체납을 한 경우나 사업장 폐쇄로 체납을 한 경우, 화재 등 재해 발생으로 인하여 체납한 경우 연체금 징수예외가 가능하다. 기타 부득이한 사유로 인한 연체금을 징수 예외인 경우에는 건별로 보건복지부 장관의 승인을 받아야 한다.

④ 추후 납부

추납보험료란 군 입대나 실직 등으로 납부예외를 신청한 가입자가 추후에 소득 있는 업무에 종사하게 되어 납부예외 기간 동안의 연금보험료 납부를 원할 경우에 납부할 수 있도록 하여 가입 기간을 인정해 주는 제도다. 연금 혜택을 확대시키고자 하는 것으로 강제 사항은 아니다.

⑤ 중복급여 조정

같은 사람에게 복수의 급여 수급권이 발생하는 경우 각각의 급여를 모두 지급하는 것이 아니라 수급권자의 선택에 의하여 1개의 급여만 지급되고, 나머지 급여는 지급 정지되는 등 제한을 가하는 것을 말한다.

장애연금을 받고 있는 사람이 노후에 노령연금 수급권이 발생한 경우 그 두 개의 연금급여 중 수급권자가 선택한 하나의 급여가 지급되고, 다른 급여의 지급은 정지된다.

(2) 노령연금

국민연금 가입자가 나이가 들어 소득활동에 종사하지 못할 경우 생활안정과 복지증진을 위하여 지급되는 급여다. 가입 기간이 10년 이상이면 60세(소득이 있는 업무에 종사하지 않는 경우 55세) 이후부터 평생 동안 매월 지급받는다.

노령연금은 가입 기간과 나이 및 소득활동 유무에 따라 노령연금, 조기노령연금이 있으며, 이혼한 배우자에게 지급될 수 있는 분할연금도 있다.

〈표 10-5〉 **급여 종류에 따른 수급요건 및 급여 수준**

구분	수급요건	급여 수준
노령연금	가입 기간 10년 이상 20년 미만으로 60세에 도달한 사람(65세 미만이면 소득이 없는 경우에 한함)	· 가입 기간이 10년의 경우 기본연금액의 50% + 부양가족연금액 · 가입 기간이 20년 이상인 경우 기본연금액의 100% + 부양가족연금액
	노령연금 수급권자가 65세 이전에 소득이 있는 업무에 종사하는 경우	· 가입 기간 10년, 60세인 경우 기본연금액의 50%에 50%의 요율 (연령 1세 증가 시마다 연령별 지급률을 19%씩 증액)
조기 노령연금	가입 기간 10년 이상, 연령 55세 이상인 자가 소득 있는 업무에 종사하지 아니하고, 60세 도달 전에 청구한 경우(65세 이전에 소득 있는 업무에 종사하면 감액된 연금 지급)	· 가입 기간 10년, 55세인 경우 기본연금액의 50%×70% + 부양가족연금액 · 가입 기간 1년 증가 시마다 기본연금액의 5%를 증액 ※ 수급개시 연령 1세 증가 시마다 기본연금액의 6%를 증액

구분	수급요건	급여 수준
분할연금	가입 기간 중 혼인기간이 5년 이상인 노령연금 수급권자의 이혼한 배우자가 60세 이상이 된 경우	배우자이었던 자의 노령연금액(부양가족 연금액 제외) 중 혼인기간에 해당하는 연금액의 1/2

출처: 국민연금공단, 2015.

① 노령연금

가입 기간이 10년 이상이고 60세(60~65세)에 달한 때에 기본연금액과 부양가족 연금액을 합산하여 지급하는 연금이다.

② 조기노령연금

가입 기간이 10년 이상이고 55세 이상인 사람이 소득이 있는 업무에 종사하지 않은 경우 본인이 신청하면 60세 전(노령연금 수급개시 연령)이라도 지급받을 수 있는 연금이다.

③ 분할연금

분할연금은 이혼한 자가 배우자이었던 자의 노령연금액 중 혼인기간에 해당하는 연금액을 나누어 지급받는 제도다. 혼인기간 중 국민연금보험료 납부기간이 5년 이상이어야 한다. 분할연금은 이혼, 배우자였던 자의 노령연금 수급권 취득, 본인의 60세 도달이라는 3가지 요건이 갖추어졌을 때, 본인의 신청에 의해 지급된다.

④ 노령연금의 수급개시

노령연금의 수급개시 연령은 만 60세이나, 그 지급연령이 높아져 2013년부터는 5년마다 1세씩 연장하여 2033년부터는 65세부터 지급받을 수 있다.

⑤ 노령연금 청구

노령연금 청구는 원칙적으로 연금을 받을 수 있는 권리를 가진 자(수급권자) 본인이 하여야 하며 본인에게 지급된다.

〈표 10-6〉 노령연금 수급연령

출생 연도	수급개시 연령
1953~1956년생	61세
1957~1960년생	62세
1961~1964년생	63세
1965~1968년생	64세
1969년생 이후	65세

출처: 국민연금공단, 2015.

(3) 장애연금

장애연금은 가입 중에 발생한 질병 또는 부상이 완치(진행 중인 때는 초진일로부터 1년 6개월 경과 시)되었으나 신체적 또는 정신적 장애가 남았을 때, 이에 따른 소득감소부분을 보전함으로써 자신과 가족의 안정된 생활을 보장하기 위한 급여다. 장애 정도(1~4급)에 따라 일정한 급여가 지급된다.

〈표 10-7〉 수급요건 및 급여 수준

수급요건	장애등급	급여 수준
가입 중에 발생한 질병 혹은 부상으로 완치 후에도 장애가 있는 자 ※ 초진일로부터 1년 6개월 경과 후에도 완치되지 아니한 경우는 그 1년 6개월이 경과한 날을 기준으로 장애 정도 결정	1급	기본연금액 100% + 부양가족연금액
	2급	기본연금액 80% + 부양가족연금액
	3급	기본연금액 60% + 부양가족연금액
	4급	기본연금액 225% (일시보상금)

출처: 국민연금공단, 2015.

① 장애심사

장애등급 결정 및 이를 위한 장애심사는 국민연금공단이 행하고 있다. 공단은 전문과목별로 자문 의사를 위촉하고 있는데, 선정기준은 전문의 자격을 취득한 자 중에서 의과대학 교수 또는 동 부속병원 종사자·국·공립의료기관 종사자·기타 의료에 관한 학식과 경험이 풍부한 전문의 자격을 갖춘 자로 하고 있다.

장애연금 수급권자에 대해서는 정기적으로 장애 정도를 재심사하고 있다. 심사 결과 장애등급에 해당하지 아니하게 된 때에는 장애연금을 지급하지 않으며, 장애연금 수급권자는 장애가 호전되어 장애등급에 해당하지 아니하게 된 경우 국민연금공단에 장애연금 수급권 소멸신고를 해야 한다.

② 장애등급

국민연금 장애연금의 장애는 1~4등급으로 구분되어 있으며, 장애인등록증의 근거가 되는 「장애인복지법」상 장애는 1~6등급으로, 「산업재해보상보험법」상의 장애는 1~14등급으로 구분되어 있다. 장애인등록증만으로 장애연금을 지급받을 수 없다.

(4) 유족연금

유족연금은 국민연금에 가입하고 있는 사람 또는 연금을 받던 사람이 사망하면 그에 의하여 생계를 유지하던 유족에게 가입 기간에 따라 기본연금액의 일정률(40~60%)의 기본연금액에 부양가족연금액을 합한 금액을 지급하여 남아 있는 가족이 안정된 삶을 살아갈 수 있도록 하기 위한 제도다.

① 수급요건

노령연금 수급권자, 가입자(다만, 가입 기간 1년 미만인 자가 질병이나 부상으로 인하여 사망한 경우에는 가입 중에 발생한 질병이나 부상으로 사망한 경우에 한함), 가입 기간 10년 이상인 가입자이었던 자, 장애등급 2급 이상의 장애연금 수급권자가 사망한 경우 수급요건이 성립한다.

가입 기간 10년 미만인 가입자이었던 자로서 가입 중에 발생한 질병이나 부상 또는 그 부상으로 인한 질병으로 가입 중 초진일 또는 가입자 자격상실 후 1년 이내의 초진일로부터 2년 이내에 사망한 때에도 수급요건이 된다.

② 유족의 범위

「국민연금법」상 유족이란 사망자에 의하여 생계를 유지하고 있던 가족이다. 배우자, 자녀(18세 미만 또는 장애등급 2급 이상의 자녀), 부모(60세 이상 또는 장애등급 2급 이상의 부모), 손자녀(18세 미만 또는 장애등급 2급 이상의 손자녀), 조부모[60세 이상의 조부모(배우자의 조부모 포함) 또는 장애등급 2급 이상의 조부모]가 그 대상이다.

요건을 충족하는 배우자, 자녀, 부모, 손 자녀, 조부모 순위 중 최우선 순위자에게 유족연금을 지급한다. 연금을 받을 수 있는 대상자가 동 순위로 2인 이상인 경우에는 같은 금액을 나누어 지급하지만, 그 중 대표자를 선정하여 청구하는 경우에는 그 대표자에게 지급하게 된다.

〈표 10-8〉 **유족의 범위**

배우자	범위
자 녀	18세 미만 또는 장애등급 2급 이상
부 모(배우자의 부모 포함)	60세 이상 또는 장애등급 2급 이상
손자녀	18세 미만 또는 장애등급 2급 이상
조부모(배우자의 조부모 포함)	60세 이상 또는 장애등급 2급 이상

출처: 국민연금공단, 2015.

(5) 반환일시금

반환일시금은 60세 도달이나 사망·국외 이주 등으로 국민연금에 더 이상 가입할 수 없게 되었으나 연금 수급요건을 채우지 못한 경우 그동안 납부한 보험료에 이자를 더해 일시금으로 지급하는 급여다.

가입 기간 10년 미만인 자가 60세가 된 경우, 가입자 또는 가입자이었던 자가 사망하였으나 유족연금에 해당되지 않는 경우, 국적을 상실하거나 국외로 이주한 경우에는 수급요건이 가능하다.

(6) 사망일시금

사망일시금은 가입자 또는 가입자이었던 사람이 사망하였으나 「국민연금법」에 의한 유족이 없어 유족연금 또는 반환일시금을 지급받을 수 없는 경우, 생계유지를 함께하던 사람에게 지급하는 장제 보조적·보상적 성격의 급여다.

배우자, 자녀, 부모, 손자녀, 조부모, 형제자매 또는 사망자에 의하여 생계를 유지하고 있던 4촌 이내의 방계혈족 순위 중 최우선 순위자에게 장제 보조적·보상적 의미로 지급하는 연금이다.

(7) 외국인에 대한 연금

외국인도 우리 국민과 동일하게 노령, 유족, 장애연금을 수급할 수 있는 경우 「국민연금법」상의 연금급여는 모두 지급받을 수 있다. 사회보장협정이나 상호주의가 적용되지 않은 국가의 외국인 가입자에게는 본국 귀환 시 반환일시금을 지급하지 않았다. 그러나 E-9(비전문취업), H-2(방문 취업)에 해당하는 체류 자격으로 국민연금에 가입한 외국인에 대해서는 2007년 5월 11일 이후 반환일시금이 지급되고 있다.

(8) 연금과세제도

「국민연금법」상 노령연금과 반환일시금에 대해 소득세를 과세하는 것이다. 연금보험료(본인 기여금)에 대해 소득공제를 인정해 중산층의 세부담을 경감하고 연금소득에 대한 과세를 통해 과세 기반을 확충하기 위한 제도다.

4 과제와 전망

국민연금의 안정성과 적절성은 국민연금 최대의 과제다. 지속적으로 논란이 집중되고 있는 것도 바로 이 부분이다.

1) 연금재정의 안정성

저부담·고급여 체제로 출범한 국민연금은 태생적으로 재정수지의 적자를 안고 있었다. 이에 1998년과 2007년, 2015년 「국민연금법」을 개정하여 연금재정의 장기 안정화를 도모하였고, 매 5년마다 계산을 통해 40~50년 후의 연금재정을 예측하고 있다. 수급연령도 60세에서 2013년부터 매 5년마다 1세씩 인상해 2033년에는 65세부터 연금을 받을 수 있도록 하였다.

연금보험료의 부담은 증가시키되, 받는 급여를 낮추는 것을 골자로 한 국민연금은 급여의 적절성에 대한 논란을 불러일으켰다. 기여율의 상향조정이 불가피하다지만 국민적 공감대의 형성이 부족한 실정이다.

한국개발연구원(KDI)은 2007년 12월 〈공적 연금제도의 평가와 정책과제〉란 보고서를 통해 2007년 7월 「국민연금법」 개정을 통해 40년 가입 기준 국민연금 평균소득대체율을 20년에 걸쳐 60%에서 40%로 낮추기로 했지만, 현재 보험료 수준이 그대로 유지되면 2060년에는 국민연금기금 고갈이 불가피하다는 입장을 밝혔다.

현재의 급여체계를 유지하면서 기금적립 비율을 안정적인 수준으로 유지하기 위해서는 보험료율을 현재 9%에서 15%로 높여야 한다는 주장도 내놓았다. 또한, 한국개발연구원의 보고서는 2060년 기금이 고갈된 이후에는 국민연금의 재정운용방식이 그해 걷은 연금보험료로 당해 연금 수급자에게 연금을 지급하는 부과방식으로 전환될 수밖에 없을 것으로 전망하였다. 보고서 내용대로라면 근로자 1인당 보험료율은 현재 9%에서 2065년에는 23.9%, 2070년에는 24.3%로 높아질 것으로 추정된다.

그러나 감사원(2015)은 국민연금의 고갈은 2045년에 올 것이라고 주장하고 있다. 감사원은 이 보고서를 통해 "복지부와 연금공단은 2015년~2019년 연 평균수익률을 7.2%로 전제하고, 기금 소진시점을 2060년으로 추산했지만, 회사채 수익률이 3%선이고 저금리 기조에 비추어 예상수익률보다 3% 정도 높게 부풀렸다."는 것이다. 기금이 소진되면 군인연금, 공무원연금과 같이 국가예산 지원으로 연금지급이 이뤄져야 하지만 국가보증이 명시적으로 법률화되지는 않았다. 감사원은 저출산·고령화－생산인구비율 감소－저성장 지속 등 '경제적 악재'에 의해 고갈시점이 더 빨라질 가능성도 제기하였다.

설득력을 얻고 있는 주장은 기금의 안정적인 운용을 위해서는 보험료율을 상향조정해 보험료율을 현재의 9%에서 15%까지 높여야 한다는 안이 있다. 급여 수준도 20년에 걸쳐 매년 0.5%씩 점진적으로 하향조정해야 한다는 주장도 있다. 국민연금의 고갈과 급여의 적절성, 기여율에 대한 논의는 앞으로도 계속될 것으로 전망된다.

2) 국민연금의 개혁

조금씩 연금제도를 개선해서는 재정의 안정성과 급여의 적절성을 이룰 수 없다는 의견으로 아예 구조적인 개혁을 이룩하자는 것이다.

대안의 하나가 3단계 연금제도이다. 기초연금, 기업연금, 개인연금의 구조를 갖는다. 1단계로 저소득 노인과 장애인 등 모든 국민에게 일정한 수준의 삶을 보장하는 기초연금제를 실시하며, 2단계로는 기업연금을, 3단계로 개인연금제도를 확대해 실행하는 것이다.

기초연금과 소득비례연금으로 구성되는 2원 연금제도도 고려의 대상이다.

3) 기금운영

「공공자금관리기금법」이 개정되기 전에는 정부의 재정융자특별회계 및 공공자금관리기금에 강제로 예탁되어 운영되었다. 나머지는 금융시장에 투자되거나, 보육시설이나 노인복지시설에 대한 자금으로 지원되는 등 복지자금으로 사용되었다.

2001년부터 공공자금관리기금 위탁 및 예탁 제한이 폐지되면서 수익성이 높은 주식시장이나 금융상품의 투자가 가능하게 되었다. 정부는 투자가 금지되었던 해외투자, 벤처 및 코스닥 투자, 주가지수 선물거래를 시행하고 있다. 2003년부터는 수익을 위한 다각적인 사업을 벌이고 있다.

문제는 연금의 안정성과 수익성, 혹은 복지적 측면을 고려하지 않는 정치적·경제적 목적으로 기금이 사용되고 있다는 점이다. 1999년 수정된 「국민연금법」에 따르면, 국민연금기금의 운용계획에 대한 결정권은 국민연금기금운용위원회에 있다. 그러나 종종 청와대를 비롯해 경제적 난국 타개용으로 국민연금의 사용처가 거론돼 독립성과 안전성 확보에 우려를 낳고 있다.

노무현 정부 당시 청와대는 국민연금을 신용불량자의 구제자금으로 사용하겠다고 발표해 논란을 빚었다. 청와대나 경제부처가 국민연금의 사용처를 일방적으로 발표하는 것은 월권이며 가입자의 권한을 침해하는 행위이다. 기금운용위원회 위원장은 보건복지부 장관이다.

국민연금기금을 가입자의 대출 담보로 제공하는 일 역시 위법적 요소를 내포한다. 「국민연금법」 제46조는 "가입자와 가입자였던 자에 대하여 기금증식을 위한 대여사업을 할 수 있다."고 규정했다. 그러나 신용불량자에 대한 조처는 기금증식에 도움이 되기는커녕 기금을 잠식할 위험이 농후하다. 따라서 이 조항에 해당하는 대여사업으로 보기 어렵다.

또한, 국민연금을 담보로 대출받은 이들이 대출금을 변제하지 못해 노후연금급여권을 상실하게 된다면, 연금 사각지대가 더욱 확대되어 고령화 사회에 치명적인 문제를 낳을 수 있다.

정부가 연금기금을 쌈짓돈처럼 쓰기 때문에 연금제도를 믿을 수 없다는 불신이 팽배해지면 제도는 뿌리부터 흔들리게 된다. 국민연금기금은 사회적 연대기금으로 납부하는 순간부터 납부한 자에겐 귀속권이 존재하지 않는다. 국민연금의 기본 정신이 훼손되어서는 곤란하다.

정부는 기금운용에 대한 내·외부 평가를 통해 기금운용의 객관성과 공정성을 확보해야 한다. 아울러 자산배분, 위험관리, 성과평가 등을 체계적으로 연계하여 관리해 나가야 할 것이다.

한편, 감사원은 2015년 보고서를 통해 국민연금기금의 불투명성에 대해 개선을 요구하였다. 즉, 기금을 배상능력도 없는 민간업체에 위탁하는 등 운영실태가 부실했다는 것이다. 장기투자펀드 등을 취급하는 모 업체에 4,248억 원을 맡겼으나, 이 회사는 금융사고 등 유사시에 배상 여력이 전무한 것으로 드러났다.

기금운용의 투명성도 문제다. 2014년 초 기준으로 국민연금은 434조 원을 투자하였고, 이 가운데 150조 원 가량이 위탁관리되고 있다. 하지만 위탁투자운용사 선정 기준이나 사후 관리가 허술한 것으로 드러났다.

저소득층 근로자에 대한 국민연금 보험료 지원정책의 부실도 밝혀졌는데, 소득이 적은 근로자에게 국민연금 납부액 일부를 지원하는 '두루누리 사회보험 지원사업'에서 대상자 20여만 명이 혜택을 보지 못했다. 이는 사업자가 신청을 하지 않은 탓이다. 하지만 공단에서 근로자의 직접 신고도 가능하도록 조치해야 하는데 아무런 대책도 세우지 않았다. 또한, 사업주가 근로자에게 지원된 보험료를 횡령한 액수가 220억 원으로 추정되고 있다.

4) 국민연금의 보편성 제고

초기 가입자를 고려하여 특례노령연금을 만들었지만 여전히 연금 수급권을 확보한 노령계층은 매우 미미하다. 연금 사각지대에 있는 사람은 영세사업장, 임시근로자, 일시 및 일용직, 실업자, 영세자영업자 등 취약계층이다.

이들을 연금에서 제외한다면 소득의 불평등과 계층 간의 갈등, 사회해체 등의 제반 문제가 발생할 것이다. 이들을 포함시키는 제도적 방안이 요구된다.

5) 지역가입자의 소득 파악

지역가입자인 자영자나 농어민 가입자의 소득 파악이 제대로 되지 않는 경우가 발생하고 있다. 소득 파악이 상대적으로 용이한 근로자는 국민연금에 많은 기여를 하게 되는 반면, 소득 파악이 쉽지 않은 지역가입자로 인해 지급받는 연금급여는 상대적으로 낮아진다. 이에 현실적인 소득 파악 체계 구축이 필요하며, 범정부적 노력이 요구된다.

CHAPTER

11 직역연금

1 공무원연금

1) 목적

공무원[11]의 퇴직 또는 사망과 공무로 인한 부상과 질병, 재해에 대해 적절한 급여를 실시해 공무원과 그 유족의 생활안정과 복리향상에 이바지하기 위한 제도다

공무원연금은 노령, 장애, 사망 등 소득상실사유 발생 시 적절한 급여를 실시하는 공적 연금이다.

2) 공무원연금의 제정체계

(1) 비용부담

공무원연금의 비용부담은 기여제 방식으로 공무원과 국가 또는 지방자치단체가

---

11) '공무원'이란 상시 공무에 종사하는 「국가공무원법」, 「지방공무원법」, 그 밖의 법률에 따른 공무원을 말한다. 다만, 군인과 선거에 의하여 취임하는 공무원은 제외한다. '순직공무원'이란 제1호에 해당하는 공무원으로서 생명과 신체에 대한 고도의 위험을 무릅쓰고 직무를 수행하다가 위해(危害)를 입고 이 위해가 직접적인 원인이 되어 사망한 공무원을 말한다(「공무원연금법」 제3조).

공동으로 부담하고 있다. 공무원이 매월 기준소득월액의 8~9%(단계적으로 2016년 8%, 2017년 8.25%, 2018년 8.5%, 2019년 8.75%, 2020년 9%)를 기여금으로 납부하고 국가 또는 지방자치단체가 보수 예산의 8~9%를 부담금으로 납부하고 있다. 다만, 사용자 책임급여인 재해보상급여 및 퇴직수당과 부조적 성격의 급여인 재해부조금 및 사망조위금에 소요되는 비용은 국가나 지방자치단체가 전액을 매년 부담하고 있다.

(2) 재정방식

공무원연금제도의 재정방식은 적립방식의 기초에 의해 설계되었다. 즉, 급여지출 비용의 예상액과 기여금·부담금 및 그 예정운용수익금의 합계액이 장래에 재정적 균형을 유지하기 위하여 제도 초기부터 공무원연금기금을 조성해 왔다. 그러나 제도도입 당시 보수월액의 2.3%의 기여율을 1969년에 3.5%, 1970년에는 5.5%, 1996년에는 6.5%, 1999년에는 7.5%, 2001년에는 8.5% 그리고 2010년에는 변경된 기준소득월액으로 변경되어 2015년까지 7%, 2016년 8%에서 단계적으로 인상하며, 2020년 이후 9%로 상향조정하였다.

도입 이후 50여년이 경과한 공무원연금제도는 성숙단계에 들어서면서 수입·지출상 불균형 구조가 더욱 심화되어, 2001년부터는 사실상 급여부족분 전액을 사용자(국가 또는 지방자치단체)가 보전하는 부과방식 형태[12]로 전환되었다.

(3) 급여내용

공무원연금 급여는 크게 단기급여와 장기급여로 구분된다. 단기급여는 공무상

12) 공무원연금제도의 회계는 연금회계와 기금회계로 구분되어 있다. 연금회계는 공무원이 부담하는 기여금과 국가 또는 지방자치단체가 부담하는 부담금 등을 수입으로 하고, 연금급여 등 제 급여를 지출로 하는 회계다. 기금회계는 연금회계로부터 적립된 기금을 관리운용하는 회계를 의미한다. 연금회계에서 수지흑자가 발생하면 그 흑자분이 기금회계에 전입처리 되고, 적자가 발생하면 그 부족분을 기금회계로부터 이입충당하게 된다. 이 경우 연금회계에서 기금회계로 전입되는 전입금은 적립금과 결산잉여금으로 구성되는데 적립금은 미리 예산에 계상된 금액으로서 당해 연도 기금수입이 되고, 결산잉여금은 당해 회계연도의 결산 후 남는 금액으로서 당해 연도 기금수입이 된다.

요양비·재해부조금·사망조위금 등 3종이 있고, 장기급여로는 퇴직급여 4종, 유족급여 6종, 장해급여 2종 순직유족급여 2종 및 퇴직수당 등 15종이 있다.

〈표 11-1〉 **공무원급여의 종류**

비용부담방식	퇴직급여	퇴직연금
	유족급여	유족연금, 유족연금일시금 유족연금부가금, 유족연금특별부가금 유족일시금, 유족보상금
	장해급여	장해연금, 장해 보상금
	순직유족급여	순직유족연금, 순직유족보상금
	퇴직수당	
단기급여	요양급여	공무상요양비
	부조급여	재해부조금, 사망조위금

출처: 공무원연금공단, 2016.

〈표 11-2〉 **공무원연금급여의 주요 내용**

종류		지급요건
퇴직급여	퇴직연금	공무원이 20년 이상 재직하고 퇴직한 때
	퇴직연금일시금	20년 이상 재직 후 퇴직한 공무원이 퇴직연금에 갈음하여 일시금으로 지급받고자 할 때
	퇴직연금공제일시금	20년 이상 재직 후 퇴직한 공무원이 20년을 초과하는 재직기간 중 일부 기간을 일시금으로 지급받고자 할 때
	퇴직일시금	공무원이 20년 미만 재직하고 퇴직한 때
유족급여	유족연금	20년 이상 재직한 공무원이 재직 중 사망한 때 퇴직연금 또는 장해연금 수급자가 사망한 때
	유족연금부가금	20년 이상 재직한 공무원이 재직 중 사망하여 유족연금을 청구한 때
	유족연금특별부가금	퇴직연금 수급권자가 퇴직 후 3년 이내에 사망한 때
	유족연금일시금	20년 이상 재직한 공무원이 재직 중 사망하여 유족연금에 갈음하여 일시금으로 지급받고자 할 때
	유족일시금	20년 미만 재직한 공무원이 사망한 때

종류		지급요건
재해보상급여	장해연금	공무상 질병·부상으로 인하여 장애 상태로 되어 퇴직한 경우
	장해보상금	장해연금에 갈음하여 일시금으로 지급받고자 할 때
	유족연금	공무상 질병·부상으로 사망 시
	유족보상금	
	순직유족연금	위험직무 수행 중 사망 시
	순직유족보상금	

출처: 공무원연금공단, 2016.

(4) 연금개혁 이후

2015년 국회를 통과하여 2016년 1월 1일부터 시행되는 공무원 연금개혁의 주요 내용은 다음과 같다

① 기여율과 정부 부담률 인상

종전에는 기준소득월액의 7%를 부담했으나 2020년까지 단계적으로 인상해 9%를 부담한다. 2016년 8%, 2017년 8.25%, 2018년 8.5%, 2019년 875%, 2020년 9%로 단계적으로 기여율과 부담률이 인상된다.

② 연금 지급률 인하

재직 기간 1년당 1.9%의 기존 연금지급률을 2035년까지 단계적으로 인하하여 1.7%로 낮춘다. 2016년 1.878%, 2020년 1.79%, 2025년 1.74%, 2035년 1.7% 등이다. 평균소득이 320만 원이고 재직연수가 30년이면 지급률 1.7을 곱해 매월 연금지급액은 1,632,000원이 된다.

③ 소득분배

기존에는 없었으나 연금지급률 1%에 대하여 소득 재분배 요소를 도입하였다.

④ 연금지급개시 연령 연장

2009년 이전 임용자는 60세에 지급하고, 2010년 이후 임용자는 65세에 지급하던 연금개시 연령을 임요시기 구분 없이 단계적으로 적용하여 개시 연령을 65세로 일치시켰다. 2016년부터 2021년까지 퇴직자는 60세에 연금을 지급하고, 2022년부터 2023년 퇴직자는 61세에 지급한다. 또, 2024년부터 2026년 퇴직자는 62세에, 2027년부터 2029년 퇴직자는 63세에, 2030년부터 2032년까지 퇴직자는 64세에 각각 연금이 지급되기 시작한다. 또, 2033년 이후 퇴직자는 65세에 연금이 지급되기 시작한다.

한편, 1995년 12월 31일 이전 임용자는 종전 규정이 적용되어 예전에 정해진 연도에 도달하면 연금을 지급받게 된다.

⑤ 유족연금 지급률 인하

종전에는 2009년 이전 임용자는 70%, 2010년 이후 임용자는 60%였다. 그러나 퇴직자와 재직자 모두 60%를 적용케 된다. 단, 기존 유족연금 수급자는 종전지급률(70%)을 받는다.

⑥ 연금액 한시 동결

연금 수급자는 매년 소비자 물가지수에 따라 연금액을 조정해 지급받았으나 5년간 동결되어 2016년부터 2020년까지 연금 수급자의 연금액은 오르지 않는다.

⑦ 기준 소득월액 상향조정

종전 전체 공무원 기준소득월액 평균액 1.8배를 1.6배로 하향조정하였다.

⑧ 연금 지급정지제도 완화

퇴직 후 공무원으로 재임용한 경우에만 연금 전액을 정지하였으나, 선거직 및 정부전액출자, 출연기관에 재취업한 고소득자까지도 연금 전액을 지급 정지한다. 연금 일부 정지의 경우 종전에는 소득심사기준 근로자 평균임금월액을 적용하였으나 소득심사기준 '평균연금월액'으로 적용이 되면 부동산 임대 소득도 일부 정지 사유에 포함되었다.

⑨ 분할 연금제도 도입 – 신설

이혼 시 혼인 기간에 해당하는 연금액의 절반을 배우자에게 지급한다(공무원 재직 기간 중 혼인기간이 5년 이상일 경우).

⑩ 비공무상 장해연금 – 신설

비공무상 장애로 퇴직할 때 공무상 장해연금의 절반 수준을 지급한다.

⑪ 연금 수급요건 조정

기여금 납부 및 퇴직급여산정 재직기간을 최대 33년까지만 인정하였으나 최대 36년까지 단계적으로 연장한다. 재직기간 21년 미만부터 연장하므로 이미 재직기간이 21년 이상인 사람은 33년으로 변동이 없다. 17년 이상 21년 미만은 34년, 15년 이상 17년 미만은 35년, 15년 미만은 36년이다.

⑫ 최저생계비 이하 연금압류금지 – 신설

연금액 중 월 150만 원은 압류가 금지된다.

⑬ 공무상 유족연금 및 유족보상금 지급요건 개선

공무상 질병이나 부상으로 퇴직 후 3년 이내 사망했을 때 적용했으나, 공무상 질병 혹은 부상으로 퇴직 후 사망으로 개정하여 시점을 적용하지 않게 되었다.

다음은 국민연금과 공무원연금의 비교이다.

〈표 11-3〉 국민연금가입자와 공무원연금 가입자 비교

대상자	일반 국민		공무원		비고
연금	국민연금	퇴직연금	개혁 전	개혁 후	
기여율	9% (4.5%)	8.3% (0%)	14% (7%)	18% (9%)	공무원연금 개혁으로 기여율 차이가 거의 없어짐
연금지급률	1%	수익률에 따름	1.9%	1.7%	퇴직연금 수익률에 따라 다르나 지급률의 차이 역시 줄어들거나 비슷해질 것으로 예상

대상자	일반 국민		공무원		비고
연금	국민연금	퇴직연금	개혁 전	개혁 후	
수급개시 연령	65세	55세	60세	65세	수급개시 연령 동일
유족연금	60%	없음	70%	60%	유족연금지급률 동일
소득 재분배 기능	있음	없음	없음	없음	국민연금의 경우 소득 재분배 기능 존재

(주) 괄호 안의 숫자는 본인부담 비율임.

출처: 보험연구원, 국민연금과 공무원연금 가입자 비교.

2 사립학교교직원 연금제도

1) 의의와 목적

사립학교교직원 연금제도는 사학교직원만을 위한 공적 연금제도로서 법률에 의해 가입이 의무화되어 있으며, 가입 기간과 부담금 납부 및 각종 급여의 지급 요건 등이 일률적으로 정형화되었다.

사학연금제도는 사립학교교직원 및 사무직원의 퇴직, 사망, 직무상 질병, 부상, 장애에 대하여 급여제도를 확립함으로써 교직원 및 그 유족의 생활안정과 복리향상을 목적으로 1975년 1월 1일부터 시행하였다. 부담률과 급여의 내용은 공무원연금과 동일하다.

2) 발전과정

1975년 퇴직한 교육공무원이 3년 이내에 사립학교교원으로 임용된 때에는 재직기간의 합산을 받을 수 있도록 하고, 재직기간이 30년 이상인 교원에 대하여는 부담금의 납부를 면제하는 등 연금제도의 혜택을 확대하였다. 1978년 사립학교와 학교경영기관에 근무하는 사무직원도 교원과 동일하게 연금대상자로 인정하였다. 1980년 공무원 연금제도에 맞추어 부담금 및 급여액의 산정기초를 보수월액으로 하고, 직무상 재해에 대한 급여의 비용에 관한 규정을 신설하며 법 시행 전 재직기간의 소급 통산기간을 연장하였다.

1983년 병역법에 의한 군복무기간을 재직기간에 산입하였다. 재해보상부담제도 등을 개선하여 사립학교교직원의 수혜 범위를 확대하고, 학교에서 법인부담금을 부담하는 경우의 감독청의 승인절차를 폐지하였다. 1991년 공무원이 퇴직할 경우에 퇴직급여 외에 퇴직수당을 지급하도록 「공무원연금법」이 개정됨에 따라 급여의 종류·급여의 사유·급여액 및 급여의 제한 등에 관하여 「공무원연금법」이 준용되었다.

1996년 연금비용부담률을 상향조정하는 한편, 「공무원연금법」의 개정에 맞추어 퇴직연금 등 일부 급여의 지급에 관한 요건을 조정하였다. 2005년 직무로 인한 질병 등으로 요양급여를 받은 자에 대하여 요양기간이 경과한 후에도 필요한 경우 간병비 등을 지급하거나 재요양을 받을 수 있도록 하고, 국가부담금의 범위를 확대하였다. 2007년 육아나 임신·출산으로 인한 휴직기간의 경우에도 전체 기간을 퇴직수당의 산정 시에 재직기간으로 인정하였다.

2010년 부담금 인상과 연금지급률을 인하하였다. 2011년 교직원의 배우자 등이 사망한 경우에 지급하는 사망조위금과 재해부조금의 급여 산정 시 개인의 기준소득월액에서 공무원 전체의 기준소득월액 평균액으로 변경하였다. 2014년 수급권자에게 지급된 일정 금액 이하의 급여액에 대해서는 압류할 수 없도록 하였다. 2016년 「공무원연금법」의 개정에 따른 연금지급률 인하 등을 통해 장기적으로 지속 가능한 사학연금제도의 기반을 마련하고, 퇴직연금의 소득 재분배를 통해 형평성을 제고하며, 기준소득월액 상한을 하향조정하였다.

3) 적용 범위

사학연금의 적용대상은 초등학교에서부터 대학교에 이르는 사립학교와 사립 특수학교, 이를 설치 운영하는 학교 경영기관에서 근무하는 정규 교직원이다.

사립유치원, 각종 학교, 기술학교, 공민학교 등의 정규 교직원과 법률에 의해 대학원을 설치 운영하는 연구기관의 교직원도 소속기관이 교육부 장관이 지정을 받으면 그 대상이 될 수 있다.

4) 비용부담

갹출형제도로 가입자인 사학교직원과 사용자인 법인, 국가가 공동으로 부담하고 있다.

〈표 11-4〉 **비용부담체계** (단위 : %)

연도	교원			직원	
	개인	법인	국가	개인	법인
2016년	8,000	4,705	3,295	8,000	8,000
2017년	8,250	4,852	3,398	8,250	8,250
2018년	8,500	5,000	3,500	8,500	8,500
2019년	8,750	5,147	3,603	8,750	8,750
2020년 이후	9,000	5,294	3,706	9,000	9,000

출처: 사립학교교직원연금공단, 2016.

5) 재정전망

사학연금 관리공단은 현행 제도가 지속될 경우 2027년에 사학연금의 규모가 24조 6천억 원으로 최고점에 달할 것으로 추정하고 있다. 2028년에는 총지출이 총수입을 초과할 것으로 예상하고 있으며, 2046년에는 사학연금기금이 고갈될 것으로 추정하고 있다. 따라서 연금재정의 안정을 위한 제도개혁이 필요하다. 이를 위해서는 먼저 이해관계자의 합의가 전제되어야 할 것이다.

3 군인연금

1) 군인연금의 의의

군인연금은 국가방위의 주체로서 성실히 군에 복무하고 전역한 직업군인의 생활안정을 위한 종합적인 사회보장제도로 1963년부터 시행되었다.

첫 시행 당시 대상자를 현역 및 소집되어 실역에 복무하는 군인으로 하였다. 급여의 종류는 퇴역연금, 퇴직일시금, 상이연금, 유족연금, 유족일시금 및 재해보상금이었다. 군인이 납부하는 기여금과 국가가 부담하는 부담금으로 연금기금을 조성하도록 하였으며, 군인은 매월 봉급월액의 1,000 분에 35에 해당하는 금액을 기여금으로 납부하도록 정하였다.

2) 발전과정

1980년 연금급여의 산정기준인 보수월액을 군인의 계급과 복무기간에 따라 지급되는 월급여액으로서 봉급과 상여금의 연지급액을 12로 평균한 금액 및 대통령령으로 정하는 수당액을 합한 금액으로 정하였다. 기여금의 납부상한을 33년으로, 군인이 20년 이상 복무 중에 사망한 경우에는 그 유족에게 유족연금부가금을 지급하도록 하였다. 1981년 연금 수급권자의 생활안정을 도모하고, 「공무원연금법」과 균형을 맞추었다. 1983년 퇴역연금일시금과 퇴역연금공제일시금제도를 신설하고 병의 복무기간과 사립학교교직원의 재직기간을 연금지급 복무기간에 산입하도록 하였다. 1985년 퇴직급여가산금·유족급여가산금·유족연금특별부가금 및 사망조위금 지급제도를 신설하였다.

1988년 퇴역연금 또는 상이연금 수급권자의 사망 시 그 유족이 지급받는 유족연금액을 종전에는 군인이었던 자의 퇴직 당시의 보수년액의 100 분의 30에 상당하는 금액으로 하던 것을 100 분의 70에 상당하는 금액으로 상향조정하였다. 군인이 수재·화재 및 기타 재해로 인하여 재산상 손해를 입은 때에는 보수월액의 6배에 상당하는 금액의 범위 안에서 재해부조금을 지급하도록 하였다. 1991년 퇴직수당제가 도입되었고, 1996년 연금안정화를 위해 비용부담을 상향조정하였다.

2013년 기여금과 부담금을 인상하고, 보수 산정의 기초를 봉급과 상여금으로 구성된 보수월액에서 과세소득 중심의 기준소득월액으로 변경하며, 연금급여의 산정기준을 '퇴직 전 3년간의 소득'에서 '전체 복무기간의 소득'으로 변경하였다. 또한, 유족연금의 지급 수준을 하향조정하고, 순직유족연금은 감액조정 대상에서 제외하며, 유족자녀의 유족연금 수급연령을 상향조정하였다. 2016년 150만 원 이하의 급여는 압류할 수 없도록 하였다. 또한, 공무수행 중 부상 등을 입은 군인이 군 병원 진료 능력 제한으로 민간병원에서 요양을 받는 경우 그 진료비를 치료가 완료되는 시점까지 국가가 부담할 수 있도록 하였다.

3) 급여의 종류

퇴직급여는 퇴직하는 군인에게 지급하는 급여이고, 유족급여는 복무 중 군인이 사망한 경우 또는 퇴직급여를 수령하던 군인이 사망한 경우 그 유족에게 지급하는 급여다. 재해보상급여는 군 복무 중 공무상의 사유로 질병에 걸리거나 사망한 경우 본인이나 유족에게 지급하는 급여다. 퇴직수당은 1년 이상 복무 후 퇴직한 군인에게 지급한다.

〈표 11-5〉 **전역사유별 연금급여**

<table>
<tr><th colspan="2">구분</th><th colspan="2">지급요건</th><th>급여종류</th><th>지급처</th></tr>
<tr><td colspan="2" rowspan="4">정상 전역</td><td colspan="2" rowspan="3">20년 이상 복무</td><td>퇴역연금</td><td rowspan="4">국군재정관리단</td></tr>
<tr><td>퇴역연금공제일시금</td></tr>
<tr><td>퇴역연금일시금</td></tr>
<tr><td colspan="2">20년 미만 복무</td><td>퇴직일시금</td></tr>
<tr><td colspan="2" rowspan="2">상이 전역</td><td colspan="2" rowspan="2">상이등급(1-7등급)</td><td>상이연금
퇴역연금과 비교 유리한 급여 선택</td><td rowspan="2">국군재정관리단</td></tr>
<tr><td>장애보상금</td></tr>
<tr><td rowspan="22">사망</td><td rowspan="11">일반 사망</td><td rowspan="8">20년 이상 복무</td><td rowspan="4">연금 선택 시</td><td>유족연금</td><td rowspan="3">국군재정관리단</td></tr>
<tr><td>유족연금부가금</td></tr>
<tr><td>사망조위금</td></tr>
<tr><td>사망보상금</td><td>국가보훈처</td></tr>
<tr><td rowspan="3">일시금 선택 시</td><td>유족연금일시금</td><td rowspan="2">국군재정관리단</td></tr>
<tr><td>사망조위금</td></tr>
<tr><td>사망보상금</td><td>국가보훈처</td></tr>
<tr><td colspan="2" rowspan="3">20년 미만 복무</td><td>유족일시금</td><td rowspan="2">군군재정관리단</td></tr>
<tr><td>사망조위금</td></tr>
<tr><td>사망보상금</td><td>국가보훈처</td></tr>
<tr><td rowspan="11">순직</td><td rowspan="8">20년 이상 복무</td><td rowspan="4">연금 선택 시</td><td>유족연금</td><td></td></tr>
<tr><td>유족연금부가금</td><td rowspan="2">국군재정관리단</td></tr>
<tr><td>사망조위금</td></tr>
<tr><td>사망보상금</td><td>국가보훈처</td></tr>
<tr><td rowspan="3">일시금 선택 시</td><td>유족연금일시금</td><td rowspan="2">국군재정관리</td></tr>
<tr><td>사망조위금</td></tr>
<tr><td>사망보상금</td><td>국가보훈처</td></tr>
<tr><td colspan="2" rowspan="3">20년 미만 근무</td><td>유족연금</td><td rowspan="2">국군재정관리단</td></tr>
<tr><td>사망조위금</td></tr>
<tr><td>사망보상금</td><td>국가보훈처</td></tr>
<tr><td colspan="6">퇴직수당은 모든 지급요건에 해당(1년 이상 복무 시)</td></tr>
</table>

출처: 군인연금, 2016.

CHAPTER

12 고용보험

1 목적

고용보험[13]의 시행을 통하여 실업의 예방, 고용의 촉진 및 근로자의 직업능력의 개발과 향상을 꾀하고, 국가의 직업지도와 직업소개 기능을 강화하며, 근로자가 실업한 경우에 생활에 필요한 급여를 실시하여 근로자의 생활안정과 구직 활동을 촉진함으로써 경제·사회 발전에 이바지하는 것을 목적으로 한다.

13) '피보험자'란 「고용보험 및 산업재해보상보험의 보험료징수 등에 관한 법률」에 따라 보험에 가입되거나 가입된 것으로 보는 근로자, 「보험료징수법」에 따라 고용보험에 가입하거나 가입된 것으로 보는 자영업자를 말한다.
'이직'이란 피보험자와 사업주 사이의 고용관계가 끝나게 되는 것을 말한다.
'실업'이란 근로의 의사와 능력이 있음에도 불구하고 취업하지 못한 상태에 있는 것을 말한다.
'실업의 인정'이란 직업안정기관의 장이 수급자격자가 실업한 상태에서 적극적으로 직업을 구하기 위하여 노력하고 있다고 인정하는 것을 말한다.
'보수'란 「소득세법」에 따른 근로소득에서 대통령령으로 정하는 금품을 뺀 금액을 말한다. 다만, 휴직이나 그 밖에 이와 비슷한 상태에 있는 기간 중에 사업주 외의 자로부터 지급받는 금품 중 고용노동부 장관이 정하여 고시하는 금품은 보수로 본다.
'일용근로자'란 1개월 미만 동안 고용되는 자를 말한다.

2 발전과정

적극적 고용정책의 일환으로 근로자의 직업능력개발·실업예방 및 고용기회의 확대 등을 도모하고, 근로자의 실업으로 인한 경제·사회적인 어려움을 해소하는 것이 고용보험제도의 근간이다. 1997년 1월 고용보험의 재취업 기능을 강화하기 위하여 고용보험 적용대상 연령을 제한하고, 실업의 예방, 고용의 촉진 등을 위하여 고용안정사업 및 직업능력개발사업을 실시하는 사업주 등에 대한 지원 범위를 확대하였다.

1997년 8월, 고용보험료 및 실업급여는 「근로기준법」상의 임금을 기준으로 산정하므로 임금을 받지 않는 노조전임자·육아휴직·질병·부상으로 인한 휴직근로자 등은 보험료를 납부하지 않으므로 이들이 실직하는 경우에는 실업급여를 받지 못하는 문제가 발생할 가능성이 있어 「근로기준법」상의 '임금' 외의 기타 금품에 대하여도 「고용보험법」상 임금의 개념에 포함하였다. 1998년 3월, 산업 전반의 급격한 구조조정으로 대량 실직 등 고용불안이 심화되고 있어 이를 해소할 대책이 시급하고, 특히 정부는 1997년 12월 24일 IMF측과 실업자 지원확충, 직업훈련 강화, 노동시장 구조조정 등 정부의 고용보험제도 강화계획을 시행하기로 합의한 바 있어 실업급여의 최저수준과 최저지급기간을 상향조정하고 실업의 급증 등 고용상태가 극도로 어려운 기간에 한하여 실업급여의 지급기간을 연장하였다.

2000년 4월, 실업급여의 수혜 범위를 확대[14)]하기 위하여 그 지급요건을 완화하고 장기 실직자의 생계지원을 위하여 실업급여의 지급기간을 연장하는 한편, 저소득 실직자에 대한 실업급여의 지급 수준을 상향조정하였다. 2006년 1월, 피보험자가 산전후휴가를 받은 경우뿐만 아니라 유산·사산휴가를 받은 경우에도 급여를

---

14) 종전에는 실업급여를 지급받기 위하여 이직일 이전 18개월 동안에 12개월 이상 고용보험에 가입하도록 하였으나, 180일 이상 고용보험에 가입하도록 함으로써 실업급여의 수급요건을 완화하였다. 저소득 실직자의 경우 종전에는 1일에 지급받을 수 있는 실업급여의 금액을 최저임금의 70%로 하였으나, 생계안정을 위하여 90%로 상향조정하였다.

지급하도록 하고, 산전후휴가 및 유산·사산휴가를 받은 경우에 지급하는 급여의 지급을 종전에는 산전후휴가기간 중 60일을 초과한 일수에 대하여 30일을 한도로 하도록 하였으나 근로자 수 등이 일정기준에 해당하는 기업의 피보험자에 대하여는 전체 휴가기간으로 정하였다. 2007년 5월 구직급여의 수급자격 제한에 관한 규정은 실직근로자에게는 직접적이고 중요한 권리에 관한 규정이므로 직접 법률에서 정하도록 하고, 보험사업의 전면적 시행에 어려움이 예상되거나 보험사업의 수행 방식을 미리 검증할 필요가 있는 경우에 시범사업을 실시할 수 있는 근거를 마련하였다.

2008년 12월, 노사가 함께 참여하여 「고용보험법」 등의 시행에 관한 주요 사항을 심의하기 위하여 노동부에 고용보험위원회를 신설하고, 고용안정 사업 지원금 등의 부정수급에 대한 제재 수준을 부정수급의 책임의 정도에 맞도록 개선하였다. 2012년 1월, 자영업자도 고용보험의 실업급여 혜택을 받을 수 있도록 하고, 그 시행에 필요한 주요 사항을 정하는 한편, 일과 가정의 양립을 지원하기 위하여 육아를 이유로 근로시간을 단축한 근로자에게 소득 감소의 일부를 보전해 주는 육아기 근로시간 단축 급여 제도를 신설하였다.

2013년 4월, 사업주가 휴업이나 휴직을 무급으로 하면서 고용을 유지하는 경우에는 사업주가 지급하는 임금이 없으므로 지원금을 지급할 수 없고 근로자에게 지원금을 직접 지급할 수도 없으므로 경영사정이 어려워진 사업주가 무급휴업 또는 무급휴직 등을 실시하는 경우에는 해당 근로자에게 필요한 지원을 할 수 있도록 하였다. 2013년 6월, 65세 이후에 새롭게 고용되거나 자영업을 개시한 자만 고용보험 중 실업급여 적용을 제외하였다. 이는 고용보험에 가입되어 있던 피보험자가 65세 이후에 이직한 경우에도 실업급여를 지급하기 위해 마련된 제도다. 2014년 7월, 다태아 임산부의 출산전후휴가를 현행 90일에서 120일로 확대하였다. 2015년 1월, 실업급여는 수급자격자가 신청하는 경우 실업급여만 입금되도록 개설한 전용계좌에 지급하고, 해당 계좌의 예금에 관한 채권은 압류할 수 없도록 규정하였다.

3 고용보험의 내용

1) 적용대상 및 가입

1998년 10월 1일부터 1인 이상의 근로자가 있는 사업주는 의무적으로 고용보험에 가입해야 한다. 당연적용사업장은 사업이 개시되거나 사업이 적용 요건을 충족하게 되었을 때, 사업주 혹은 근로자의 의사와 관계없이 자동적으로 보험관계가 성립된다. 임의사업가입자는 「고용보험법」의 의무적용을 받지 아니하는 사업으로 고용보험가입 여부가 사업주의 자유의사에 일임되어 있는 사업을 말한다.

사업의 규모나 산업별 특성을 고려하여 사업장 및 피보험자 관리가 매우 어렵다고 판단되는 사업장에 대해서는 적용을 제외한다. 즉, 농업, 임업, 어업 및 수렵업 중 법인이 아닌 자가 상시근로자 4인 이하를 고용하는 사업이다. 또, 총 공사금액이 매년 고용노동부 장관이 고시하는 금액(2004년 2천만 원) 미만인 건설공사장, 연면적 100m^2 이하인 건축물의 건축 혹은 연면적이 200m^2 이하인 건축물의 대수선에 과한 공사현장, 가사 서비스업 등이다.

또한, 고용보험은 65세 이후에 새로이 고용된 자, 월간 소정근로시간이 60시간 미만인자, 공무원, 「사립학교교직원연금법」 적용자, 별정우체국 직원 등은 적용에서 제외된다.

2) 보험료

개산보험료와 확정보험료가 있다. 개산보험료는 선납 방식으로 피보험자인 근로자에게 당해 연도 지급할 1년 치의 예상임금 총액에 해당 보험료율을 곱하여 개략적으로 산정한 보험료를 말한다. 개산보험료는 일시 납부하거나 분기별로 4회에 걸쳐 납부할 수 있으며, 일시 납부 시에는 보험료의 5%가 공제된다. 확정보험료는 당해 연도가 지나고 보통 그 다음해의 3월 31일까지 신고하는 보험료이다.

(1) 고용보험상의 피보험자

피보험자란 고용보험 및 산업재해보상보험의 보험료징수 등에 관한 법률에 따라 보험에 가입되거나 가입된 것으로 보는 근로자, 고용보험에 가입하거나 가입된 것으로 보는 자영업자를 말한다.

「고용보험법」상의 보수는 소득세법에 따른 근로소득에서 대통령령으로 정하는 금품을 뺀 금액을 말한다. 휴직이나 그 밖에 이와 비슷한 상태에 있는 기간 중에 사업주 외의 자로부터 지급받는 금품 중 고용노동부 장관이 정하여 고시하는 금품[15]은 보수로 본다.

3) 고용안정 · 직업능력개발사업

고용안정·직업능력개발사업, 실업급여, 육아휴직급여 및 출산전후휴가급여 등이다. 국가는 매년 보험사업에 드는 비용의 일부를 일반회계에서 부담하여야 한다.

(1) 고용창출

고용보험은 고용창출을 위한 활동에 대해 지원을 한다. 근로시간 단축, 교대근로 개편, 정기적인 교육훈련 또는 안식휴가 부여 등을 통하여 실업자를 고용함으로써 근로자 수가 증가한 경우가 그 대표적인 경우이다. 또한, 고용노동부 장관이 정하는 시설을 설치·운영하여 고용환경을 개선하고 실업자를 고용하여 근로자 수가 증가한 경우, 직무의 분할·근무체계 개편 또는 시간제 직무개발 등을 통하여 실업자를 근로 계약기간을 정하지 않고 시간제로 근무하는 형태로 하여 새로 고용하는 경우, 위원회에서 심의·의결한 성장 유망 업종이나 인력수급 불일치 업종과 국내 복귀 기업 또는 지역특화 산업 등 고용지원이 필요한 업종에 해당하는 기업이 실업자를 고용하는 경우다. 아울러 우선지원 대상기업이 고용노동부 장관이 정하는 전문

15) 노조 전임자의 급여

적인 자격을 갖춘 자를 고용하거나 우선지원 대상기업이 아닌 다른 기업으로부터 전문 인력을 지원받아 사용하는 경우도 포함된다. 또, 임금피크제, 임금을 감액하는 제도, 근로시간 단축제도의 도입 또는 그 밖의 임금체계 개편 등을 통하여 15세 이상 34세 이하의 청년 실업자를 고용하는 경우도 지원이 가능하다.

(2) 지역고용촉진지원금

지역의 상생발전을 위한 제도로 고용노동부 장관은 지정지역으로 사업을 이전하거나 지정지역에서 사업을 신설 또는 증설하는 경우 지역고용촉진 지원금을 지급한다.[16)]

(3) 고령자 고용연장 지원금

고령자의 고용촉진을 위해 노동부가 고령자를 고용한 고용보험 적용사업장에 지급하는 지원금이다. 다음에 해당하는 요건을 갖춘 사업의 사업주에게 지원금이 지급된다.

① 정년을 폐지하거나, 기존에 정한 정년을 60세 이상으로 1년 이상 연장한 경우 (다만, 정년 폐지 또는 정년 연장 전 3년 이내에 해당 사업장의 정년을 폐지하고 정년을 새로 설정하거나, 기존에 정한 정년을 단축한 경우에는 고령자 고용연장 지원금이 지급되지 않는다)

② 정년을 55세 이상으로 정한 사업주가 18개월 이상 계속 근무한 정년에 이른 자를 퇴직시키지 않거나 정년퇴직 후 3개월 이내에 고용(재고용)하고 재고용 전 3개월, 재고용 후 6개월 동안 근로자를 고용조정으로 이직시키지 않은 경우

---

16) 다음 사항은 예외가 된다. 고용된 피보험자의 고용기간이 6개월 미만인 경우, 사업주가 조업시작일 전 3개월부터 조업시작일 후 1년까지 고용조정으로 근로자를 이직시킨 경우, 구직자를 피보험자로 고용한 사업주가 해당 피보험자의 최종 이직 당시 사업주와 같은 경우. 다만, 사업주가 「근로기준법」에 따라 해당 근로자를 우선적으로 고용한 경우 등은 제외한다.

(4) 고용촉진지원금

고용노동부 장관이 고시하는 바에 따라 노동시장의 통상적인 조건에서는 취업이 특히 곤란한 사람을 대상으로 하는 취업지원 프로그램을 이수한 사람, 중증장애인으로서 1개월 이상 실업상태에 있는 사람, 가족 부양의 책임이 있는 여성 실업자 중 고용노동부령으로 정하는 사람으로서 1개월 이상 실업상태에 있는 사람, 도서지역에 거주하여 취업지원 프로그램 참여가 어려운 사람으로서 1개월 이상 실업 상태에 있는 사람 등에 대해서는 고용촉진 지원금을 지급한다.

(5) 임금피크제 지원금

정년에 이른 사람을 재고용하면서 정년퇴직 이후부터 임금을 줄이는 경우에도 지원이 가능하다. 임금피크제 지원금은 해당 사업주에 고용되어 18개월 이상을 계속 근무한 자로서 피크임금(임금피크제의 적용으로 임금이 최초로 감액된 날이 속하는 연도의 직전 연도 임금을 말함)과 해당 연도의 임금을 비교하여 법률로 정한 비율 이상 낮아진 자에게 지급한다.

(6) 근로시간 단축지원금

18개월 이상을 계속 근무한 50세 이상의 근로자에 대하여 주당 소정근로시간을 고용노동부 장관이 고시하는 시간 기준에 따라 단축하여 근로시간 단축으로 임금이 최초로 감액된 날이 속하는 연도의 직전 연도 임금과 비교하여 해당 연도의 임금이 낮아진 경우 해당 근로자와 사업주에게 근로시간을 단축하는 날부터 해당 근로자의 고용기간에 한정하여 최대 2년 동안 근로시간 단축지원금을 지급한다.

(7) 고용안정과 취업의 촉진

고용안정을 위해 피보험자 등의 고용안정과 취업의 촉진에 관한 교육사업·홍보사업, 피보험자 등의 취업 촉진을 위한 직업소개 사업을 펼친다. 직업진로지도, 인

턴채용 지원 및 전직 지원서비스 사업 등 취업지원 사업도 포함된다. 고령자·여성·장애인인 피보험자 등의 고용환경 개선사업, 건설근로자의 고용안정 등에 대한 지원 사업 등도 지원된다.

4) 실업급여

실업급여는 구직급여와 취업촉진수당으로 구분한다. 취업촉진수당은 조기재취업수당, 직업능력개발수당, 광역 구직활동비, 이주비 등이다.

5) 구직급여

이직한 피보험자가 특정한 활동을 할 경우 지급되는 급여다. 이직일 이전 18개월간 피보험 단위기간이 통산하여 180일 이상일 것, 근로 의사와 능력이 있음에도 불구하고 취업하지 못한 상태에 있을 것, 재취업을 위한 노력을 적극적으로 할 것, 수급자격 인정신청일 이전 1개월 동안의 근로일수가 10일 미만일 것, 최종 이직일 이전 기준기간의 피보험 단위기간 180일 중 다른 사업에서 수급자격의 제한 사유에 해당하는 사유로 이직한 사실이 있는 경우에는 그 피보험 단위 기간 중 90일 이상을 일용근로자로 근로하였을 것 등의 조건을 충족시켜야 한다.

6) 실업의 인정

실업을 인정하는 것은 다음의 조건을 충족해야 한다. 곧 직업능력 개발훈련 등을 받는 수급자격자, 천재지변이나 대량 실업의 발생 등 대통령령으로 정하는 사유가 발생한 경우의 수급자격자, 질병이나 부상으로 직업안정기관에 출석할 수 없었던 경우로서 그 기간이 계속하여 7일 미만인 경우, 직업안정기관의 직업소개에 따른 구인자와의 면접 등으로 직업안정기관에 출석할 수 없었던 경우, 직업안정기관의 장이 지시한 직업능력 개발훈련 등을 받기 위하여 직업안정기관에 출석할 수 없었던 경우, 천재지변이나 그 밖의 부득이한 사유로 직업안정기관에 출석할 수 없었던 경우 등을 말한다.

7) 육아휴직급여

고용노동부 장관이 지급하며, 다음의 요건을 충족시켜야 한다. 육아휴직을 시작한 날 이전에 피보험 단위기간이 통산하여 180일 이상일 것, 같은 자녀에 대하여 피보험자인 배우자가 30일 이상의 육아휴직을 부여받지 아니하거나 「남녀고용평등과 일·가정 양립지원에 관한 법률」에 따른 육아기 근로시간 단축을 30일 이상 실시하지 않고 있을 것 등이다. 육아휴직급여를 지급받으려는 사람은 육아휴직을 시작한 날 이후 1개월부터 육아휴직이 끝난 날 이후 12개월 이내에 신청하여야 한다.

8) 출산 전 휴가 급여

출산 전에도 휴가를 실시할 수 있다. 이때도 다음의 요건을 충족시켜야 한다. 피보험 단위기간이 통산하여 180일 이상일 것, 휴가를 시작한 날 이후 1개월부터 휴가가 끝난 날 이후 12개월 이내에 신청할 것 등이다. 단, 그 기간에 대통령령으로 정하는 사유로 출산전후휴가 급여 등을 신청할 수 없었던 자는 그 사유가 끝난 후 30일 이내에 신청하여야 한다.

9) 일용근로자 고용보험확대

일용근로자란 1개월 미만의 기간 동안 고용되는 근로자다. 주로 비계공, 벽돌공, 목수, 용접공 등의 건설근로자가 해당된다. 이 외에도 중국집 배달원, 급식조리원, 식당 주방보조원, 백화점에 세일기간 동안 고용된 사람이 이에 해당한다.

2004년 법 개정으로 모든 일용근로자의 고용보험 가입이 의무화되었다. 일용근로자가 고용보험에 가입하면 재취업을 위해 취업알선을 받을 수 있고, 실업자 재취업훈련을 받을 경우 훈련비와 훈련수당을 지원받는다. 실업급여(수급자격 인정 이직일 이전 18개월간 피보험 단위기간이 통상 180일 이상이고 수급자격 신청일 이전 1개월간 일한 날 수가 10일이 안 될 경우)도 받을 수 있다.

10) 자영업자 고용보험제도

자영업자의 생활안정과 재취업을 지원하는 제도다. 0~49인의 근로자가 있는 자영업자는 본인이 희망하는 경우 가입이 가능하다. 가입 후 고용안정 및 직업능력개발사업, 실업급여 지원을 받을 수 있다. 가입 대상은 홀로 사업을 진행하는 자영자나 50인 미만 근로자를 사용하는 고용주이다. 근로복지공단을 통해 신청이 가능하다. 실업급여는 선택한 기준보수에 0.5를 곱하여 계산한다.

〈표 12-1〉 자영업자 실업급여 보수기준 (단위 : 원)

구분	보수액(월)	구분	보수액(월)
1등급	1,540,000	5등급	2,310,000
2등급	1,730,000	6등급	2,500,000
3등급	1,920,000	7등급	2,690,000
4등급	2,110,000		

출처: 고용보험 홈페이지, 2016(www.ei.go.kr).

4 과제

1) 사각지대 축소

사회보험은 가입을 통해 그 이익을 경험하는 경험재이다. 첫째, 사각지대를 해소하는 것이 정책의 우선순위다. 단기적으로는 사회보험의 가입률 증가가 더딜지라도 신규 가입률이 늘어나면 사회보험의 사각지대를 궁극적으로 해소시킬 수 있다. 따라서 신규 가입자를 늘려야 한다. 둘째, 사업주에게 고용보험에 가입하면 이득이 된다는 것을 체감시켜야 한다. 여전히 보험료가 지원됨에도 불구하고 급여에 대한 체감도는 낮은 편이다. 셋째, 가입 유도와 미가입자의 발굴에 이은 가입 유도, 제재를 선순환의 구조로 만들어야 할 것이다.아울러 근로자의 수급권을 확보하고 사업주의 의무이행 촉구를 위해 피보험자격확인 청구제도를 활성화하는 것도 대안으로 제시되고 있다.

2) 운영체계 개선

조세의 행정자료와 사회보험의 피보험자에 대한 정보가 공유되어야 한다. 사업주가 동일한 근로자에 관해 세무서에 신고하는 내용과 사회보험에 신고하는 내용을 일치시키자는 것이다. 사회보험 간의 적용 불일치를 없애야 한다. 월 20일 미만 근로자에 대해 국민연금과 건강보험에서 직장가입의 적용을 제외하는 것 등이 그 예가 된다. 자격관리는 고용센터가, 사업장관리 및 징수는 근로복지공단이 하고 있어 일원화가 요구된다.

CHAPTER

13 산재보험(산업재해보상보험)

1 목적

근로자의 업무상 재해를 신속하고 공정하게 보상하며, 재해근로자의 재활 및 사회 복귀를 촉진하기 위하여 이에 필요한 보험시설을 설치·운영하고, 재해 예방과 그 밖에 근로자의 복지증진을 위한 사업을 시행하여 근로자 보호에 이바지하는 것을 목적으로 한다. 1964년부터 시행되었다.

2 발전과정

1971년부터 사업주의 위험부담을 경감시키려는 산업재해보상보험의 근본이념에 따라 보험급여 사유를 확대하고, 장해급여와 유족급여에 대하여는 일시보상이 아닌 연금제도로 할 수 있게 하고 장해등급을 세분화하였다. 1977년 보험급여 수준을 향상하여 근로자 및 그 가족의 생계를 보호하고 보험금지급 사무를 금융기관에 위탁하여 수급권자의 편의를 도모하고 보험요율산정기간을 단축하였다. 1982년

요양 및 휴업급여와 장해보상연금 급여의 범위를 확대하고, 장해자가 일시금보다는 연금을 선택하도록 유도하기 위하여 연금의 선급 및 차액일시금의 지급제도를 신설하였다. 또한, 장해연금 수준도 인상하였다. 1983년 폐질근로자를 보호하기 위하여 장기요양을 요하는 폐질근로자에 대한 상병보상연금제도를 신설하였고, 진폐근로자의 보상 수준을 높였다. 산업재해에 대한 민사상의 손해배상을 신속히 해결하기 위하여 장해특별급여제도를 신설하였다.

1986년 산업재해보상보험요율의 결정방식을 개선하여 보험재정의 안정을 기하는 한편, 재해 발생의 빈도에 따른 사업장별 보험료 조정률의 폭을 확대하였다. 사업주의 재해 예방의욕을 높이고, 재해근로자와 그 유족의 복지증진을 위한 사업범위를 확대하려는 의도에서 비롯되었다. 1995년 정부에서 직접 관리·운영하던 산업재해보상보험에 관한 일선업무를 노동부 산하 근로복지공사에 위탁하였다. 1998년 현장실습생과 해외진출 근로자에 대하여 산업재해보상보험의 적용을 확대하여 사회보험으로서의 기능을 강화하였다.

2000년 산업재해보상보험의 보험급여액이 재해근로자 간에 상대적으로 많은 격차를 보여 보험급여의 최고·최저보상한도를 설정하는 등으로 급여 수준의 형평성을 제고하였다. 간병급여 등 새로운 보험급여의 신설과 중·소기업 사업주에 대한 적용을 확대하였다. 2004년 근로자를 사용하는 중·소기업 사업주에 대하여만 자기 또는 유족을 보험급여를 받을 수 있는 자로 하여 산업재해보상보험에 가입할 수 있도록 하는 특례를 두었으나, 근로자를 사용하지 아니하는 중·소기업 사업주도 이에 포함시켜 산업재해보상보험에 가입할 수 있도록 하였다. 2009년 양벌규정은 영업주가 종업원 등에 대한 관리·감독상 주의 의무를 다하였는지 여부에 관계없이 영업주를 처벌하도록 하고 있어 책임주의 원칙에 위배될 소지가 있으므로, 영업주가 종업원 등에 대한 관리·감독상 주의 의무를 다한 경우에는 처벌을 면하게 하였다. 2012년 유족보상연금 수급자격자의 범위에서 남자 배우자에 대한 연령 제한을 삭제하고, 자녀 또는 손자녀 등에 대한 유족보상연금 수급자격자 연령 범위를 18세 미만에서 19세 미만까지로 연장하였다. 2015년 산재근로자가 요양이

종결 후 후유증상으로 인해 「국민건강보험법」에 따라 요양을 받는 경우 건강보험에서 부담한 비용을 2년 이내에 산업재해보상보험에서 그 비용을 지급할 수 있도록 법적 근거를 마련하고, 근로복지공단의 사업에 직업병 연구, 건강진단 등 예방사업을 추가하였다.

〈표 13-1〉 **산재의 적용범위확대 현황**

연도	적응 규모	적용 업종
1964	500인 이상	광업, 제조업
1965	200인 이상	전기, 가스업, 운수, 보관업
1967	100인 이상	건설업, 서비스업, 수도 위생 설비업, 통신업
1968	50인 이상	유기사업(연간 8,000인 이상)
1972	30인 이상	광업, 제조업 중 화학, 석유, 석탄, 고무 플라스틱은 5인 이상
1976	15인 이상	벌목업
1982	10인 이상	목제품 제조업 등 20개 업종은 5인 이상
1987	5인 이상	광업, 임업, 어업, 수렵업, 도소매업, 부동산업 10인 이상
1992	5인 이상	금융 보험업 추가
1996	5인 이상	전 업종
1998	5인 이상	전 업종
2000	1인 이상	전 업종

출처: 근로복지공단, 2016.

3 급여

근로복지공단에 신고서를 접수한 다음 날부터 발생한 재해부터 급여를 받을 수 있다. 업무상의 재해란 업무상의 사유에 따른 근로자의 부상·질병·장해 또는 사망을 말한다. 근로자·임금·평균임금·통상임금이란 각각 「근로기준법」에 따른 근로자·임금·평균임금·통상임금을 의미한다. 유족이란 사망한 자의 배우자(사실상 혼인 관계에 있는 자를 포함)·자녀·부모·손자녀·조부모 또는 형제자매를 말한다. 치유란 부상 또는 질병이 완치되거나 치료의 효과를 더 이상 기대할 수 없고 그 증상이 고정된 상태에 이르게 된 상태다. 장해란 부상 또는 질병이 치유되었으나 정신적 또는 육체적 훼손으로 인하여 노동능력이 상실되거나 감소된 상태를 말한다. 폐질이란 업무상의 부상 또는 질병에 따른 정신적 또는 육체적 훼손으로 노동능력이 상실되거나 감소된 상태로서 그 부상 또는 질병이 치유되지 아니한 상태다. 진폐는 분진을 흡입하여 폐에 생기는 섬유증식성 변화를 주된 증상으로 하는 질병이다.

1) 요양급여

요양급여는 근로자가 업무상의 사유로 부상을 당하거나 질병에 걸린 경우에 그 근로자에게 지급하는 급여다. 범위는 진찰 및 검사, 약제 또는 진료재료와 의지 그 밖의 보조기의 지급, 처치·수술·그 밖의 치료, 재활치료, 입원, 간호 및 간병, 이송 등이다.

2) 휴업급여

휴업급여는 업무상 사유로 부상을 당하거나 질병에 걸린 근로자에게 요양으로 취업하지 못한 기간에 대하여 지급하되, 1일당 지급액은 평균임금의 100 분의 70에 상당하는 금액으로 한다. 다만, 취업하지 못한 기간이 3일 이내이면 지급하지 아니한다.

3) 장해급여

장해급여는 근로자가 업무상의 사유로 부상을 당하거나 질병에 걸려 치유된 후 신체 등에 장해가 있는 경우에 그 근로자에게 지급한다. 장해등급에 따라 장해보상연금 또는 장해보상일시금으로 하되, 그 장해등급의 기준은 대통령령으로 정한다.

〈표 13-2〉 장해급여표(평균임금기준)

장해등급	장해보상연금	장해보상일시금
제1급	329일분	1,474일분
제2급	291일분	1,309일분
제3급	257일분	1,155일분
제4급	224일분	1,012일분
제5급	193일분	869일분
제6급	164일분	737일분
제7급	138일분	616일분
제8급		495일분
제9급		385일분
제10급		297일분
제11급		220일분
제12급		154일분
제13급		99일분
제14급		55일분

출처: 근로복지공단, 2016.

장해보상연금 또는 장해보상일시금은 수급권자의 선택에 따라 지급한다. 장해보상연금은 수급권자가 신청하면 그 연금의 최초 1년분 또는 2년분의 1/2에 상당하는 금액을 미리 지급할 수 있다. 장해보상연금 수급권자의 수급권이 소멸한 경우에 이미 지급한 연금액을 지급 당시의 각각의 평균임금으로 나눈 일수의 합계가 장해보상일시금의 일수에 못 미치면, 그 못 미치는 일수에 수급권 소멸 당시의 평균임금을 곱하여 산정한 금액을 유족 또는 그 근로자에게 일시금으로 지급한다.

4) 간병급여

간병급여는 요양급여를 받은 자 중 치유 후 의학적으로 상시 또는 수시로 간병이 필요하여 실제로 간병을 받는 자에게 지급한다.

5) 유족급여

유족급여는 근로자가 업무상의 사유로 사망한 경우에 유족에게 지급한다. 유족급여는 유족보상연금이나 유족보상일시금으로 하되, 유족보상일시금은 근로자가 사망할 당시 유족보상연금을 받을 수 있는 자격이 있는 자가 없는 경우에 지급한다.

〈표 13-3〉 **유족급여(「산업재해보상보험법」 제62조 제2항 관련)**

유족급여의 종류	유족급여의 금액
유족보상연금	유족보상연금액은 다음의 기본 금액과 가산금액을 합한 금액으로 한다. 1. **기본 금액** : 급여기초연액(평균임금에 365를 곱하여 얻은 금액)의 100분의 47에 상당하는 금액 2. **가산금액** : 유족보상연금 수급권자 및 근로자가 사망할 당시 그 근로자와 생계를 같이 하고 있던 유족보상연금 수급자격자 1인당 급여기초연액의 100분의 5에 상당하는 금액의 합산액. 다만, 그 합산금액이 급여기초연액의 100분의 20을 넘을 때에는 급여기초연액의 100분의 20에 상당하는 금액으로 한다.
유족보상일시금	평균임금의 1,300일분

출처: 근로복지공단, 2016.

6) 상병보상연금

요양급여를 받는 근로자가 요양을 시작한 지 2년이 지난 날 이후에 부상이나 질병이 치유되지 아니한 상태일 때, 부상이나 질병에 따른 폐질의 정도가 폐질등급 기준에 해당될 경우, 요양으로 인하여 취업하지 못하였을 경우,

휴업급여 대신 상병보상연금을 그 근로자에게 지급한다.

〈표 13-4〉 **상병보상연금표**

폐질 등급	상병보상연금
제1급	평균임금의 329일분
제2급	평균임금의 291일분
제3급	평균임금의 257일분

출처: 근로복지공단, 2016.

7) 장의비

근로자가 업무상의 사유로 사망한 경우에 지급하되, 평균 임금의 120일분에 상당하는 금액을 그 장제를 지낸 유족에게 지급한다. 장제를 지낼 유족이 없거나 그 밖에 부득이한 사유로 유족이 아닌 자가 장제를 지낸 경우에는 평균 임금의 120일분에 상당하는 금액의 범위에서 실제 드는 비용을 그 장제를 지낸 자에게 지급한다.

8) 직업재활급여

장해급여 또는 진폐보상연금을 받은 자나 장해급여를 받을 것이 명백한 자로서 대통령령으로 정하는 자 중 취업을 위하여 직업훈련이 필요한 자에 대하여 실시하는 직업훈련에 드는 비용 및 직업훈련수당이 지급된다. 업무상의 재해가 발생할 당시의 사업에 복귀한 장해급여자에 대하여 사업주가 고용을 유지하거나 직장적응훈련 또는 재활운동을 실시하는 경우에 각각 지급하는 직장복귀지원금, 직장적응훈련비 및 재활운동비 등이 지급된다.

9) 직장복귀지원금

직장복귀지원금, 직장적응훈련비 및 재활운동비는 장해급여자에 대하여 고용을 유지하거나 직장 적응훈련 또는 재활운동을 실시하는 사업주에게 각각 지급한다. 직장복귀지원금은 고용노동부 장관이 임금 수준 및 노동시장의 여건 등을 고려하여 고시하는 금액의 범위에서 사업주가 장해급여자에게 지급한 임금액으로 하되, 그 지급기간은 12개월 이내로 한다. 직장적응훈련비 및 재활운동비는 고용노동부 장관이 직장적응훈련 또는 재활운동에 드는 비용을 고려하여 고시하는 금액의 범위에서 실제 드는 비용으로 하되, 그 지급기간은 3개월 이내로 한다.

4 과제

「산업재해보상보험법」이 제정된 지 50여 년이 넘었다. 산재보험은 규모와 대상 업종을 중심으로 단계적으로 진행되어 왔다. 현행 보험은 「공무원연금법」 또는 「군인연금법」에 따라 재해보상이 되는 사업, 「선원법」이나 「어선원 및 어선 재해보상보험법」 또는 「사립학교교직원연금법」에 따라 재해보상이 되는 사업 등을 제외시키고 있다. 이들은 산재보험이 아니더라도 보험의 혜택을 받고 있어 문제가 되지 않는다. 그러나 「주택법」에 따른 주택건설사업자, 「건설산업기본법」에 따른 건설업자, 「전기공사업법」에 따른 공사업자, 「정보통신공사업법」에 따른 정보통신공사업자, 「소방시설공사업법」에 따른 소방시설업자 또는 「문화재수리 등에 관한 법률」에 따른 문화재수리업자가 아닌 자가 시공하는 경우 2가지 사항에 대해 예외를 인정하고 있다. 즉, 「고용보험 및 산업재해보상보험의 보험료징수 등에 관한 법률」 시행령에 따른 총 공사금액이 2천만 원 미만인 공사나, 연면적이 100m^2 이하인 건축물의 건축 또는 연면적이 200m^2 이하인 건축물의 대수선에 관한 공사가 그것이다.

또한, 가구 내 고용 활동도 제외 대상이다. 이런 사업장에게까지 적용이 확대되어야 할 것이다. 이들 사업장이야 말로 더 영세하고 보험의 필요성이 요구되기 때문이다.

사업주가 100% 부담하고 있는 보험료를 자영업적 속성을 가진 특수 형태 근로자에 대해서는 충분한 논의를 거쳐 비용부담에 참여하는 안도 제기되고 있다. 아울러 국가의 지원을 업종의 특성에 맞게 차등화하고 강화하는 방안도 요구되고 있다.

대량 고용과 대량 실업이 급속히 진행되고 있는 정보화 사회에서 국가와 사회의 생산력을 유지하는 일은 매우 중요한 일이다. 또한, 근로자의 재해발생을 예방하고 치료에 집중하며, 재활을 통해 사회에 복귀시키는 것이 바로 우리에게 필요한 사회보장임을 인지하고 이에 맞는 산재보험제도를 만들어 가려는 노사정의 노력이 요구된다.

CHAPTER

14 건강보험

1 건강보험의 의의

질병은 모든 사람이 겪을 수 있는 사회문제다. 가장이 심각한 병에 걸리면 가족 모두의 신변과 안전이 위협받는다. 19세기 초반부터 서구 자본주의 국가는 질병이라는 위험요인에 대처하는 방법을 모색해 왔다. 상호 부조 기금이나 공제조합 등이 그 예다.

개인 혹은 사적인 집단에 의해 결성된 의료보장은 질병 발생의 불확실성과 정보의 비대칭성으로 효율적인 대처를 하지 못하였다. 보건의료를 시장에 맡길 경우 실패할 수밖에 없다는 교훈이기도 하다. 공적인 의료보장의 필요성은 이렇게 제기되었다. 질병이라는 사회적 위험에 공동 책임을 지게 함으로써 위험을 분산하는 동시에 사회적 연대를 이루는 것이 의료보장제도의 목표다.

의료보장제도는 몇 가지 특수성을 갖는다.

첫째, 정보의 비대칭성이다. 소비자가 의료 정보에 대해 제대로 알기는 쉽지 않다. 둘째, 수요의 불확실성과 불규칙성이다. 셋째, 치료의 불확실성이 있다. 넷째, 공급의 법적 독점성이다. 한정된 면허권자에게 생산권이 주어진다. 다섯째, 우량제라는 점이다. 질병을 줄일 경우 그 혜택은 당사자는 물론 가족, 사회 전체로 환원된다. 여섯째, 외부효과를 꼽을 수 있다(양봉민, 1999).

2 도입과 발전

우리나라의 「의료보험법」이 제정된 것은 1963년이다. 그러나 강제성이 배제되면서 시행시기가 늦춰졌고, 1977년 500인 이상 사업장에 한해 제도가 시행되었다. 1987년에는 한방의료보험이 실시되었다. 1988년 농어촌 주민, 1989년 도시 자영업자까지 의료보험의 대상이 확대되면서 전 국민 의료보험시대를 열었다.

1990년대 들어 의료보험조합 간 재정력 격차에 따른 급여의 하향 평균화, 보험료 부담의 불공평성, 지역의료보험에 대한 국고지원금의 증가, 급여 범위의 제한 등에 따른 국민적 불만이 표출되었다. 1997년 말, 1단계로 지역의료보험과 공·교의료보험(공무원 및 사립학교교직원 의료보험공단)을 통합하는 「국민의료보험법」이 국회 입법으로 제정되었다. 국민의료보험관리공단이 출범하고 공무원과 교원의료보험공단, 227개 지역조합이 통합되었다.

의료보험의 완전 통합을 제창했던 김대중 정부는 1999년 12월 31일 「국민건강보험법」을 개정했고, 2000년 7월 1일 국민건강보험을 출범시켰다. 「국민건강보험법」은 다보험자 방식으로 운영되었던 의료보험 관리체계를 단일보험자로 통합 운영해 효율성과 보험료 부담의 형평성을 높이고, 질병의 예방과 건강증진 등의 포괄적 의료서비스를 제공하기 위해 제정되었다. 이를 담당할 국민건강보험공단이 출범했다.

공공부조인 의료보호는 1961년 「생활보호법」부터 시작해 1977년 의료보험법 제정 등을 통해 시행되었고, 2000년 10월부터 「국민기초생활 보장법」에 따라 대상자에게 의료급여를 제공하고 있다.

2001년 7월부터 5인 미만 사업장 근로자가 직장가입자에 편입되었다. 2011년 1월부터는 건강보험, 국민연금, 고용보험, 산재보험 등 사회보험의 징수가 통합되었다.

3 건강보험의 유형

의료보장제도는 각국의 고유한 문화와 전통을 배경으로 하는 역사적 산물로서 단순 분류에는 어려움이 있으나 일반적으로 2가지로 분류하고 있다.

곧 사회보험(SHI : Social Health Insurance)방식, 국민보건서비스(NHS : National Health Service)방식인데 국민건강보험방식이 추가되기도 한다. 우리나라는 사회보험방식을 취하면서 전 국민을 대상으로 단일 보험자가 운영하는 국민건강보험방식이다.

1) 사회보험방식

사회보험방식은 국가의 의료보장에 대한 책임을 기본으로 하고 있지만, '의료비에 대한 국민의 자기 책임의식'을 일정 부분 인정하는 체계이다. 정부기관이 아닌 보험자가 보험료로써 재원을 마련하여 의료를 보장하는 방식이다. 사회보험방식을 행하고 있는 국가는 독일, 프랑스 등이다.

2) 국민건강보험방식

국민건강보험방식은 SHI와 마찬가지로 사회 연대성을 기반으로 보험의 원리를 도입한 의료보장체계이다. 유럽의 SHI방식과 그 운영방식이 대체로 흡사하지만, 국가 내 '보험자(의료에 대한 사회보험 관리운영기구)'가 1개라는 점에서 유럽의 SHI방식과 차이가 있다.

NHI방식의 의료보장체계로 운영하는 대표적인 국가는 한국과 대만을 들 수 있는데, 사회보험의 운영원리를 자국의 사회적·경제적 실정에 맞게 적용했다는 점에서 의의가 있다.

3) 국가보건서비스방식

국가보건서비스방식은 '국민의 의료문제는 국가가 모두 책임져야 한다.'는 관점에서 정부가 일반 조세로 재원을 마련하여 모든 국민에게 무상으로 의료를 제공(universal type)하는 국가의 직접적인 의료관장 방식으로 일명 조세 방식 또는 베버리지 방식이라고 한다.

의료기관의 상당 부분이 사회화 내지 국유화되어 있으며, 영국의 베버리지가 제안한 이래 영국, 스웨덴, 이탈리아 등이 그 대표적인 국가이다.

NHS방식을 채택하고 있는 나라에서는 소득 수준에 관계없이 모든 국민에게 포괄적이고 균등한 의료를 보장하며 정부가 관리주체로서 의료공급이 공공화되어 의료비 증가에 대한 통제가 강하다.

4) 제도별 특성

조세제도를 통한 재원조달은 비교적 소득 재분배 효과가 강하다는 장점이 있으나, 반면에 의료의 사회화로 상대적으로 의료의 질이 저하될 소지가 있으며 조세에 의한 의료비 재원조달에 많은 어려움이 있어 정부의 과다한 복지비용 부담이 문제가 되고 있다.

또한, 의료수용자 측의 비용의식 부족과 민간보험의 확대 그리고 장기간 진료대기문제 등 부작용이 나타나고 있어 이에 대한 제도개혁의 필요성이 증가되고 있다.

한편, SHI방식과 NHI방식을 취하고 있는 나라에서는 조합원이 대표의결기구를 통해 건강보험운영에 관한 의사결정에 참여함으로써 제도운영의 민주성을 기할 수 있고, 국민의 비용의식이 강하게 작용하여 상대적으로 양질의 의료를 제공할 수 있다는 장점은 있으나, 소득유형 등이 서로 다른 구성원에 대한 단일 보험료 부과기준 적용의 어려움, 의료비 증가에 대한 억제 기능이 취약하여 보험재정 안정을 위한 노력이 필요하다.

4 우리나라 국민건강보험의 내용

1) 목적

(1) 사회연대성

국민의 건강욕구를 해결하는 데 드는 사회적 비용을 국가가 사회연대성 원리에 따라 공동체적으로 해결하려는 사회보장제도다.

「국민건강보험법」 제1조는 제정 목적을 "국민의 질병 부상에 대한 예방 진단 치료재활과 출산·사망 및 건강증진에 대하여 보험급여를 실시함으로써 국민건강을 향상시키고 사회보장을 증진함을 목적으로 한다."라고 규정하고 있다.

(2) 보험료 부담의 형평성

통일된 기준에 의한 보험료 부담으로 형평성을 제공한다. 고소득 근로자가 저소득 자영업자를, 고소득 자영업자가 저소득 근로자를 돕게 되는 효과를 거둬 계층 간 부담의 형평성을 도모하였다.

(3) 보험재정의 안정성

전국 차원의 보험료 징수와 급여의 통제가 이루어지면서 적정한 보험료와 적정한 수가, 적정한 급여를 보장받는 것이다.

(4) 급여의 포괄성

치료 중심에서 예방과 재활, 건강증진 프로그램을 통해 다양한 건강상의 위험을 보장하는 포괄적 급여를 실시하고 있다.

2) 운영자와 보험자

건강보험사업은 보건복지부 장관이 운영한다(「건강보험법」 제2조). 국민건강보험은 비영리 특수공법인인 국민건강보험공단을 통해 집행된다. 특수공법인을 설립해 국민건강보험제도를 관장하게 하는 것이다.

우리나라의 국민건강보험은 보건복지부 장관이 관장하므로 국영 방식이지만 실제로는 국민건강보험공단이라는 특수공법인을 설립해 위탁관리·운영하므로 혼합방식에 속한다. 공적인 통제가 가능하면서 전문성을 확보하기 위해서다.

국민건강보험공단의 업무는 「국민건강보험법」(제12조)을 통해 다음과 같이 규정하고 있다.

가입자 및 피부양자의 자격관리, 보험료 기타 이 법에 의한 징수금의 부과 징수, 보험급여의 관리, 가입자 및 피부양자의 건강유지증진을 위해 필요한 예방사업, 보험급여비용의 지급, 자산의 관리운영 및 증식사업, 의료시설의 운영, 건강보험에 관한 교육훈련 및 홍보, 건강보험에 관한 조사연구 및 구제협력, 이 법 또는 다른 법령에 의해 위탁받은 사업, 기타 건강보험과 관련하여 보건복지부 장관이 필요하다고 인정한 사업이다.

건강보험심사평가원은 요양급여비용 심사와 요양급여의 적정성을 평가하고, 급여와 관련된 복지부 업무를 지원하는 급여업무 전반을 수행한다. 건강보험심사평가원의 급여 관련 업무는 상대가치점수 산정, 약가 상환금액 산정 등 상대가치점수 및 치료재료 상한금액 결정 등에서 주요하고 실질적인 역할을 담당하며, 진료비 지불방식 및 수가 결정을 위한 자료를 제공한다. 또한, 신의료기술 급여의 범위를 결정하는 신의료기술 전문평가위원회를 운영하고 관리한다.

건강보험정책심의위원회는 「국민건강보험법」 제4조에 의해 명시된 보건복지부 장관 소속의 위원회 조직이다. 요양급여의 기준, 요양급여비용, 가입자의 보험료 수준 등 건강보험에 관한 주요사항을 심의 의결한다. 25인으로 구성된다.

3) 강제적용과 대상자

(1) 강제적용

① 강제적용 이유

법률에 의한 강제가입이다. 일정한 법적 요건이 충족되면 본인의 의사에 관계없이 강제적용이 된다. 보험가입을 기피할 경우 국민 상호 간 위험부담을 통하여 의료비를 공동으로 해결하고자 하는 건강보험제도의 목적 실현이 어렵기 때문이다. 질병 위험이 큰 사람만 역으로 보험에 가입할 경우 보험재정이 파탄되어 원활한 건강보험 운영이 불가능하게 되는 것을 막기 위한 조치다.

② 형평부과

민간보험은 급여의 내용, 위험의 정도, 계약의 내용 등에 따라 보험료를 부담하는 것이 보통이다. 그러나 사회보험방식인 건강보험에서는 사회적인 연대를 기초로 의료비 문제를 해결하려는 것이 목적이므로 소득 수준 등 보험료 부담능력에 따라 차등적으로 부담한다.

③ 균등 수혜

민간보험은 보험료 부과 수준, 계약기간 및 내용에 따라 차등급여를 받지만 사회보험은 보험료 부과 수준에 관계없이 관계 법령에 의하여 균등하게 보험급여가 이루어진다.

④ 보험료 납부의 강제성

강제보험제도의 실효성을 확보하기 위하여 피보험자에게는 보험료 납부의 의무가 주어지며, 보험자에게는 보험료 징수의 강제성이 부여된다.

⑤ 단기보험

장기적으로 보험료를 수탁하는 연금보험과는 달리, 1년 단위의 회계연도를 기준으로 수입과 지출을 예정하여 보험료를 계산하며 지급조건과 지급액도 보험료 납입기간과는 상관없이 지급기간은 단기다.

(2) 적용대상자

우리나라는 사회보험인 건강보험과 공적 부조인 의료급여를 통해 국내에 거주하는 전 국민의 의료보장을 포괄하고 있다. 건강보험은 직장가입자와 지역가입자로 적용 대상을 구분하는데, 직장가입자는 사업장의 근로자 및 사용자와 공무원 및 교직원, 그리고 그 피부양자로 구성되고 지역가입자는 직장가입자를 제외한 자를 대상으로 한다. 건강보험 대상자 중 피부양자는 직장가입자에 의하여 주로 생계를 유지하는 자로서 보수 또는 소득이 없는 자를 의미하며, 직장가입자의 배우자, 직계존속(배우자의 직계존속 포함), 직계비속(배우자의 직계비속 포함) 및 그 배우자, 형제·자매를 포함한다.

〈표 14-1〉 **건강보험 적용인구**(2015년 6월 기준) (단위 : 천 명)

분류		적용 인구	비율
총계		51,878	100
건강보험	계	50,456	97.3
	직장	36,080	69.6
	지역	14,376	27.7
의료급여		1,422	2.7

출처: 국민건강보험공단 홈페이지.

4) 보험료

보수월액 보험료는 가입자의 보수월액에 보험료율을 곱하여 보험료를 산정한 후, 경감률 등을 적용하여 가입자 단위로 부과한다. 보수월액은 동일사업장에서 당해 연도에 지급받은 보수총액을 근무월수로 나눈 금액이고, 국외근무자는 건강보험료율의 100 분의 50을 적용한다.

〈표 14-2〉 연도별 건강보험료율

적용 기간	건강보험료율	적용 기간	건강보험료율
2006. 1. ~ 2006. 12.	4.48%	2012. 1. ~ 2012. 12.	5.80%
2007. 1. ~ 2007. 12.	4.77%	2013. 1. ~ 2013. 12.	5.89%
2008. 1. ~ 2008. 12.	5.08%	2014. 1. ~ 2014. 12.	5.99%
2010. 1. ~ 2010. 12.	5.33%	2015. 1. ~ 2015. 12.	6.07%
2011. 1. ~ 2011. 12.	5.64%	2016. 1. ~	6.12%

출처: 국민건강보험공단, 2016.

5) 보험급여

(1) 요양급여

① 요양급여

가입자 및 피부양자의 질병·부상·출산 등에 대하여 진찰·검사, 약제·치료재료의 지급, 처치·수술·기타의 치료, 예방·재활, 입원, 간호, 이송 등의 요양급여를 실시한다.

② 비용의 일부부담

요양급여를 받는 자는 대통령령이 정하는 바에 의하여 그 비용의 일부(이하 '본인일부부담금')를 본인이 부담한다.

③ 급여비용의 청구와 지급

요양기관은 요양급여비용의 지급을 공단에 청구할 수 있다. 이때 심사청구를 받은 건강보험심사평가원은 이를 심사한 후 지체 없이 그 내용을 공단 및 요양기관에 통보하여야 한다.

(2) 장애인에 대한 특례

「장애인복지법」에 의하여 등록한 장애인인 가입자 및 피부양자에게는 보장구에 대하여 보험급여를 실시할 수 있다.

(3) 건강검진

① 일반건강검진

1차 검진은 문진 및 체위검사, 흉부방사선 검사, 혈액검사, 요검사, 구강검진 등 22개 항목이다. 2차 검진은 고혈압, 당뇨병 의심자 및 인지기능장애 고위험군에 대한 검사이다.

② 암 검진

만 40세 이상 남녀는 증상이 없어도 2년마다 위장조영촬영과 위내시경검사 중 원하는 한 가지 방법을 선택하여 암 검사를 받을 수 있다. 또한, 만 50세 이상 남녀는 1년마다 대장암 검진을, 만 30세 이상 여성은 2년마다 자궁경부암 검진을 받을 수 있다.

〈표 14-3〉 **암의 종류별 검진주기와 연령 기준 등**

암의 종류	검진주기	연령 기준 등
위암	2년	40세 이상의 남·여
간암	1년	40세 이상의 남·여 중 간암 발생 고위험군
대장암	1년	50세 이상의 남·여
유방암	2년	40세 이상의 여성
자궁경부암	2년	30세 이상의 여성

※ 비고: "간암 발생 고위험군"이란 간경변증, B형간염 항원 양성, C형간염 항체 양성, B형 또는 C형 간염 바이러스에 의한 만성 간질환 환자를 말한다.

출처: 국민건강보험공단, 2016.

③ 영유아 건강검진

영유아의 건강검진 시기와 항목은 다음과 같다.

〈표 14-4〉 **영유아 건강검진**

검진시기	검진항목	검진방법
1차 (생후 4~6개월)	문진 및 진찰	문진표, 진찰, 청각 및 시각문진, 시각검사
	신체계측	키, 몸무게, 머리둘레
	건강교육	안전사고예방, 영양, 수면
2차 (생후 9~12개월)	문진 및 진찰	문진표, 진찰, 청각 및 시각문진, 시각검사
	신체계측	키, 몸무게, 머리둘레
	발달평가 및 상담	검사도구에 의한 평가 및 상담
	건강교육	안전사고예방, 영양, 구강
3차 (생후 18~24개월)	문진 및 진찰	문진표, 진찰, 청각 및 시각문진, 시각검사
	신체계측	키, 몸무게, 머리둘레
	발달평가 및 상담	검사도구에 의한 평가 및 상담
	건강교육	안전사고예방, 영양, 대소변 가리기
	구강검진(생후 18~29개월)	문진표, 진찰, 구강보건교육 등
4차 (생후 30~36개월)	문진 및 진찰	문진표, 진찰, 청각 및 시각문진, 시각검사
	신체계측	키, 몸무게, 머리둘레, 체질량지수
	발달평가 및 상담	검사도구에 의한 평가 및 상담
	건강교육	안전사고예방, 영양, 정서 및 사회성

출처: 국민건강보험공단, 2016.

6) 국민건강보험과 민간보험

민간보험을 실손보험이라고도 하는데, 사람의 질병 또는 상해로 인한 손해(의료비에 한함)를 보험회사가 보상하는 보험상품이다.

〈표 14-5〉 **국민건강보험과 민간보험 비교**

구분	국민건강보험	실손의료보험
보장 범위	• 질병, 부상, 출산, 예방, 재활 등 보장	• 질병, 부상에 대한 국민건강보험의 본인부담금 중 일부 보상
보상대상 질병	• 모든 질병. 단, 일상생활에 지장이 없는 질환 등 「국민건강보험법」 상의 비급여 대상은 제외	• 「국민건강보험법」 상의 비급여대상 및 보험약관에서 보장하지 아니하는 질병 제외 • 국민건강보험이 보장하는 비뇨기계, 한방, 치질, 임신, 출산 등 제외
보상 일수	• 제한 없음 • 질병 완치 시까지 보장	• 입원 : 발병일로부터 365일 • 통원 : 연간 180회 • 처방조제비 : 연간 180건
보상 금액	• 제한 없음(본인부담상환제) – 2015. 4. 기준 • 당해 연도 총 의료비 본인부담금 총액 120~200만 원 이상인 경우 환급(저소득) • 250~500만 원 이상인 경우 환급(고소득층)	• 국민건강보험급여를 제외한 본인부담금 중 일부 보상(2014. 12. 기준) • 본인부담금 + 비급여(상급병실 제외) 금액 • 합계액의 80~90% 보상
가입자 부담금	• 본인부담금 • 입원 20%, 외래 30~50%, 처방조제 30%	• 자기부담금 • 특약형 : 본인부담금의 10%(일률적) • 단독형 : 본인부담금의 10% 혹은 20%(선택적)
갱신 계약	• 평생 의무가입	• 특약형 : 1년 단위 • 단독형 : 1년 단위

출처: 국민건강보험공단 홈페이지.

7) 진료비 지불제도

(1) 인두제

의사가 담당하는 환자 수에 따라 일정 금액을 지급하는 방식이다. 주치의 등록제를 실시하는 국가에서 자신을 주치의로 등록한 환자 수에 따라 비용을 지급한다.

(2) 행위별 수가제(fee for service)

개별 서비스 행위마다 개별 가격으로 환산하여 지급하는 방식이다. 우리나라가 운영하고 있는 방식으로 가장 시장 지향적이며 의료기관의 과잉진료 진료비 지불 방식 중 비용절감 효과가 낮다. 청구된 심사비는 의심날 경우 일일이 심사를 해야 하므로 관리가 어렵고, 그 비용도 많이 든다.

(3) 포괄수가제(DRG: diagnosis related group)

질병군에 따라 정액의 수가를 지급하는 방식이다. 맹장수술은 얼마라고 정하는 방식으로 수가를 지불한다. 백내장, 편도, 맹장, 탈장, 치질, 자궁수술, 제왕절개 분만 등 7개 질병에 대한 포괄수가제가 2012년 7월 동네의원과 중소병원이 도입했고, 2013년 7월부터는 종합병원과 상급종합병원으로 확대됐다. 특진의사를 지정하여 진료를 받는 선택진료, 상급병실을 이용하는 경우, 초음파 검사 등 일부 항목은 제외되어 이에 대한 병원비는 환자에게 별도로 청구된다.

(4) 일괄(총액) 계약제

의료기관의 1년간 운영비에 대해 사전에 계약을 맺은 후 진료비를 지급하는 제도이다.

5 국민건강보험의 평가와 과제

1) 평가

(1) 소득 재분배 효과

일반적으로 건강보험은 소득 재분배 기능을 어느 정도 수행해 빈곤을 부분적으로 경감시키는 데 도움을 준다(Feldstein, 1983)고 알려져 있다. 건강보험 통합 이후

소득 재분배에 대한 연구에서 전반적으로 소득 재분배의 효과가 있다는 연구 보고가 있다(박용치, 2002).

국민건강보험제도의 소득 재분배 기능은 이용자의 성격과 제도의 특징에 따라 결정된다. 의료서비스의 이용률이 세대 간 차이가 있고, 보험료 부담률은 소득에 비례해 계층 간 소득 분배가 발생한다. 의료급여제도는 일반 조세를 재정으로 기여능력이 없는 저소득층에게 보험료를 부담시키지 않고, 본인부담도 상대적으로 적어 수직적 소득 재분배 효과가 크다.

(2) 건강보험 통합의 효율성

건강보험의 통합은 질병치료 중심에서 재활과 예방으로의 전환을 의미한다. 포괄적인 서비스의 기초를 마련함으로써 급여확대를 기대할 수 있고, 보험료 부담의 형평성을 실현할 기반을 마련해 주었다.

(3) 민간의료보험제의 필요성

민간의료보험제의 도입은 1994년 1월 발족한 보건복지부 장관 직속의 의료보장개혁위원회가, 공공의료보험이 국민의 의료욕구를 충족시키는 데 한계가 있어 이를 보완하는 보충적 수단으로 민간의료보험의 역할을 강조한 데서 비롯되었다.

1996년 11월 국무총리 직속의 의료개혁위원회는 공보험 급여에서 제외되고 있는 의료서비스에 대해 보충적인 민간보험 확충을 건의하였다. 2001년 5월 17일 정부 규제개혁위원회가 의료보험 처리가 되지 않는 특실입원비, MRI 촬영비용 등 고가의 의료서비스를 싼 비용으로 제공하기 위해서는 민간의료보험이 필요하다고 주장하였다.

민간의료보험제의 필요성은 첫째, 공공의료보험은 형평성에 중점을 두었기 때문에 급여확대를 통한 보장성 강화는 어렵다. 둘째, 공공의료보험은 서비스 및 약제, 재료 등 급여범위가 획일적이기에 의료소비자의 다양하고 수준 높은 의료욕구를 충족시키기에는 한계가 따른다. 셋째, 공공의료보험 도입으로 규제된 보험수가는 시장가격보다 낮게 책정되고 획일화된 보험수가는 가격과 서비스 질 경쟁의 유인을 제한하고 새로운 의료기술과 의약품 개발의 유인을 제한할 소지가 있다(국민건강보험공단, 2001).

공공 부문에서 더욱더 내실 있는 개혁이 요구된다. 민간보험의 도입이 무분별하게 이루어진다면 극단적일 경우 의료의 기본적 욕구조차 정부차원에서 해결해 주지 못하는 기형적 형태를 낳을 수 있다. 민간보험이 공적 보험의 대안으로 자리할 수는 없다. 민간보험은 국가주도인 공공의료보험의 약점을 보완하는 방향으로 정립되어야 한다.

2) 과제와 전망

국민의 건강증진과 예방을 위해서는 다각적인 노력과 개선이 요구된다.

(1) 보험료 부과의 형평성

보험료를 부과하거나 징수할 때 합리적인 기준이 필요하다(노시평 외, 2002). 직장가입자의 보험료는 직장의 급여만을 기준으로 하기에 급료 이외의 이자나 배당, 기타 사업소득이 고려되지 않고 있다는 비판이 있다.

지역가입자의 보험료 역시 문제다. 소득 파악이 제대로 이루어지지 않아 직장가입자와의 형평성이 논란이 되고 있다.

(2) 보험관리와 운영

효율적인 관리와 책임 경영이 의료보장의 개혁 방향이다. 보험료 부담의 형평성, 보험급여의 포괄성, 제도운영의 효율성과 투명성 확보, 의료자원의 효율적 활용과 의료서비스의 질 향상, 보험재정의 건전성 확보가 관건이다(장인협·이혜경·오정수, 2001).

(3) 재정 안정화

의약분쟁과 의료수가 인상 등으로 보험재정은 어려움에 봉착해 있다. 보험료를 인상하고 본인부담을 높이는 방향으로 가고 있지만, 이는 국민건강과 생활안정이라는 본래의 취지에 부합하는지 냉정히 따져 볼 일이다.

의료재정 안정화를 위해 포괄수가제가 부분적으로 도입되고 있다. 새로운 제도의 확충도 중요하지만, 의료공급제도의 비효율 제거는 보다 심도 있게 지속적으로 이루어져야 한다.

(4) 의료의 공공성 확보

의료의 공공성이 확보된 국가일수록 국민의 건강 수준이 높은 것으로 나타났다. 공공병상률이 높은 국가와 총 의료비 중 본인부담률이 낮은 국가(재정에서의 공공성이 확보된 국가)의 기대수명이 높고 영아 사망률 역시 낮았다. 우리나라도 국민의 건강증진을 위해서는 공공의료 수준의 질과 접근성을 높여야 한다.

CHAPTER

15 노인장기요양보험

1 노인장기요양보험의 의의

1) 의의

2008년 7월 1일부터 시행된 제도로 수급자에게 배설, 목욕, 식사, 취사, 조리, 세탁, 청소, 간호, 진료의 보조 또는 요양상의 상담 등의 장기요양급여를 사회적 연대원리에 의해 제공하는 사회보험제도이다. 우리나라보다 먼저 고령화 현상을 겪고 있는 선진국은 우리나라보다 앞서 다양한 방식으로 장기요양서비스를 제공하고 있다.

〈표 15-1〉 선진국의 노인장기요양보험제

제공방식	국가
재정방식(국가 + 지방자치단체)	영국, 호주, 스웨덴, 노르웨이
사회보험방식	독일, 일본
건강보험의 급여 일종으로 제공하는 방식	미국, 캐나다

출처: 국민건강보험공단 홈페이지.

고령이나 노인성 질병 등의 사유로 일상생활을 혼자서 수행하기 어려운 노인 등에게 제공하는 신체활동 또는 가사활동 지원 등의 장기요양급여에 관한 사항을 규정하여 노후의 건강증진 및 생활안정을 도모하고 그 가족의 부담을 덜어 줌으로써 국민의 삶의 질을 향상하도록 함을 목적으로 한다(「노인장기요양보험법」 제1조).

노인성 질병은 다음과 같다(표 12-2).

〈표 15-2〉 **노인성 질병의 종류**

구분	구분	질병코드
한국표준질병 사인분류	가. 알츠하이머병에서의 치매	F00
	나. 혈관성 치매	F01
	다. 달리 분류된 기타 질환에서의 치매	F02
	라. 상세불명의 치매	F03
	마. 알츠하이머병	G30
	바. 지주막하출혈	I60
	사. 뇌내출혈	I61
	아. 기타 비외상성 두개내 출혈	I62
	자. 뇌경색증	I63
	차. 출혈 또는 경색증으로 명시되지 않은 뇌졸중	I64
	카. 대뇌경색증을 유발하지 않은 뇌전동맥의 폐쇄 및 협착	I65
	타. 뇌경색증을 유발하지 않은 대뇌동맥의 폐쇄 및 협착	I66
	파. 기타 뇌혈관질환	I67
	하. 달리 분류된 질환에서의 뇌혈관장애	I68
	거. 뇌혈관질환의 후유증	I69
	너. 파킨슨병	G20
	더. 이차성 파킨슨증	G21
	러. 달리 분류된 질환에서의 파킨슨증	G22
	머. 기저핵의 기타 퇴행성 질환	G23
	버. 중풍후유증(中風後遺症)	U23.4
	서. 진전(振顫)	U23.6

※ 비고

1. 질병명 및 질병코드는 「통계법」 제22조에 따라 고시된 한국표준질병사인분류에 따른다.
2. 진전은 보건복지부 장관이 정하여 고시하는 범위로 한다.

출처: 국민건강보험공단 홈페이지.

2) 발전과정

2007년 4월 2일 「노인장기요양보험법」이 국회 본회의를 사실상 통과해 같은 해 4월 27일 공포되었다. 노인장기요양보험제도는 그간 가족의 영역에 맡겨져 왔던 치매, 중풍 등 노인에 대한 장기간에 걸친 간병, 장기요양 문제를 사회연대 원리에 따라 국가와 사회가 분담하는 것이다.

2014년 기존의 3등급에서 5등급으로 노인장기요양 등급체계를 개편하였다.

노인장기요양보험제도는 노인뿐만 아니라 장기요양을 직접 담당하던 중장년층과 자녀 등 모든 세대에게 혜택을 주는 제도다.

국민건강보험은 치매, 중풍 등 질환의 진단, 입원 및 외래치료, 재활치료 등을 목적으로 주로 병·의원 및 약국에서 제공하는 서비스를 급여 대상으로 하는 반면, 노인장기요양보험은 치매, 중풍의 노화 및 노인성 질환 등으로 인하여 혼자 힘으로 일상생활을 영위하기 어려운 대상자에게 요양시설이나 재가 장기요양기관을 통해 신체활동 또는 가사지원 등의 서비스를 제공하는 제도다.

2 내용

1) 급여신청

(1) 신청자격

65세 이상의 노인 및 65세 미만으로 노인성 질병을 가진 자가 신청 대상이다. 노인성질병이란 치매, 뇌혈관성질환, 파킨슨병 등 보건복지부 장관이 정하여 고시한 질병을 말한다.

(2) 신청

국민건강보험공단 지사에 본인 또는 대리인을 통해 신청이 가능하다. 대리인은 가족, 친족 또는 이해관계인, 사회복지 전담공무원, 시장·군수·구청장이 지정하는 자(대리 신청 시 대리인 본인임을 확인할 수 있는 신분증을 제시. 다만, 팩스, 우편접수의 경우 신분증 사본 제출)를 의미한다.

장기요양인정신청서는 공단에 비치된 서식이나 인터넷(www.longtermcare.or.kr)을 통해 다운받을 수 있다. 제출해야 할 의사소견서의 제출기한은 65세 이상 노인의 경우 신청서 제출 시 또는 등급판정위원회에 자료 제출 전까지이며, 65세 미만 중 노인성 질병을 가진 자는 신청서와 같이 제출한다.

(3) 신청의 종류

① 최초 신청

장기요양인정 신청을 처음 하는 경우로, 신청 자격을 가진 자가 장기요양급여를 받고자 할 때 신청한다. 의사소견서와 장기요양인정신청서가 필요하다.

② 등급변경 신청

장기요양급여를 받고 있는 동안 신체적·정신적 상태의 변화가 있는 경우에 신청한다. 장기요양변경신청서와 의사소견서가 필요하다.

③ 갱신 신청

장기요양인정 유효기간 종료가 예정된 경우이다. 유효기간 종료 90일 전부터 30일 전이 신청의 시기가 된다. 장기요양변경신청서와 의사소견서를 제출한다.

④ 급여 종류·내용 변경 신청

장기요양 급여의 종류 또는 내용을 변경하고자 하는 경우로 변경 사유 발생 시 신청한다. 장기요양급여종류·내용변경신청서, 사실확인서 등이 필요하다.

⑤ 이의 신청

통보받은 장기요양인정등급에 이의가 있는 경우 처분이 있은 날로부터 90일 이내에 해야 한다. 이의신청서와 사실 입증서류를 제출해야 한다.

2) 등급판정

등급판정은 '건강이 매우 안 좋다', '큰 병에 걸렸다' 등과 같은 주관적인 개념이 아닌 '심신의 기능 상태에 따라 일상생활에서 도움(장기요양)이 얼마나 필요한가?'를 지표화한 장기요양인정 점수를 기준으로 한다.

장기요양인정 점수를 기준으로 다음과 같은 5개 등급으로 등급판정을 한다. 장기요양등급판정위원회는 시·군·구청장이 위촉한 위원장을 포함하여 15인으로 구성하며, 이 가운데 의사 또는 한의사가 각각 1인 이상 포함되어야 한다. 위원회는 등급판정기준에 따라 장기요양인정신청자의 등급을 결정함으로써 수급자 여부를 판정한다.

〈표 15-3〉 **등급판정표**

등급	심신의 기능상태	장기요양인정 점수
1등급	일상생활에서 전적으로 다른 사람의 도움이 필요한 상태	95점 이상
2등급	일상생활에서 상당 부분 다른 사람의 도움이 필요한 상태	75점 이상 95점 미만
3등급	일상생활에서 부분적으로 다른 사람의 도움이 필요한 상태	60점 이상 75점 미만
4등급	심신의 기능상태 장애로 일상생활에서 일정 부분 다른 사람의 도움이 필요한 상태	51점 이상 60점 미만
5등급	치매(제2조에 따른 노인성질병으로 한정함)환자	45점 이상 51점 미만

출처: 국민건강보험공단 홈페이지.

등급판정 절차는 우선 신청에 의해 시작된다. 간호사, 사회복지사, 물리치료사 등으로 구성된 공단소속 장기요양 직원이 직접 방문하여 「장기요양인정조사표」에 따라 52개 항목과 특기 사항을 조사한다. 장기요양인정점수 산정신청인의 심신 상태를 나타내는 52개 항목의 조사 결과를 입력하여 「장기요양인정 점수」를 산정하게 된다.

등급판정위원회의 심의·판정등급 판정위원회는 방문조사 결과, 의사소견서, 특기 사항을 기초로 신청인의 기능상태 및 장기요양이 필요한 정도 등을 등급판정기준에 따라 심의와 판정을 한다.

〈표 15-4〉 **장기요양인정 조사표**

<table>
<tr><th>영역</th><th colspan="2">항목</th></tr>
<tr><td>신체기능
(13항목)</td><td colspan="2">① 옷 벗고 입기 ② 세수하기 ③ 양치질하기 ④ 목욕하기 ⑤ 식사하기
⑥ 체위 변경하기 ⑦ 일어나 앉기 ⑧ 옮겨 앉기 ⑨ 방 밖으로 나오기
⑩ 화장실 사용하기 ⑪ 대변 조절하기 ⑫ 소변 조절하기 ⑬ 머리감기</td></tr>
<tr><td>사회생활기능
(10항목)</td><td colspan="2">① 집안일 하기 ② 식사 준비하기 ③ 빨래하기 ④ 금전 관리 ⑤ 물건사기
⑥ 전화 사용하기 ⑦ 교통수단 이용하기 ⑧ 근거리 외출하기 ⑨ 몸단장하기
⑩ 약 챙겨먹기</td></tr>
<tr><td>인지기능
(10항목)</td><td colspan="2">① 단기기억장애 ② 날짜 불인지 ③ 장소 불인지 ④ 나이 생년월일 불인지
⑤ 지시 불인지 ⑥ 상황 판단력 감퇴 ⑦ 의사소통 전달장애 ⑧ 계산을 못함
⑨ 하루일과 불인지 ⑩ 가족·친지 불인지</td></tr>
<tr><td>행동변화
(22항목)</td><td colspan="2">① 망상 ② 환각, 환청 ③ 슬픈 상태, 울기도 함 ④ 불규칙 수면, 주야 혼돈
⑤ 도움에 저항 ⑥ 서성거림, 안절부절 못함 ⑦ 길을 잃음 ⑧ 폭언, 위협행동
⑨ 밖으로 나가려 함 ⑩ 물건 망가트리기 ⑪ 의미 없거나 부적절한 행동
⑫ 돈/물건 감추기 ⑬ 부적절한 옷 입기 ⑭ 대/소변 불결행위 ⑮ 화기 관리를 못함
⑯ 혼자 있는 것을 두려워함 ⑰ 이유 없이 고함지름 ⑱ 공공장소 부적절한 성적 행동
⑲ 물건을 먹음 ⑳ 간섭·참견 ㉑ 일이일식습관 변화, 식사 거부 ㉒ 귀찮게 따라다님</td></tr>
<tr><td>간호처치
(10항목)</td><td colspan="2">① 기관지 절개관 간호 ② 흡인 ③ 산소요법 ④ 욕창 간호 ⑤ 경관 영양
⑥ 암성통증 간호 ⑦ 도뇨 관리 ⑧ 장루 간호 ⑨ 투석 간호 ⑩ 당뇨발 간호</td></tr>
<tr><td rowspan="2">재활
(10항목)</td><td>운동장애(4항목)</td><td>관절제한(6항목)</td></tr>
<tr><td>① 우측 상지 ② 좌측 상지
③ 우측 하지 ④ 좌측 하지</td><td>⑤ 어깨관절 ⑥ 팔꿈치 관절
⑦ 손목 및 수지관절 ⑧ 고관절
⑨ 무릎관절 ⑩ 발목관절</td></tr>
</table>

출처: 「장기요양보험법」 시행규칙 별지 제5호 서식.

3) 급여의 종류와 내용

장기요양급여는 장기요양인정서가 도달한 날부터 받을 수 있다. 돌봄 가족이 없는 경우 등 대통령령이 정하는 부득이한 사유가 있는 경우에는 장기요양인정신청서를 제출한 날부터 장기요양인정서가 도달되는 날까지의 기간 중에도 장기요양급여를 받을 수 있다.

이용지원 대상은 1~5등급의 장기요양인정을 받은 사람이다. 장기요양인정자는 장기요양기관과 자율적인 계약을 통하여 급여를 이용한다. 이때 공단은 수급자에게 장기요양기관에 대한 자료를 객관적, 자율적으로 선택할 수 있도록 정보의 제공·안내·상담을 실행해야 한다.

장기요양급여는 크게 재가급여, 시설급여, 특별현금급여로 나누어진다.

(1) 재가급여

① 방문요양

장기요양요원이 수급자의 집을 방문하여 목욕, 배설, 화장실 이용, 옷 갈아입기, 머리감기, 취사, 생필품 구매, 청소, 주변정돈 등을 도와주는 급여이다.

② 방문목욕

장기요양요원이 목욕시설을 갖춘 차량을 이용해 수급자의 가정을 방문, 목욕을 제공하는 급여이다.

③ 방문간호

장기요양요원인 간호사가 의사, 한의사, 치과의사의 지시에 따라 가정을 방문해 간호진료의 보호요양에 관한 상담 또는 구강위생을 제공하는 급여이다.

④ 주·야간보호

수급자를 하루 중 일정한 시간 동안 장기요양기관에 보호, 신체활동 지원 및 심신기능의 유지·향상을 위한 교육, 훈련 등을 제공하는 급여이다.

⑤ 단기보호

수급자를 월 15일 이내 기간 동안 장기요양기관에 보호하여 신체활동 지원 및 심신기능의 유지와 향상을 위한 교육과 훈련 등을 제공하는 장기요양 급여이다.

⑥ 복지용구

수급자의 일상생활·신체활동 지원에 필요한 용구로서 보건복지부 장관이 정하여 고시하는 제품을 제공하거나 대여하여 노인장기요양보험대상자의 편의를 도모하고자 지원하는 급여이다. 수동휠체어, 전동·수동 침대, 욕창방지매트리스, 욕조용 리프트, 이동욕조, 보행기 등이 있다.

(2) 시설급여

장기요양기관이 운영하는 노인의료복지시설(요양병원 제외)에 장기간 동안 입소하여 신체활동지원, 심신기능의 유지·향상을 위한 교육·훈련 등을 제공하는 장기요양급여이다

(3) 특별현금급여

장기요양기관이 현저히 부족한 지역(도서·벽지)에 거주하는 자, 천재지변 등으로 장기요양기관이 실시하는 장기요양급여의 이용이 어렵다고 인정된 자, 신체, 정신, 성격 등의 사유로 가족 등이 장기요양을 받아야 하는 자에게 가족요양비를 지급한다.

① 가족요양비

대상은 도서·벽지 등 장기요양기관이 현저히 부족한 지역으로서 보건복지부 장관이 정하여 고시하는 지역에 거주하는 자, 천재지변이나 그 밖에 이와 유사한 사유로 인하여 장기요양기관이 제공하는 장기요양급여를 이용하기가 어렵다고 보건복지부 장관이 인정하는 자, 신체·정신 또는 성격 등 대통령령으로 정하는 사유로 인하여 가족 등으로부터 장기요양을 받아야 하는 자이다.

② 특례요양비

수급자가 장기요양기관이 아닌 노인요양시설 등의 기관 또는 시설에서 재가급여 또는 시설급여에 상당한 장기요양급여를 받은 경우 대통령령으로 정하는 기준에 따라 당해 장기요양급여비용의 일부를 당해 수급자에게 특례요양비로 지급할 수 있다.

③ 요양병원 간병비

수급자가 요양병원에 입원한 경우 대통령령으로 정하는 기준에 따라 장기요양에 사용되는 비용의 일부를 요양병원 간병비로 지급할 수 있다.

4) 재원

노인장기요양보험의 재원은 장기요양보험료, 국가지원, 본인일부부담금으로 구성되어 있다.

(1) 재원조달

① 장기요양보험료

장기요양보험 가입자는 건강보험 가입자와 동일하며, 공단은 장기요양보험료와 건강보험료를 통합하여 징수한다. 공단은 통합 징수한 장기요양보험료와 건강보험료를 각각 독립회계로 관리한다.

장기요양보험료는 건강보험료액에 장기요양보험료율을 곱해 산정하며, 장기요양보험료율은 보건복지부 장관 소속 장기요양위원회의 심의를 거쳐 대통령령으로 정한다.

② 국가부담

국가는 매년 예산의 범위 안에서 당해 연도 장기요양보험료 예상수입액의 100 분의 20에 상당하는 금액을 공단에 지원한다. 국가와 지방자치단체는 의료수급권자의 장기요양급여비용 중 공단이 부담하여야 할 비용과 관리운영비의 전액을 대통령령이 정하는 바에 따라 각각 부담한다.

③ 본인일부부담금

재가급여는 당해 장기요양급여비용의 100 분의 15이다. 시설급여는 당해 장기요양급여비용의 100 분의 20이다. 국민기초생활 수급권자는 본인 일부 부담금이 없다. 국민기초생활 수급권자를 제외한 의료급여 수급권자 및 감경적용 대상자는 일반 수급자 본인일부부담금의 100 분의 50을 감액한다.

(2) 급여비용

① 재가 및 시설 급여비용

장기요양기관이 수급자에게 재가급여 또는 시설급여를 제공한 경우 공단에 장기요양급여비용을 청구하여야 하며 공단은 이를 심사하여 공단부담금(본인일부부담금을 공제한 금액)을 당해 장기요양기관에 지급한다.

재가 및 시설 급여비용은 급여 종류 및 장기요양등급 등에 따라 장기요양위원회의 심의를 거쳐 보건복지부 장관이 정하여 고시된다.

② 장기요양급여비용 산정의 일반원칙

㉠ 장기요양급여는 장기요양인정서의 장기요양급여 종류 및 내용에 따른 표준장기요양이용계획서(장기요양 필요 영역 및 주요 기능 상태, 장기요양 목표, 장기요양 필요 내용, 수급자의 희망급여, 표준장기요양 이용계획 및 비용, 유의사항 등)를 고려하여 필요한 범위 안에서 적정하게 제공하여야 한다.

㉡ 장기요양급여비용은 급여 종류별 급여비용 및 산정기준에 의하여 산정하되, 급여비용의 가산 및 감산에 의하여 산출된 금액에 10원 미만의 단수가 있을 때에는 반올림한다.

㉢ 타 법령에 의한 사회복지시설(「사회복지사업법」 제34조 제2항의 규정에 의한 신고를 하지 아니하고 설치 운영되는 시설을 포함함)에 입소 중인 수급자에게

제공한 장기요양급여비용(복지용구를 포함함)은 산정하지 아니한다. 다만, 「노인복지법」 제32조에 의한 노인복지주택에 입소 중인 경우 재가급여비용은 그러하지 아니한다.

③ 재가급여 월 한도액

재가급여 월 한도액은 1등급 1,196,900원, 2등급 1,064,300원, 3등급 981,100원, 4등급 921,700원, 5등급 784,100원이다.

④ 재가급여의 수가

㉠ 방문요양

30분 11,390원, 60분 17,4900원, 90분 23,450원, 120분 29,610원, 150분 33,650원, 180분 37,200원, 210분 40,470원, 240분 이상 43,500원이다. 야간에는 20%가 가산되며, 휴일은 30%를 가산한다.

㉡ 방문목욕

차량을 이용한 차량 내 목욕은 72,540원이며, 차량을 이용하지만 가정 내에서 목욕을 하면 65,410원이다. 차량을 이용하지 않을 경우에는 40,840원이다. 목욕은 원칙적으로 2인 이상의 요양보호사가 60분 이상 제공 시 산정하고 40~60분인 경우 80%를 산정한다.

㉢ 방문간호

- 30분 미만은 32,630원, 30분 이상 60분 미만이 40,940원이다. 60분 이상은 49,250원이다.
- 야간은 20%, 심야 및 휴일은 30%가 가산된다.

㉣ 주야간 보호

- 3시간에서 6시간 미만 시 1등급 26,700원, 2등급 24,720원, 3등급 22,820원, 4등급 21,780원, 5등급 20,740원이다.
- 6시간에서 8시간 미만 시 1등급 35,790원, 2등급 33,160원, 3등급 30,610원, 4등급 29,570, 5등급 28,520원이다.

- 8시간에서 10시간 미만 시 1등급44,530원, 2등급 41,250원, 3등급 38,080원, 4등급 37,040원, 5등급 35,990원이다.
- 10시간에서 12시간 미만 시 1등급 49,050원, 2등급 45,440원, 3등급 41,980원, 4등급 40,930원, 5등급 39,880원이다.
- 12시간 이상 시 1등급 52,600원, 2등급 48,730원, 3등급 45,020원, 4등급 43,980원, 5등급 42,930원이다.

ⓜ 단기보호

1일당 1등급 44,900원, 2등급 41,590원, 3등급 38,410원, 4등급 37,390원, 5등급 36,380원이다. 월 15일 이내로 급여의 이용이 가능하다. 특별한 요청이 있으면 연간 2회에 한해 월 15일을 초과해 이용할 수 있다.

⑤ 시설급여 수가

㉠ 노인요양시설, 노인요양공동생활가정

- 노인요양시설 1등급 57,040원, 2등급 52,930원이다.
- 노인요양시설 3~5등급 48,810원이다.
- 노인요양공동생활가정 1등급 51,290원, 2등급 47,590원이다.
- 노인요양공동생활가정 3~5등급 43,870원이다.

㉡ 특별현금급여

- 가족요양비 1, 2, 3, 4, 5 등급 모두 1개월 150,000원이다.
- 의사소견서는 의료법에 따른 의료기관(보건의료원 포함)인 경우 32,890원, 지역보건법에 따른 보건소와 보건지소는 21,170원이다.

㉢ 재가 및 시설급여비용 부담

- 시설급여의 경우 당해 장기요양급여 비용의 20%를 본인이 부담하며, 재가급여 비용은 15%를 본인이 부담한다.
- 국민기초생활 수급권자는 본인부담이 없다. 국민기초생활 수급권자를 제외한 의료급여 수급권자는 본인일부부담금의 50%를 감경한다. 또

한, 보건복지부 장관이 정하여 고시한 소득·재산 등이 일정 금액 이하인 자는 본인일부부담금의 50%를 감경한다. 단, 비급여 항목 비용, 월 한도액 초과비용은 의료급여 수급권자, 국민기초생활 수급권자의 경우에도 본인이 전액 부담해야 한다.

㉣ 전액본인부담

- 비급여 항목 : 식사 재료비, 상급침실 이용에 따른 추가비용, 이·미용비, 그 외 일상생활에 통상 필요한 것과 관련된 비용으로 수급자에게 부담시키는 것이 적당하다고 보건복지부 장관이 정하여 고시한 비용이다. 비급여 항목의 비용은 원칙적으로 해당 용역을 제공하기 위한 실제 소요비용(실비)을 산정하여야 한다.
- 월 한도액 초과 비용 : 장기요양급여의 월 한도액을 초과하는 비용은 본인이 전부 부담한다.

3 외국의 장기요양보험

1) 독일

독일의 다섯 번째 사회보험인 사회적 장기요양보험(sozialen pflegeversicherung)은 1995년에 도입되었다. 독일의 장기요양보험은 장기요양이 필요한 사람과 그 가족뿐 아니라 일반 국민에게도 장기요양에 소요되는 재정을 지원하고 있다.

핵가족과 여성취업의 증가에 따른 가족 구성원에 의한 장기요양서비스 제공 가능성의 약화, 인구 구조의 고령화에 따른 장기요양 필요자의 사회적 증가 및 사회보장제도의 결함에 의한 장기요양 필요자 가족의 비용부담 증가 등 저출산·고령화사회에서 극복해야 하는 인구 사회경제적 배경에서 도입되었다.

도입의 필요성이 더 강력하게 제기되고 국민적 공감대를 얻은 것은 2가지이다.

첫째, 의료보험이 인간의 노화현상 때문에 필요하게 되는 일상적 사회서비스(daily social service)를 급여로 제공하지 않음에 따라 장기요양이 필요한 사람과 그 가족의 비용부담 문제가 심화되었다.

둘째, 장기요양이 필요한 사람과 그 가족이 시설 입소비용을 감당할 수 없게 됨에 따라 기초지역자치단체가 제공하는 공공부조에 의존하는 사례급증으로 지자체의 재정문제가 심화되었기 때문이다.

연방정부는 장기요양에 필요한 사회보장제도 구축을 위해 장기요양서비스 제공 프로그램과 기존 사회보장 프로그램 간의 관계 설정, 장기요양 문제해결의 전체적 개념·급여의 종류·장기요양시설의 인프라·전문적 및 자원봉사 장기요양 서비스 제공 인력 등에 관한 방안과 내용, 장기요양 서비스가 필요한 사람의 규모 등을 검토하였다.

당초 장기요양보험의 급여는 보충적이며, 현물급여와 현금급여에 상한선을 설정하였다. 현금급여의 경우 급여대상자 자격의 엄격화를 통해 가족의 비공식적 급여제도를 유도하였고, 시설입소의 경우 장기요양서비스 제공에서 식비와 숙박비를 제외해 본인부담금을 설정하였다.

공적 의료보험에 가입한 자는 사회적 장기요양보험에, 민간의료보험에 가입한 자는 민간장기요양보험에 자동으로 강제 가입된다. 가입자가 부양하는 피부양자도 피보험자가 된다. 노령연금생활자도 강제 가입되며, 보험료는 본인이 전액 부담한다.

장기요양의 필요성은 신체적, 정신적 혹은 영적인 질병이나 장애로 일상적이며 규칙적으로 반복되는 매일의 일상적인 삶의 유지를 위해 필요하다. 일생 동안 최소 6개월 동안 상당한 정도 혹은 높은 수준에서 다른 사람의 도움이 필요한 사람이 장기요양보험급여의 대상이 된다.

〈표 15-5〉 기본 장기요양급여의 종류, 내용, 시간 및 비용

종류	내용	기간(분)	비용(DM)
장시간의 신체관리	옷 갈아입기, 피부 관리, 머리 빗기, 입 치아 의치 손질, 이하선염 치료, 면도, 침대로 이동하기, 신체 청결	45	38.25
간이화장	입 치아 의치 손질, 이하선염 치료, 침대로 이동, 세면 돕기 등 신체청결	30	25.50
전신목욕	옷 갈아입기, 목욕, 침대로 이동	45	38.25
배설 돕기	옷 갈아입기, 손가락을 이용한 배설, 배설용품을 이용한 배설, 방뇨와 배설, 화장실 가기 돕기, 불결한 신체 청결, 구토배설물 처리	20	17.00
거동 불능 돕기	침대 정리, 취침 돕기, 침대 이탈 예방	10	8.50
운동	허약한 골절과 식탁으로 이동, 음식물 준비, 먹기 쉽게 음식물 자르기	10	8.50
음식물 섭취－간단한 돕기	침대에서 식탁으로 이동, 음식물 준비, 먹기 쉽게 음식물 자르기	10	8.50
음식물섭취－광범위한 돕기	침대에서 식탁으로 이동, 음식물 준비, 먹기 쉽게 음식물 자르기	35	29.75
외출과 귀가 돕기	외출 귀가 시 옷 갈아입히기, 계단 오르내리기, 관공서 의료기관 방문, 장보기 등 돕기	60	51.00

출처: 국민건강보험공단 홈페이지.

2) 일본

2000년 4월부터 시작된 일본 개호보험은 사회보험방식에 의한 장기요양 보장제도이다. 의료서비스와 개호서비스를 분리해 재정 안정을 도모하면서 노인보건법이나 노인복지법 등에 의해 분리되어 제공되던 케어 관련 서비스를 일원화해 더욱 효율적이고 포괄적인 케어를 노인에게 제공하자는 취지에서 비롯되었다.

개호보험은 고비용의 시설서비스에 의한 고령자 개호에서 탈퇴해 재가복지서비스에 의해 지역사회 환경을 정비하고자 하였다.

고령자를 보살필 수 있는 가족 상황의 변화에서도 도입이 검토되었다. 핵가족화

의 급진전, 여성의 사회진출 확대와 부양의식 변화는 가족 의존형 개호 시스템의 한계를 보였다. 또한, 자녀와의 동거율이 해를 더할수록 낮아지고 독거노인과 부부 단독세대 비율이 매년 증가하고 있어 고령자 개호에 대한 부담을 가족에서 사회로 전환할 수밖에 없었다.

국민부담을 줄이고, 사회복지 영역에 시장원리를 도입해 개호서비스의 효율화를 유도하자는 사회적 공감대가 형성되었다. 고령자의 개호를 행정 주도로 지켜나가는 것이 아니라 지역사회 시스템으로 정착시키기 위한 노력의 일환이기도 하였다.

2004년 도입된 개호보험제도는 재택서비스의 이용이 급증하였고, 제도적 차원에서 정착되어 가는 추세다. 제1호 피보험자(65세)가 있는 세대 수는 2005년 2월 현재 1,801만 세대며, 2004년(1,757만 세대) 대비 44만 세대가 증가하였다.

비교적 건강한 상태에서 약간의 지원을 필요로 하는 요지원(1등급) 상태에서부터 와상 상태의 중증으로 보다 많은 서비스를 필요로 하는 개화도 5까지 모두 6등급으로 구분하고 있다.

서비스 종류는 다음과 같다.

(1) 시설입소서비스

특별 양호노인홈(전문요양시설), 노인보건시설(중간시설), 요양병상 입원, 재활, 의료서비스가 있다.

(2) 재가서비스

홈 헬퍼(home helper)에 의한 방문개호, 간호사에 의한 방문간호, 낮 시간 동안 해당 시설을 방문해 레크리에이션 및 생활개호, 생활지원 혹은 재활서비스를 제공받는 데이서비스, 단기입소, 복지용구의 대여 등이 있다.

3) 영국

영국의 장기요양보호는 자주 가사원조(쇼핑, 식사준비 등), 대인적 보호(옷 입기, 목욕 등) 그리고 요양보호를 의미하는 것으로 받아들여진다. 가정에서 생활하고 있는 노인을 위한 대부분의 장기요양보호 서비스는 현재 비공식적 보호자에 의해 제공되고 있다. 공식적 보호서비스는 지방정부 사회서비스, 지역보건서비스, 독립 부문 주거보호시설, 요양시설, 홈케어 및 주간보호서비스를 포함하고 있다.

노인요양보호에 대한 논의는 1980년대와 1990년대 초 주로 서비스 형태와 조직과 관련이 있었다. 보호욕구를 가진 노인을 위한 보호는 1980년대까지도 시설보호에 의존하였으나, 1990년 국가보건서비스 및 지역사회보호법 제정으로 시설보호에서 지역사회보호로의 서비스 전환이 이루어졌다. 지방 당국은 재가 보호뿐 아니라 시설 보호의 재원조달에 대한 책임을 지게 되었다.

1990년대 말 장기요양보호에 대한 왕립위원회의 위원은 장기요양보호의 재원조달에 대한 관심을 제고시켰다.

영국의 노인장기요양보호서비스는 서비스의 공급주체에 따라 비공식적 보호서비스와 공식적 보호서비스로 구분된다.

영국에서 비공식적 보호는 노인장기요양보호의 가장 중요한 원천이고, 특히 가족이 이동, 자기보호, 가사 원조가 필요한 노인에게 제공되는 도움의 가장 커다란 공급자이다. 영국의 의존적인 노인의 약 절반 정도가 오로지 비공식적 보호에만 의존하고 있다.

가정에서 생활하는 노인이 이용할 수 있는 주요한 장기요양보호서비스에는 홈케어서비스, 지역간호서비스, 주간병원이나 주간보호센터의 주간보호, 식사배달 혹은 점심클럽, 발치료, 치료서비스와 민간 가사지원이 있다.

국민보건서비스(National Health Service) 하에 보건서비스의 재원은 중앙정부, 주로 일반 조세로 충당된다. 일부는 국가보험료로 이루어지고 있다. 사회적 서비스는 지방당국에 의해 재원이 조달되고 있다. 지방당국의 재원은 지방세와 서비스 요금으로 충당되지만 주로 중앙정부보조금으로 나온다.

지방당국은 비시설보호에 대해 자체적으로 요금부가정책을 수립할 수 있으나, 시설보호에 대한 요금부가정책은 중앙정부에 의해 결정된다.

4 과제와 전망

1) 재정 안정화

장기요양서비스는 만성적인 질환이나 활동장애를 가진 노인이 생존하는 동안 계속해 제공되는 것이므로 노인인구의 증가와 평균 수명의 연장 등 고령화 사회의 진전에 따라 요양서비스 수요도 지속적으로 증가할 것으로 예상된다.

국민기초생활보장 수급대상 노인의 증가 및 65세 미만 인구 중 노인성 질병을 가진 인구의 증가 역시 수요증가 요인으로 작용할 가능성이 있다. 부모와 동거하고 있는 가구의 비율이 감소하고 노인에 대한 가정 내 수발을 주로 담당하고 있는 45세 이상 64세 이하의 여성인구가 감소하고 있는 것도 장기요양서비스 수요의 증가요인으로 작용할 것으로 예상된다.

선진국의 사례를 참조해 본인부담비율, 요양보험료, 요양등급 판정 등 제도의 재정부담 문제와 관련된 요소를 신중히 검토해야 할 것이다. 독일의 경우 2005년에 자녀가 있는 근로자의 보험료율은 소득의 0.85%로, 자녀가 없는 근로자의 보험료율은 1.15%로 차별화하였으며, 일본의 경우 2006년에 상대적 경증 노인을 급여대상에서 제외시키고 있다. 독일과 일본, 룩셈부르크, 네덜란드 등 사회보험방식으로 요양제도를 운영하고 있는 국가는 65세 이상 은퇴한 노인도 보험료를 지불하도록 함으로써 고령화에 따른 재정 불안정에 대비하고 있다.

2) 신뢰성 있는 요양등급판정

등급판정의 객관성과 신뢰 확보는 노인장기요양보험의 성패를 좌우한다고 해도 과언이 아니다. 투명한 판정과 일관성 유지는 관건이다. 요양등급 판정과 분류체계를 객관적으로 운영해야 한다. 지역별로 요양인정 등급이 달라지는 것도 문제다.

현재 추진되고 있는 제도의 수가는 노인의 건강 상태를 기준으로 5단계로 분류되는 요양등급에 따라 결정되지만 이를 더욱 세분할 필요가 있다.

3) 재가서비스 활용촉진

시행되고 있는 노인장기요양보험제도는 재가서비스보다 시설서비스 중심으로 운영될 가능성이 크다. 국민건강보험공단이 노인장기요양보험제도 2차 시범사업 운영결과(2007) 전체 요양서비스 이용자 중 시설서비스 이용자는 44.9%, 재가서비스 이용자는 35.4%로 시설서비스 이용자 비중이 더 크게 나타났다.

재가서비스 활용을 촉진하기 위해서는 우선적으로 재가서비스 공급을 확대하고 장기요양관리요원에 대한 교육 강화, 복지용구 대여의 활성화 등 재가서비스 이용을 권장하는 정책적 노력이 요구된다.

제도의 안정성을 해치지 않는 범위 내에서 비전문 수발자에 대한 지원도 검토할 필요가 있다. 도서 벽지 등 요양시설이 없어 불가피하게 가족 등으로부터 수발을 받는 경우에 한해 예외적으로 인정하고 있는데 좀 더 그 폭을 확대하자는 것이다. 독일과 룩셈부르크에서는 가족 등 비전문 수발자에 대해서도 요양급여를 지급하되, 요양급여의 크기는 시설서비스나 재가서비스보다 축소해 지급하고 있다.

4) 시설 인프라 확충

요양시설의 공급을 확대하고 민간의 참여 유도를 위해 지역 간 시설 공급의 불균형 문제를 해소하고 서비스 공급자 간 경쟁을 촉진할 필요가 있다. 각 공급자가 제공하는 서비스의 질을 표준화된 방식으로 측정하고, 이를 해당 자치단체의 홈페이지에 게재하는 등의 방법으로 요양서비스 품질 정보에 대한 소비자의 접근을 쉽게 해야 한다.

미국의 경우 2002년부터 50개 주에 있는 1만 7천 개 요양시설의 서비스 품질에 대한 정보를 제공하고 있으며, 일본의 경우 서비스 품질에 대한 기준이 충족되지 못할 경우 요양급여를 줄이고 있다.

CHAPTER

16 국민기초생활보장제도

1 국민기초생활보장제도의 의의

국민기초생활보장제도가 추구하는 것은 단순 생계지원에서 벗어나 수급자의 자립과 자활을 촉진하는 생산적 복지다. 생계유지가 어려운 저소득층의 종합적 빈곤 대책을 표방하고 있는 국민기초생활보장제도는 40년간의 시혜적 단순 보호 차원의 생활보호제도에서 벗어나 저소득층에 대한 국가의 책임을 강화했다는 점에서 그 의의를 찾을 수 있다.

1) 기초생활보장과 자활

종전의 거택·자활보호의 구분을 없애고 근로능력 여부·연령 등에 관계없이 국가의 보호를 필요로 하는 최저생계비 이하의 모든 가구에 대하여 생계비를 지급하고 있다. 수급자의 범위도 「생활보호법」에 비해 확대되었다.

근로능력자에 대해서는 근로 유인장치를 두어 근로 의욕이 감퇴되는 것을 방지하고 있다. 생계급여를 위한 가구소득 산정 시 근로 활동으로 발생하는 소득의 일부를 공제하는 방안 등 근로유인장치가 마련되었다.

자활공동체사업, 직업훈련, 구직활동 등에 참여하는 조건으로 생계비를 지급하고 있다. 조건이 이행되지 않으면 생계급여는 중지된다. 수급자의 근로능력, 가구여건, 자활욕구 등을 고려한 가구별 자활지원계획을 수립하여 체계적인 자활을 지원하고 있다.

보육·간병·재가복지 등 지역사회복지자원을 연계·제공하여 근로능력자가 안심하고 근로활동에 종사할 수 있도록 여건을 조성하는 것이 자활과 생산적 복지의 관건이다.

2) 연혁

빈곤에 관한 최초의 기본 시책은 1948년 제정·공포된 「헌법」 제19조의 '노령 질병 등 생활무능력자에 대한 국가의 보호' 규정에서 비롯되었다. 그러나 경제사정 등으로 구체적인 하위 법령이 제정되지 않았고, 예산상의 배정도 이루어지지 못해 선언적 규정에 머물러야 했다.

1950년대부터 1960년대 초반기의 빈곤정책은 민간이 주가 되었다. 영세성을 벗어나지 못했고, 자선적 성격이 짙었으며, 대부분 비전문가에 의해 주도되었다. 6·25 전쟁으로 인한 전재민의 의식주와 후방 국민의 기본 생활유지를 위한 구호사업이나 전쟁고아 수용과 보호 사업이 주를 이루었다. 1950년 8월 4일 피난민 수용소에 대한 임시조치법이 제정·공포되었다.

빈곤정책이 본격적으로 추진된 것은 1961년 12월 31일 제정된 「생활보호법」부터다. 47조에 3개 항의 부칙으로 이루어진 「생활보호법」은 제1조에 "노령 질병 기타 근로능력 상실로 인해 생활유지능력이 없는 자 등에 대한 보호와 그 방법을 규정해 사회복지 향상에 기여함을 목적으로 한다."고 명시하였다.

「생활보호법」은 보호대상자의 범위를 확대했으며 보호의 종류도 다원화하였다. 즉, 생계보호, 의료급여, 해산보호 등으로 다원화하여 건강하고 문화적인 최저생활을 유지할 수 있는 기반을 조성해 놓았다. 그러나 시행과정에 있어 대상자 선정의 비합리성, 급여의 저급성, 운영의 비합리성이 나타났다.

65세 이상의 노인이나 18세 미만의 아동, 임산부로 생계보호 대상자를 제한하면서 실질적으로 생계가 어려운 많은 저소득자가 보호받지 못하였다. 1997년 외환위기를 맞으면서 「생활보호법」의 한계는 더욱 극명하게 드러났다. 생존의 위협에 노출되면서도 국가나 지방정부로부터 그 어떤 공적 부조도 받지 못하는 '복지의 사각지대'를 더 이상 방치해서는 안 된다는 국민적 공감대가 형성되었다.

그러나 이보다 앞선 1994년 9월 참여연대 사회복지위원회는 「생활보호법」의 문제점을 제기하며 국민복지기본선운동을 시작하였다. 이슈화되지 못했던 국민기초생활보장은 1997년의 외환위기로 새로운 국면을 맞이하게 된다.

경제위기가 대량 실업과 궁핍을 유발시켰고, 이는 다시 가족 해체로 이어졌다. 가족이라는 울타리 안에서 생계와 보호가 유지되는 제도적 장치의 필요성은 전 국민적 공감대를 얻기에 이르렀다.

1998년 3월 4일 참여연대는 '긴급제안 IMF 시대 고실업사회의 사회적 대안'이라는 제목의 공청회를 개최했으며, 같은 해 5월 12일 사회복지학과 교수 209명의 서명을 받았다. 이어 6월 29일에는 참여연대와 시민단체가 연계 '사회보장정책 협의모임'을 결성하고 '「국민기초생활 보장법」 제정과 저소득실업자 생계안정화 방안' 모색을 위한 공청회를 개최하였다.

1998년 7월 23일 19개 시민단체가 주관하는 '「국민기초생활 보장법」 제정을 위한 국민청원 및 제정 촉구대회'를 가졌다. 시민단체가 「국민기초생활 보장법」을 입법청원한 것이다.

국민적 합의에 따라 1998년 12월 28일 국회보건복지위원회는 국민기초생활 보장법안을 통과시켰다. 그러나 상임위에는 상정조차 되지 못했다.

참여연대는 1999년 3월 4일 종교계, 시민사회단체, 노동계 등과 연계해 '국민기초생활 보장법 제정추진 연대회의'를 결성하고 법제정을 위한 전국적 범국민 운동을 전개하였다. 연대회의는 대중 동원과 상층부 설득 운동을 병행하였다. 마침내 1999년 6월 21일 김대중 대통령은 "중산층과 서민이 안심하고 살 수 있도록 국민기초생활보장기본법을 개정하겠다."고 발표하였다. 1999년 8월 9일 보건복지상임위 법안심사소위는 김홍신 의원이 발의한 법안과 1998년 8월 9일 보건복지상임위 법안심사소위를 통과했던 안을 절충해 「국민기초생활 보장법」을 마련하였다. 이 법은 같은 해 8월 11일 법제사법위원회를 통과하였고, 9월 7일 법률 제6024호로 제정되었다.

〈표 16-1〉 국민기초생활보장제도와 생활보호제도의 비교

구분	국민기초생활 보장제도	생활보호제도
법적 용어	저소득층에 권리 부여 (수급권자, 보장기관, 생계급여 등)	국가에 의한 보호 성격 (보호, 피보호자 등)
대상자 구분	대상자 구분 폐지 – 조건부 생계급여자는 예외	대상자 구분 – 거택보호자는 18세 미만 아동, 65세 이상 노인 – 자활보호자는 근로능력자
선정기준	소득인정액이 최저 생계비 이하인 사람	소득과 재산이 기준 이하인 사람
급여	생계급여, 주거급여(신설), 긴급급여(신설), 의료급여, 교육급여, 해산급여, 장제급여, 자활급여	생계, 의료, 자활보호, 교육보호, 장제보호, 해산보호
자활지원 계획	근로능력자에 대한 가구별 지원계획 수립	없음

출처: 보건복지부, 2000.

2 내용

1) 수급권자와 중위소득

(1) 수급권자

기초생활보장법의 목적은 생활이 어려운 사람에게 필요한 급여를 행해 최저생활을 보장하고 자활을 조성하는 것이다(「국민기초생활 보장법」 제1조).

「국민기초생활 보장법」에 명시한 수급권자란 이 법에 의해 급여를 받을 수 있는 자격을 가진 사람을 말한다. 또, 이 법에 의해 급여를 받는 사람이 곧 수급자다.

수급권자는 부양의무자(수급권자 1촌의 직계혈족 및 그 배우자)가 없거나, 부양의무자가 있어도 부양능력이 없거나 부양을 받을 수 없는 자로서 2016년 7월부터 중위소득 이하의 소득 가구이어야 한다. 중위소득은 우리나라 전체 가구를 소득 순으로 나열할 때 정확히 중간에 위치하는 가구의 소득을 말한다. 2016년 중위소득은 월 422만 2,533원(4인 가구 기준)으로 결정됐다. 가구소득이 중위소득의 29~50% 이하인 경우 생계·의료·주거·교육 급여를 지원받을 수 있다.

보건복지부는 중앙생활보장위원회에서 의결한 2015년 중위소득을 맞춤형 급여 지원의 기준으로 적용하고 있다. 생계비가 현금으로 지원되는 '생계급여'는 가구소득이 중위소득의 29% 이하인 경우 받을 수 있다. 주거비도 현금으로 지원된다. 중위소득의 43% 이하로 서울에 사는 세입자의 경우 1인 가구는 최대 19만 원, 4인 가구는 최대 30만 원까지 주거급여를 받을 수 있다.

진료비가 면제·감면되는 의료급여는 중위소득의 40% 이하일 경우 받는다. 의료급여 수급자가 되면 건강보험이 적용되는 진료비의 0~15% 정도만 본인이 부담한다. 또, 중위소득의 50% 이하 가구는 수업료, 입학금, 교과서 대금, 교재비, 학용품비 등 교육급여를 지원받게 된다.

〈표 16-2〉 **2016년 기준 중위소득**

구분	1인 가구	2인 가구	3인 가구	4인 가구	5인 가구	6인 가구	7인 가구
금액(원)	1,624,831	2,766,603	3,579,019	4,391,434	5,203,849	6,016,265	6,828,680

(주) 8인 이상의 기준 중위소득은 1인 증가 시 812,415원씩 증가

출처: 보건복지부 홈페이지.

(2) 최저생계비의 결정

최저생계비는 국민의 건강하고 문화적인 생활을 유지하기 위하여 소요되는 최소한의 비용을 의미한다. 보건복지부 장관은 매년 9월 1일까지 중앙생활보장위원회의 심의·의결을 거쳐 다음 연도의 최저생계비를 공표하며, 3년마다 계측조사를 실시해야 한다.

우리나라의 최저생계비는 전물량 방식으로 지역별, 가구 규모별, 가구 유형별로 계측한다. 계측조사는 전국 일반 가구와 저소득 가구를 대상으로 각 가구의 소득과 재산 지출실태를 조사한다. 이 조사를 토대로 4인 가구를 표준 가구로 설정하고 가구 균등화 지수를 도출한다. 이어 필수품목의 가격과 사용량을 토대로 표준 가구의 최저생계비를 결정한다.

최저생계비를 결정하는 방식은 전물량 방식, 반물량 방식, 상대빈곤선 방식, 소비자 물가상승률 적용 방식, 수준균형 방식 등으로 분류할 수 있다.

〈표 16-3〉 2016 최저생계비

구분	1인 가구	2인 가구	3인 가구	4인 가구	5인 가구	6인 가구	7인 가구
금액 (원/월)	649,932	1,106,642	1,431,608	1,756,574	2,081,540	2,406,506	2,731,473

(주) 8인 이상 가구의 최저생계비 : 1인 증가 시마다 324,967원씩 증가 (8인 가구: 3,056,440원)

출처: 보건복지부 홈페이지.

① 전물량 방식(market basket 방식, Rowntree 방식)

인간생활에 필수적인 모든 품목에 대하여 최저한의 수준을 정하고, 이를 화폐가치로 환산(가격 × 최저소비량)한 총합으로 최저생계비를 구하는 방식이다. 보충급여 체계에서 의료비, 교육비 등 급여 종류별 기준액 산정과 장애인, 노인 등의 가구 유형별 부가급여 기준 결정에 유용한 반면, 필수품 선정에 있어서 연구자의 자의성이 개입될 수 있는 개연성이 있다.

② 반물량 방식(Engel, Orshansky 방식)

최저식료품비를 구하여, 여기에 엥겔계수(식료품비 / 총소득)의 역수를 곱한 금액을 최저생계비로 보는 방식이다. 전물량 방식보다 계측이 간편하고 연구자의 자의성을 줄일 수 있으나, 엥겔지수를 도출하기 위한 최저 생활수준을 설정하는 데도 자의성을 배제하기 힘들고, 전물량 방식에 비해 가구 유형별 최저생계비 계측이 곤란한 단점이 있다.

③ 상대빈곤선 방식

평균(또는 중위) 소득(또는 지출)의 '일정 비율' 이하에서는 그 사회의 대다수가 일반적으로 누리고 있는 생활수준을 향유하지 못한다고 보고, 그 수준을 최저생계비로 보는 방식이다. 계측이 가장 간단명료하고, 절대빈곤 문제를 어느 정도 해결한 선진국에서 유용하게 사용되나, 무엇을 기준으로 그 기준의 어떤 수준을 최저생계비로 설정할 것인지가 문제다.

④ 소비자물가 상승률 적용 방식

기준연도의 최저생계비에 소비자물가 상승률을 적용하여 당해 연도 최저생계비를 추정하는 방식이다. 물가는 소비 지출에 비해 안정적이고, 비계측연도 최저생계비 결정방식에 대한 국민의 이해·설득이 용이하며, 가장 쉽게 연도별 최저생계비를 추정할 수 있어 널리 쓰인다. 그러나 소득·기호 변화 및 기술의 발전에 따르는 생활필수품의 내용 및 질의 변화를 반영하지 못하는 것은 단점이다. 원래는 마켓 바스켓에 포함되는 생필품의 상승률만을 적용해야 하나, 생필품을 포함한 전 품목에 대한 상승률을 의미하는 소비자물가 상승률을 대리 변수로 적용하므로 양자의 차이가 발생하는 문제가 있다. 일반적으로 일반 소비자물가 상승률보다 생필품물가 상승률이 더 높다.

⑤ 수준균형 방식

소비지출에 대한 최저생계비 비율을 유지하는 방식이다. 최저생계비 계측연도의 평균 소비지출과 최저생계비와의 비율을 구하고, 추정하려는 연도의 소비지출에 이 비율을 적용하여 당해 연도 최저생계비를 추정한다. 일반 가구의 생활수준 향상에 맞춰 최저생계비를 연동시킴으로써 균형을 도모하는 데 목적을 두고 있다. 물가 외에 일반 국민의 소득·지출 수준도 반영토록 한 법 취지에 보다 부합한 계측 연도의 최저생계비와 일반 가구의 소비 지출 간의 비율이 사회적 합의를 이룬 적정선인가 하는 문제, 과소비에도 최저생계비가 늘어나는 반면 경기 위축 시에는 하락하게 되는 문제, 일반 가구 지출수준에 대한 통계자료의 미비, 적정한 '수준'에 대한 사회적 합의 부재 등의 문제가 발생할 수 있다.

2) 소득인정액과 부양의무자 기준

(1) 소득인정액

개별 가구의 소득평가액과 재산의 소득 환산액을 합한 금액이다. 소득평가액은 실제 소득에서 가구별 특성 지출비용과 근로소득공제를 뺀 금액이다. 재산의 소득 환산액은 재산에서 기본재산액과 부채를 빼고 소득환산율을 곱한 금액이다.

(재산 − 기본재산액 − 부채) × 소득환산율

① 소득평가액

개별 가구의 실제 소득에도 불구하고 보장기관이 급여의 결정과 실시 등에 사용하기 위해 산출한 금액이다.

실제소득은 근로소득(상시근로자 소득, 일용근로자 소득, 자활근로소득, 공공일자리 소득) 사업소득(농업, 어업, 임업소득, 기타사업소득 등), 재산소득(이자, 임대소득, 연금소득 등), 이전소득(사적 이전소득, 부양비, 공적 이전소득) 등이다.

실제소득에서 제외되는 금품은 퇴직금, 현상금, 보상금 등 정기적으로 지급되는 것으로 볼 수 없는 금품이 있다. 국가유공자, 독립유공자, 보훈대상자, 체육유공자 등에 대한 생활조정수당과 참전명예수당 중 가구당 기준 중위소득의 12% 이하에 해당하는 금액, 조세특례제한법에 따른 근로장려금 및 자녀장려금도 제외된다.

보육료, 학자금, 기타 이와 유사한 금품, 조례에 의하여 지방자치단체가 수급자 또는 생활이 어려운 저소득층에게 지급하는 금품 등이다.

가구 특성별 지출비용에 해당되는 것은 기초노령연금, 장애수당, 장애아동부양수당 및 보호수당, 「한부모가족지원법」에 의한 아동양육비, 희귀난치성 질환자 의료비 지원사업에 의한 의료비 중 호흡보조기 대여료 및 간병비, 산소호흡기 대여료 및 간병비, 아동복지사업지침에 의한 소년소녀가장 지원금, 고엽제후유의증환자의 수당 중 「장애인복지법」에 의한 중증장애인에게 지급되는 장애수당에 해당하는 금액, 만성질환 등의 치료·요양·재활로 인하여 6개월 이상 지속적으로 지출하는 의료비, 자동차 손해배상보장법 규정에 의한 재활보조금, 자신의 소득에서 지출하는 있는 중고등학생의 입학금 수업료, 「입양촉진 및 절차에 관한 특례법」에 의한 양육보조금, 국민연금에 가입한 수급자 본인부담분 연금보험료의 50%에 해당하는 금액, 「입양특례법」에 따른 양육보조금, 「한센인 피해사건의 진상규명 및 피해자 생활지원 등에 관한 법률」에 따른 생활지원금(월 15만 원) 등이다.

자활소득공제로는 등록장애인인 수급(권)자가 장애인 직업재활사업, 정신질환자 직업재활사업에 참여하여 얻은 소득의 50%를 공제하고, 24세 이하(1991년 1월 1일 이후 출생자)에 해당하는 수급(권)자 및 25세 이상(1990년 12월 31일 이전 출생자)에 해당하는 초·중·고등학생인 수급(권)자의 근로 및 사업소득 중 20만 원을 공제한다.

② 재산의 소득환산액

보장기관이 급여의 결정 및 실시 등에 사용하기 위하여 개별 가구의 재산가액에 소득환산율을 곱해 산출한 금액이다.

재산의 종류별 가액을 보면, 일반 재산으로는 건축물 및 토지, 주택과 상가 등에 임차보증금(전세금 포함), 선박·항공기, 가축·종묘 등 100만 원 이상의 동산, 골프장·콘도미니엄·헬스클럽 회원권, 조합원 입주권, 분양권 등이다.

주거용 재산으로는 단독주택, 공동주택, 준주택 및 그 부속토지(기숙사, 고시원, 노인복지주택, 오피스텔 등), 단독주택, 공동주택, 준 주택에 대한 임차보증금(전세금 포함), 일용품 등의 소매점, 미용원 등 해당 재산이 거주를 목적으로 하며, 수급(권)자 또는 부양의무자가 거주하는 것으로 시장·군수·구청장이 인정하는 경우다.

금융재산으로는 현금·수표·어음·주식·국공채 등 유가증권, 예금, 적금, 부금, 보험 및 수익증권 등이 있다. 금융재산 중 공제 대상과 공제 기준은 생활준비금 공제, 3년 이상 장기금융저축 공제 등이 있다.

승용차는 승용자동차, 승합자동차, 화물자동차, 특수자동차, 이륜자동차 등이다. 재산가액 산정에서 제외되거나 감면되는 자동차는 장애인 사용 자동차와 생업용 자동차가 있다.

장애인 사용 자동차로서 수급(권)자 본인의 직접적 이동 수단으로 활용되고 있는 배기량 2,000cc 미만의 승용자동차 1대와 「장애인복지법」에 따른 1~3급 등록장애인인 수급(권)자는 100% 제외되거나 감면된다.

〈표 16-4〉 **소득인정액 기준 1**

소득 인정액 기준	· 보장 가구의 소득인정액이 다음의 급여 종류별 선정기준 이하인 경우 - 생계급여 : 기준 중위소득 29% 이하 - 의료급여 : 기준 중위소득 40% 이하 - 주거급여 : 기준 중위소득 43% 이하 - 교육급여 : 기준 중위소득 50% 이하 (주1) 소득인정액 = 소득평가액 + 재산의 소득환산액
	· 소득평가액 = 실제소득 − 가구 특성별 지출비용 − 근로소득공제 (주2) 실제소득 : 근로소득, 사업소득, 재산소득, 사적 이전소득, 부양비, 공적 이전소득, 보장기관 확인 소득
	· 재산의 소득환산액 = (일반·금융재산의 종류별 가액 − 기본재산액 − 부채 + 자동차 재산가액) × 재산의 종류별 소득환산율 (주3) 재산의 종류 : 일반재산(주거용 재산), 금융재산, 자동차, 기타 산정되는 재산 (주4) 기본재산액 : 대도시(5,400만 원), 중소도시(3,400만 원), 농어촌(2,900만 원) (주5) 소득환산율 : 주거용 재산(월 1.04%), 일반재산(월 4.17%), 금융재산(월 6.26%), 자동차(월 100%)

출처: 보건복지부 홈페이지.

〈표 16-5〉 소득인정액 기준 2(2015년 가구 규모별 수급자 선정기준) (단위: 원)

가구 규모	1인 가구	2인 가구	3인 가구	4인 가구	5인 가구	6인 가구	7인 가구
생계급여 선정기준 (기준 중위소득 29% 이하)	471,201	802,315	1,037,916	1,273,516	1,509,116	1,744,717	1,980,317
의료급여 선정기준 (기준 중위소득 40% 이하)	649,932	1,106,642	1,431,608	1,756,574	2,081,540	2,406,506	2,731,473
주거급여 선정기준 (기준 중위소득 43% 이하)	698,677	1,189,640	1,538,978	1,888,317	2,237,656	2,586,994	2,936,333
교육급여 선정기준 (기준 중위소득 50% 이하)	812,415	1,383,302	1,789,509	2,195,717	2,601,925	3,008,132	3,414,340

(주1) 중위소득 29%는 동시에 생계급여 지급 기준에 해당

(주2) 8인 이상 가구의 급여별 선정기준 : 1인 증가 시마다 7인 가구 기준과 6인 가구 기준의 차이를 7인 가구 기준에 더하여 산정

- 8인 가구 생계급여 수급자 선정기준 : 2,215,917원 = 1,980,317원(7인 기준) + 235,600원(7인 기준－6인 기준)

출처: 보건복지부 홈페이지.

(2) 부양의무자 기준

부양능력이 없는 경우는 4가지 유형으로 분류된다. 부양의무자가 없는 경우, 부양의무자가 있어도 부양능력이 없는 경우(소득·재산이 기준 미만인 부양의무자, 자신의 주거에서 타 부양 이행 중인 부양의무자, 부가급여를 지원받는 부양의무자, 자립지원을 위한 소득기준 완화적용 부양의무자, 재산기준 특례적용 부양의무자, 수급자인 부양의무자, 일용근로자인 부양의무자, 혼인한 딸이나 혼인한 딸에 대한 친정부모인 부양의무자, 가구원에 중증장애인이 포함 된 부양의무자)가 있다. 또 부양의무자가 부양능력이 미약한 경우(부양비 적용제외 대상자, 부양비 부과율이 15%인 부양의무자, 부양비 부과율이 30%인 부양의무

자)로서 수급권자에 대한 부양비 지원을 전제로 부양능력이 없는 것으로 인정하는 경우, 부양의무자가 있어도 부양을 받을 수 없는 경우(부양의무자가 부양불능 상태인 경우, 부양의무자가 부양을 거부하거나 기피하는 경우, 수급(권)자가 부양을 받을 수 없다고 보장기관이 확인한 경우)이다.

〈표 16－6〉 **부양의무자 기준**

<table>
<tr><td rowspan="2">부양의무자 기준</td><td>• 범위 수급권자의 촌의 직계혈족: 일촌 및 그 배우자(단, 사망한 일촌의 직계혈족의 배우자는 제외)</td></tr>
<tr><td>• 부양능력 판정 기본 원칙
- 부양능력 없음: 수급자로 보장결정
- 부양능력 미약: 부양비 부과를 조건으로 수급자로 보장결정. 단, 부양비 부과로 수급권자 소득인정액이 급여종류별 선정기준을 초과하는 경우 급여 종류별 선정 제외
- 부양능력 있음 : 수급자로 보장 불가</td></tr>
</table>

출처: 보건복지부 홈페이지.

부양의무자 판정의 기본 원칙은 다음과 같다

〈표 16－7〉 **부양의무자 판정의 기본 원칙**

<table>
<tr><th colspan="2">구분</th><th>판정의 기본 원칙</th></tr>
<tr><td rowspan="2">부양능력 없음
(소득기준과 재산기준 동시 충족)</td><td>소득 기준</td><td>• 부양의무자의 부양능력 판정소득액이 부양의무자 가구 기준 중위소득의 100% 미만
• 부양능력 판정소득액 < B×100%</td></tr>
<tr><td>재산 기준</td><td>• 재산의 소득환산액이 수급권자 및 부양의무자 가구 각각 기준 중위소득 합의 18% 미만
• 재산의 소득환산액 < (A+B)×18%</td></tr>
</table>

구분		판정의 기본 원칙
부양능력 미약 (소득기준과 재산기준 동시 충족)	소득 기준	· 부양의무자의 부양능력 판정소득액이 부양의무자 가구 기준 중위소득의 100% 이상이면서, 수급자 가구 기준 중위소득 40%와 부양의무자 가구 기준 중위소득 100%를 합한 금액 미만인 경우 · B×100% ≦ 부양능력 판정소득액 < (A×40%)+(B×100%)
	재산 기준	· 재산의 소득환산액이 수급권자 및 부양의무자 가구 각각 기준 중위소득 합의 18% 미만 · 재산의 소득환산액 < (A+B)×18%
부양능력 있음 (소득기준과 재산기준 둘 중 하나만 초과하여도 있음으로 판정)	소득 기준	· 부양의무자의 부양능력 판정소득액이 수급자 가구 기준 중위소득 40%와 부양의무자가구 기준 중위소득 100%를 합한 금액 이상인 경우 · (A×40%)+(B×100%) ≦ 부양능력 판정소득액
	재산 기준	· 재산의 소득환산액이 수급권자 및 부양의무자 가구 각각 기준 중위소득 합의 18% 이상 · (A+B)×18% ≦ 재산의 소득환산액

(주) A: 수급(권)자 가구의 기준 중위소득
B: 부양의무자 가구의 기준 중위소득

(3) 조사

① 조사의 개요

급여신청이 있는 경우 보장기관은 수급권자 및 부양의무자의 신고된 사항을 사회보장정보시스템을 통해 공적 자료조사와 실태조사를 실시하며, 급여결정 이후에도 공적 자료변동에 의한 조사 및 시·군·구청장의 연간조사계획에 따라 주기적인 확인 조사를 실시한다.

조사 시의 내용은 부양의무자 유무, 부양능력 및 부양 여부, 수급권자와 부양의무자의 소득 및 재산, 수급권자의 근로능력·취업상태·자활욕구 등 자활지원계획 수립에 필요한 사항 및 기타 수급권자의 건강상태·가구 특성 등 생활실태 등이다.

조사 시에는 사회보장정보시스템을 통해 공적 자료를 적용한다. 이때 금융거래정보제공동의서를 제출한 수급자 및 부양의무자를 대상으로 전국 일제히 조사하며, 사회보장정보시스템을 통한 공적 자료가 불충분한 경우 지출실태조사에 의한 소득확인을 추가 조사한다.

② 소득조사

소득은 실제소득을 조사하되, 선정기준에 적용하는 소득은 실제소득에서 가구특성에 따른 지출비용과 근로소득공제액을 차감하고 남은 금액(소득평가액)이다.

수급자 선정기준의 소득은 소득평가액을 의미한다. 행복e음(사회복지통합관리망)을 통한 공적 자료를 반영, 실제소득에는 근로소득, 사업소득, 재산소득, 기타소득, 추정소득이 포함된다.

가구 특성에 따른 지출비용으로 경로연금(노인복지법), 장애수당, 장애아동부양수당 및 보호수당(「장애인복지법」), 아동양육비(「한부모가족지원법」), 소년소녀가장세대 지원금(아동복지사업지침) 등은 소득에서 공제한다.

장애인이 직업재활사업에 참여해 얻은 소득, 자활공동체에 참가하여 얻은 소득, 학생이 얻은 근로소득 및 사업소득, 공공근로에 참가하여 얻은 소득의 30%, 행정인턴 10%를 소득에서 공제한다.

③ 재산조사

일반재산은 건축물, 토지, 주택·상가 등에 대한 임차보증금, 선박, 기타 가축·종묘 등 100만 원 이상의 동산 지방세법에 의한 자동차(제196조의 2) 중 일부이다.

금융재산은 조사대상 가구의 가구원 명의의 현금, 수표, 어음, 주식, 국·공채 등 유가증권, 예금, 적금, 부금, 저축성 보험 및 금전 신탁 등이다. 생활준비금 300만 원, 3년 이상 장기금융저축액(1가구 1통장) 연 300만 원 한도(연 900만 원)에서 공제(수급권자에 한하여 적용), 임대보증금은 공제된다.

재산에 포함되는 승용차는 지방세법에 의한 자동차(제196조의 2) 중 일반재산에 해당되지 않는 자동차이다.

재산의 소득환산의 계산식은 다음과 같다.

재산의 소득환산액 = (재산의 종류별 가액 − 기본재산액 − 부채) × 재산의 종류별 소득환산율

부채는 금융기관의 융자금, 공증된 사채 등으로 주택매입, 전세자금, 생계유지를 위한 사업자금이나 의료비, 학비 등에 사용한 것이 명백한 경우에 부채로 인정하여 재산가액에서 공제한다. 의료비부채·학비부채, 주거부채·일반부채 등을 공제한다. 공제 순서는 일반재산, 금융재산의 순서다.

3) 급여

급여는 7가지의 원칙이 있다.

첫째, 최저생활보장의 원칙이다. 생활이 어려운 사람에게 생계, 주거, 의료, 교육, 자활 등 필요한 급여를 행하여 최저생활을 보장하는 것이다.

둘째, 보충급여의 원칙이다. 급여 수준을 생계, 주거, 의료, 교육급여액과 수급자의 소득인정액을 포함한 총금액이 최저생계비 이상이 되도록 지원한다. 가구별 최저생계비와 소득인정액의 차액을 지급하는 것이다.

셋째, 자립지원의 원칙이다. 근로능력이 있는 수급자에게 자활사업에 참여하는 것을 조건으로 생계급여를 지급한다. 근로능력이 있는 생계급여 수급자가 조건부과 제외사유에 해당되지 않는 경우에는 조건부 수급자로 지정하여 수급자 가구별로 자활지원계획을 수립하고 자활사업에 참여하도록 조건을 부과한다. 조건불이행자에게는 수급자 본인의 생계급여 일부 또는 전부를 지급하지 않는다.

넷째, 개별성의 원칙이다. 급여 수준을 정함에 있어 수급권자의 개별적 특수상황을 최대한 반영하는 것이다. 이를 위해 수급자 및 부양의무자의 소득·재산, 수급자의 근로능력·취업상태·자활욕구 등 자활지원계획수립에 필요한 사항, 기타 수급자의 건강상태·가구 특성 등 생활실태에 관한 사항 등을 조사한다.

다섯째, 가족부양 우선의 원칙이다. 급여신청자가 부양의무자에 의해 부양될 수 있는 경우 기초생활보장급여에 우선해 부양의무자에 대한 보호가 먼저 이루어져

야 한다. 수급자에게 부양능력을 가진 부양의무자가 있음에도, 이 법에 따른 급여를 수급자에게 계속 지급하기로 결정하는 경우에는 부양의무자로부터 지급된 급여만큼 보장비용을 징수할 수 있다. 단, 교육급여는 보편적 서비스에 해당하며 사회적 투자의 개념이 강하므로 부양의무자의 우선보호원칙을 적용하지 않으며, 교육급여 수급자 가구의 소득인정액만으로 보장 여부를 결정한다.

여섯째, 타 급여 우선의 원칙이다. 급여신청자가 다른 법령에 의해 보호받을 수 있는 경우 기초생활보장급여에 우선하여 다른 법령에 의한 보호를 행한다.

일곱째, 보편성의 원칙이다. 「국민기초생활 보장법」에 규정된 요건을 충족시키는 국민에 대하여는 성별·직업·연령·교육 수준·소득원 기타의 이유로 수급권을 박탈하지 않는다.

(1) 생계급여

생계급여는 수급자에게 의복, 음식물 및 연료비와 그 밖에 일상생활에 기본적으로 필요한 금품을 지급하여 그 생계를 유지하게 하는 데 목적이 있다. 생계급여는 기준 중위소득의 100 분의 29 이상(2016년 기준)의 소득이 대상자에게 지급된다.

생계급여는 금전을 지급하는 것으로 하며, 다만 금전으로 지급할 수 없거나 금전으로 지급하는 것이 적당하지 않다고 인정하는 경우에는 물품을 지급할 수 있다.

생계급여에 해당하는 금전은 매월 20일(토요일이거나 공휴일인 경우 그 전날) 정기적으로 지급한다. 지급방법은 금융회사나 우편관서의 수급자 명의의 지정된 계좌에 입금시킨다. 수급자가 한정치산 또는 금치산 선고를 받은 경우, 채무불이행으로 금전채권이 압류된 경우, 치매 또는 거동불가의 사유로 본인 명의의 계좌를 개설하기 어려운 경우 등은 수급자의 배우자, 직계혈족 또는 3촌 이내의 방계혈족 명의의 계좌에 입금할 수 있다.

이행기 보전액이란 수급자의 다른 조건은 동일하나 맞춤형 급여로의 제도개편 때문에 급여가 감소한 경우 그 감소한 금액을 보장함으로써, 제도개편 때문에 발생할 수 있는 보장성 감소를 방지하고자 개편 과도기에 한시적으로 지급하는 보전액이다. 이에 따라 권리로 보장하는 급여가 아니고 지속적으로 운영하는 제도도 아니다.

〈표 16-8〉 급여의 종류

종류	지원액
생계급여	기준 중위소득 29%에 해당하는 금액과 가구의 소득인정액과의 차액을 지급
의료급여	근로능력 유무에 따라 1종, 2종으로 구분하여 지급
주거급여	국토교통부 장관이 정하는 기준에 따라 지급
교육급여	교육부 장관이 정하는 기준에 따라 입학금, 수업료, 교과서대, 부교재비, 학용품비 지급
해산급여	수급자가 출산 시 1인당 60만 원 지급(단, 교육급여만 받는 수급자는 제외)
장제급여	수급자 사망 시 75만 원을 장제를 실제 행하는 자에게 지급(단, 교육급여만 받는 수급자는 제외)

(2) 주거급여

주거급여는 수급자에게 주거안정에 필요한 임차료, 유지수선비 등을 지급하는 것을 말한다. 임차료는 월임차료를 지급하거나 전세금(임차보증금 포함)을 대여하는 것으로 한다.

(3) 교육급여

교육급여는 수급자에게 입학금, 수업료, 학용품비, 그 밖의 수급품을 지급하는 것이다. 교육급여는 교육부 장관의 소관으로 한다. 교육급여 수급권자는 부양의무자가 없거나 부양의무자가 있어도 부양을 받을 수 없는 사람이다. 교육급여 선정기준은 중위소득의 100 분의 50 이상이다.

(4) 해산급여

해산급여는 수급자에게 조산, 분만 전과 분만 후 필요한 조치와 보호를 목적으로 행하는 급여다. 출산여성 1인당 60만 원을 지급하고 있다.

출산의 경우 출생증명서를, 사산의 경우 의사나 한의사 또는 조산사의 사실확인

서나 사산의 사실을 증명할 수 있는 이웃주민의 확인서를 첨부해야 한다.

(5) 장제급여

장제급여는 수급자가 사망한 경우 사체의 검안, 운반, 화장 또는 매장, 그 밖의 장제조치를 행하기 위한 급여다. 장제에 필요한 비용을 지급하는 것이 원칙이지만 적당한 사유가 있을 경우 물품으로도 지급할 수 있다.

사망자 1인당 75만 원 지급된다. 단독 가구주가 사망한 경우에는 직접 장제를 실시할 수 있는 사람을 지정해 장제급여를 할 수 있다.

(6) 의료급여

의료급여법에 따른 급여를 말하며, 「국민기초생활 보장법」에 의한 수급자는 누구나 혜택을 받을 수 있다. 부양의무자가 없거나 중위소득의 100 분의 40 이상이 되어야 한다.

수급권자의 의료급여는 진찰검사, 약제 치료재료의 지급, 처치수술과 그 밖의 치료, 예방과 재활, 입원, 간호, 이송과 그 밖의 치료목적 달성을 위한 조치 등이다.

수급권자가 자신의 고의 또는 중대한 과실로 인한 범죄행위에 기인하거나 고의로 사고를 발생시킨 경우 의료급여를 행하지 않는다.

(7) 사회 취약계층 특별보호제

앞서 말한 의료급여와는 달리 취약계층을 위한 특별보호제가 있다. 특별보호는 주거가 일정하지 않은 취약계층에 대한 특별보호와 교정시설 출소예정자에 대한 특별연계보호, 지역사회자원 활용을 통한 민관연계보호체계 운영 등이다.

① 주거가 일정하지 않은 취약계층에 대한 특별보호

비닐하우스, 판자촌, 쪽방 등에 거주하는 자, 노숙자 등으로서 주민등록상의 문제로 인하여 기초생활보장 수급자가 될 수 없었던 자에 대한 보호대책이다. 수급권자가 실제 거주지 내에서 최소거주기간(1개월) 이상 지속적으로 거주하고 있음이 확인되는 경우, 주민등록 확인 또는 '기초생활보장번호 부여'를 통하여 실제 거주하는 지역의 시장·군수·구청장이 보호하는 조치다.

② 교정시설 출소예정자에 대한 특별연계보호방안

교정시설 출소자 중 생활이 어려워 국가의 보호가 필요한 자가 기초생활보장제도에 대한 이해부족 등의 사유로 보호가 필요한 시기에 적절히 보호받지 못하여 사회적응 곤란, 재범유혹, 노숙자로 전락 또는 사망에 이르는 문제 해소를 위하여 '급여신청의 특례'를 부여한 것이다.

교정시설 출소예정자 중 생활이 어려운 자에 대하여 출소 전에 소득 및 재산조사를 통해 수급자격을 확인한 후, 출소 즉시 수급자로 결정하여 생계급여 등을 지원함으로써 보호가 필요한 시기에 기초생활을 보장하는 것이다.

③ 지역사회 자원 활용을 통한 민관연계보호체계 운영방안

지역사회의 민간사회복지사, 유관공공기관 등의 협조를 받아 기초생활보장제도에 대한 이해 부족 등으로 국가의 보호를 받지 못하고 있는 저소득 주민을 적극 발굴하는 '찾아가는 복지' 실천을 위한 대책이다.

민간사회복지사 등에게 국가의 보호가 필요한 저소득 주민에 대하여 관할 보장기관에 보호 의뢰할 수 있도록 권한을 부여하였으며, 보호 의뢰를 받은 보장기관은 수급권자 여부를 즉시 확인하여 조치한다.

보장기관이 전기, 수도, 가스 등 공급기관으로부터 요금체납 등으로 서비스 공급이 중단되는 저소득 가구에 대한 명단을 통보받아 생활실태 등에 대한 조사를 통해 수급자 선정 여부를 검토한다.

〈표 16-9〉 **급여 종류와 지급방법**

급여 종류	급여 형태	주요 급여 내용	지급 시기
생계급여	현금	생계비	매월 20일
주거급여	현금, 현물	주거비	매월 20일
		집수리서비스	3년 1회 이상
교육급여	현금	학비(입학금, 수업료)	매 분기 초(연 4회)
		교과서대, 부교재비	학년 초(연 1회)
		학용품비	학기 초(연 2회)
해산급여	현금	출산보조비	수시
장제급여	현금	장례보조비	수시
자활급여	현금, 현물	자활근로비	수시(일당 혹은 월급)
		취업지원서비스 (직업훈련과 알선)	수시
의료급여	현물	의료서비스	수시

출처: 보건복지부 홈페이지.

4) 보장시설

기초생활보장의 급여는 수급자의 주거에서 행하는 것이 원칙이나, 수급자가 주거가 없거나 숙식을 제공하는 시설에서 생활하기를 원하는 경우에는 보장기관이 해당 수급자에 대한 급여지급 업무를 「사회복지사업법」에 의한 사회복지시설에 위탁할 수 있으며, 이와 같이 급여지급 업무를 위탁받은 시설을 보장시설이라고 한다.

생계급여 등 「국민기초생활 보장법」에 의한 급여를 행하는 「사회복지사업법」에 의한 사회복지시설이 곧 보장시설이다.

보장시설 수급자의 선정기준은 일반 수급자 선정기준에 해당하는 자로서 주거가 없거나, 주거가 있어도 그곳에서는 급여의 목적을 달성할 수 없거나, 본인이 희망한 경우이다. 그러나 보장시설의 자체 기준에 의하여 입소한 자로서 수급권자

본인의 소득인정액 기준은 충족하나 부양의무자 기준으로 수급자로 선정될 수 없는 자에 대하여는 부양의무자 기준특례 또는 부양의무자 조사특례 적용 여부를 검토한다.

보장시설 수급자에 대한 생계급여는 기초생활보장 수급자 선정기준에 의한 선정절차를 거쳐 수급자로 책정된 입소자에 한하여, '보장시설 수급자 1인당 급여기준'의 지급기준에 의거 주식비, 부식비, 연료비, 피복비 등을 현금 지급한다.

3 과제와 전망

1) 수급자 선정의 문제

"급여를 받을 사람이 받지 못하고 안 받아도 될 사람이 혜택을 받고 있다." 수급자 선정의 문제를 대변해 주고 있는 말이다. 신청자나 부양의무자의 소득과 재산을 살펴보면 소득을 임의로 축소하거나 재산을 미신고한 사례가 발견되고 있다.

자영업자의 소득과 재산파악을 세무서 등과 연계해 정확하게 평가하는 것이 급선무다. 전담공무원의 노력도 요구된다. 꼭 필요한 사람에게 혜택이 돌아가는 공공부조의 정신을 실현시키기 위해서는 가구별 현황에 대한 면밀한 조사가 병행되어야 한다. 전문 인력의 확충과 객관적 자료를 통해 인간다운 생활을 충족시킬 수 있도록 해야 할 것이다.

2) 부양의무자 문제

수급자의 범위가 2촌 이내의 혈족으로 지나치게 넓게 규정되어 있다. 부양자가 있지만 실제로 부양받지 못하고 있는 경우에도 수급자로 선정되지 못하고 있다. 노령화와 이혼과 재혼의 증가로 부양의무자 기준은 점차 유명무실해지고 있다. 또,

조손가정이 늘어나면서 빈곤선에서 좀처럼 헤어나지 못하고 있는 세대도 늘어나고 있다. 국가의 보호가 필요한 빈곤에 처해 있지만 부양의무기준에 따라 보호받지 못하는 일은 없어야 한다.

3) 급여 수준의 문제

최저생계비는 국민의 건강하고 문화적인 생활을 유지하기 위하여 소요되는 최소한의 비용이다. 최저생계비가 매년 상승되고는 있으나, 비현실적으로 낮게 책정되어 있다. 인간다운 생활을 하기에는 턱없이 부족한 수준이다.

4) 전달체계상의 문제

수급자 선정과 관리를 위한 전문 인력의 확충은 아무리 강조해도 지나치지 않다. 복지수요의 복잡화와 다양화로 인해 급여와 서비스 간의 통합성, 계속성, 책임성, 접근 가능성 등은 논란이 되고 있다.

복지행정의 효율성과 전문화를 위한 조직 정비도 고려할 대상이다. 복지 이외의 업무를 병행하다 보니 수급자의 개별적 욕구를 제대로 파악하지 못하고 있는 실정이다.

5) 예산문제

국민기초생활보장제도의 재원은 상승하고는 있지만 그 수요에 비해 턱없이 빈약하다. 사회복지예산은 소득 재분배 효과를 고려해야 한다. 따라서 부유세 등의 목적세를 통해 국민기초생활보장의 재원을 보충하는 방안도 필요하다. 재원이 확충되지 않는다면 국민의 삶의 질 향상과 최저생활보장은 구호에 불과하다.

6) 취약한 자활사업

국민기초생활보장제의 핵심이라 수 있는 자활사업이 프로그램의 다양성 부족, 근로유인책 미비 등으로 정착되지 못하고 있다. 자활사업에 참여해 소득이 발생했을 경우 그에 해당하는 부문만큼 최저생계비 지원이 줄어들게 되어 실질적으로는 전체 소득이 전과 동일하게 된다. 또, 소득이 일정 수준을 넘어설 경우 기초생활대상자에서 제외되기 때문에 적극적인 근로는 위축될 수밖에 없다.

현재의 사업을 보다 다양화하는 것도 필요하다. 간병, 집수리, 청소, 폐자원활용, 음식물 재활용, 영농사업, 외식사업, 장애인 통합교육보조원, 신생아 도우미 지원사업 등으로 초기에 비해 다양화된 것은 틀림없다. 그러나 단순 반복적인 일에서 벗어나 삶의 질 향상은 물론 자아실현을 위한 일자리의 개발과 보급은 보다 적극적으로, 또 제도적으로 보장되어야 할 것이다.

CHAPTER

17 기초연금

1 기초연금의 의의

1) 의의

기초연금[17)]이란 우리나라 65세 이상 노인 중 소득 기반이 약한 70%의 노인에게 매월 일정액의 연금을 지급해 국가발전과 자녀양육에 헌신해 온 노고에 보답하려는 제도다.

대부분의 우리나라 노인은 격동의 현대사를 모두 거치면서 우리나라가 선진국이 되는 토대를 마련하였고, 자녀가 잘 살 수 있도록 헌신해 왔지만 자신을 위한 대비에는 소홀했다.

이런 현실을 감안하여 국가가 사회를 위해 헌신해 온 생활이 어려운 노인에게 기초연금을 지급함으로써 노인의 생활안정을 지원하고 복지를 증진하는 데 그 목적을 둔 제도적 장치다(「기초연금법」 제1조).

---

17) 보건복지부의 기초연금 수급에 따른 생활변화와 만족도 조사에 따르면 기초연금은 주로 식비(40.2%)에 주로 사용되었고, 주거비(29.9%)와 보건의료비(26.5%)로 각각 나타났다. 소득 수준이 높을수록 식비로 지출하는 경향이 상대적으로 높았고, 소득 수준이 낮아질수록 보건의료비에 우선 지출하는 것으로 조사되었다.

2) 기본 방향

(1) 단순한 제도설계

급여대상이 대규모인 점을 감안하여 단순하고 효율적인 제도를 설계하였다. 국세청의 신고소득 및 재산을 중심으로 소득·재산 파악 및 사후 관리가 용이하도록 하였다.

이의신청 과정을 두어 행정자료의 문제(시차, 낮은 소득파악률)를 완화했으며, 현장 담당자의 업무량을 최소화하기 위한 중앙단위의 정보센터를 설치하였다.

(2) 노년층의 근로활동 촉진

노인의 높은 연령까지의 근로활동 촉진 및 자산형성 저해 효과의 최소화를 목표로 하고 있다. 농어민 노인의 경작과 도시 노인의 근로활동 장려를 위해 비정규소득은 소득산출에서 제외시켰으며, 재산의 소득환산율을 낮게 설정하여 기초노령연금 수급을 위해 자산을 처분하거나 축소하려는 유인을 최소화하였다.

(3) 사후 관리

사적 이전소득 제외, 행정자료 중심의 소득·재산파악, 낮은 소득환산율 적용 등을 적극적으로 홍보하여 제도에 대한 이해를 제고시키고자 노력하고 있다. 정확한 소득재산 범위, 명확한 지침 및 담당자 교육, 이의신청 및 사후 조정 등 제도의 주요 내용을 적극적으로 홍보하고 추진 중이다.

2 발전과정

1) 기초노령연금법 제정·공포

2007년 4월 25일 기초노령연금법이 제정·공포되었다. 저소득계층의 노인을 대상으로, 국민연금가입자 평균소득월액(A값)의 5%를 지급(2008. 1. 시행)하는 것이 그 골자이다.

65세 이상 노인 중 국민연금, 특수직역연금 등 공적 노후소득보장을 받는 비율은 33.3%이다. 여기에서의 수급률(33.3%)은 국민연금(16.4%), 특수직역연금(3.4%)과 경로연금(13.5%)의 합으로 이루어진다.

2) 부내 의견조회(2007. 5. 12.~17.)

법이 제정·공포된 후 전문가를 포함한 효과적인 운영 방안이 논의되었다. 소득인정액을 산정할 때 사적 연금(개인연금보험 등)을 금융재산에 포함(연금급여팀)하기로 하였다.

3) 관계부처·시·도 의견조회(2007. 6. 5.~17.)

국가의 비용부담비율 산정방식을 '광역자치단체별 국고보조율 명시'에서 '노인인구비율과 재정자주도를 기준으로 기초지방자치단체별 보조율 산정기준 제시'로 변경하였다.

4) 시행

2008년 1월 1일부터 70세 이상 노인에게, 같은 해 7월부터는 65세 이상 노인에게 시행되었다.

5) 「기초연금법」 제정

기초노령연금제를 폐지하고 2014년 7월 1일부터 「기초연금법」을 시행하였다. 국가 재정의 지속 가능성을 확보하면서 노인세대를 위한 안정적인 공적 연금제도를 마련하여 65세 이상의 노인 중 소득 기반이 취약한 70%의 노인에게 기초연금을 지급함으로써 노인 빈곤 문제를 해소하고 노인의 생활안정과 복지증진에 기여하려는 의도이다.

3 내용

1) 수급자

65세 이상의 노인으로 소득인정액이 대통령령으로 정하는 금액 이하인 사람이다. 여기에서의 소득인정액은 「국민기초생활 보장법」상의 소득인정액이다.

2) 연금액

기초연금은 만 65세 이상이고 한국 국적을 가지고 있는 국내 거주(「주민등록법」호에 따른 주민등록자)하는 노인 중 가구의 소득인정액이 선정기준액 이하인 사람이다. 2016년 선정기준액은 단독 가구는 1,000,000원, 부부 가구는 1,600,000원이다.

(1) 소득인정액 산정

소득인정액은 소득평가액에 재산의 소득환산액을 더한 금액이다. 소득평가액은 근로소득에서 52만 원을 뺀 금액에 0.7을 곱한 후 기타 소득과 더한 금액이다. 여기에서 기타 소득은 다음과 같다.

① 사업소득

② 재산소득: 이자소득과 연금소득의 합

- 이자소득: 예금·적금·주식·채권의 이자와 배당 또는 할인에 의하여 발생하는 소득
- 연금소득: 민간 연금보험, 연금저축 등에 의해 정기적으로 발생하는 소득

③ 공적 이전소득

- 각종 법령의 규정에 의해 정기적으로 지급되는 각종 수당·연금·급여·기타 금품
- 국민연금, 공무원연금, 군인연금, 사립학교교직원연금, 산재급여

④ 무료임차소득

- 자녀 소유의 고가주택에 거주하는 본인 또는 배우자에 대하여 임차료에 상응하여 소득으로 인정하는 금액
- 본인 또는 배우자의 주민등록상 주소지 주택이 자녀명의이고, 시가표준액 6억 원 이상인 경우: 연 0.78%의 소득이 적용됨

소득평가액 계산 사례

소득평가액 = { 0.7 × (근로소득 - 56만 원) } + 기타 소득

- 단독 가구 / 월 150만 원 근로소득 / 국민연금 30만 원 수급하는 경우
  소득평가액 = {0.7 × (150만 원 - 56만 원)} + 30만 원 = 95.8만 원
- 부부 가구 / 본인 100만 원, 배우자 120만 원 근로소득이 있는 경우
  소득평가액 = 0.7 × (100만 원 - 56만 원)(본인 소득 분) + 0.7 × (120만 원 - 56만 원)(배우자 소득 분) = 75.6만 원

출처: 보건복지부 홈페이지.

(2) 재산의 소득환산액

재산의 소득환산액 = [{ (일반재산 - 기본재산액[(1)]) + (금융재산 - 2,000만 원) - 부채 } ×0.04(재산의 소득환산율, 연 5%) ÷ 12개월] + 고급승용차 및 회원권의 평가액[(2)]

* 각각 괄호의 계산결과가 음(-)의 값인 경우는 '0'으로 처리하여 계산

(주1) 지역별 기본재산액 지역별 기본재산액 구분 공제액 = 대도시(특별시·광역시의 '구', 도·농복합군 포함)
예) 서울특별시 관악구, 부산광역시 해운대구, 대구광역시 달성군 1억 3,500만 원
=중소도시(도의 '시', 세종특별자치시)

예) 경기도 성남시, 경상북도 안동시, 충청남도 천안시 8,500만 원 = 농어촌(도의 '군')
예) 전라남도 고흥군, 강원도 영월군, 충청북도 음성군 7,250만 원

(주2) 고급승용차 및 회원권

① 고급승용차: 3,000cc 이상 혹은 차량가액 4,000만 원 이상의 승용차, 승합차 또는 이륜차를 보유하신 경우 기본재산공제 대상에서 제외되고, 월 100%의 소득환산율이 적용된다.
다만, 차령이 10년 이상인 차량, 압류 등으로 운행이 불가능한 자동차 및 생업용 자동차로 소명하는 경우는 일반재산의 소득환산율인 연 5%를 적용한다.
다음에 해당하는 자동차는 재산 산정에서 제외된다(단, 1대에 한함).

- 「국가유공자 등 예우 및 지원에 관한 법률」에 의하여 상이등급 판정을 받은 국가유공자 등이 소유한 자동차
- 「장애인복지법」에 따라 등록한 장애인이 소유한 자동차(장애등급 무관)
- 「지방세특례제한법」 제4조에 따라 과세하지 아니하는 자동차

② 회원권
「지방세법」 제6조에 의한 회원권

- 골프회원권, 승마회원권, 콘도미니엄회원권, 종합체육시설이용회원권, 요트회원권 등
- 위에 해당하는 회원권은 기본재산을 공제하지 않으며, 회원권가액을 그대로 산정한다(시가표준액 반영).

(3) 기초연금액

국민연금을 받지 않고 사람(무연금자), 국민연금 월 급여액이 기준연금액의 150% 이하인 경우, 국민연금의 유족연금이나 장애연금을 받고 있는 자, 장애인연금을 받고 있는 경우에 기초연금액은 기준연금액으로 산정된다. 2015년 4월부터 2016년 3월까지 202,660원이다. 소득 수준이 상대적으로 높거나 부부 두 사람 중 모두 기초연금을 받을 경우에는 감액될 수 있다.

위의 4가지 범주에 들어가지 않을 경우 소득 재분배 급여(A급여)에 따른 산식에 의해 연금액이 산정된다. 소득 재분배 급여란 국민연금 급여액 중 기초연금적 성격을 가진 부분으로, 개인별 기초연금액을 결정하는 기준이 되는 급여이다. 가입 기간이 길수록, 일찍 가입할수록 A급여액은 증가한다. 가입 기간이 동일하더라도 가입 시기와 가입 이력에 따라 A급여액은 다를 수 있다.

(20만 원 − 2/3 × A급여) + 부가연금액

A급여는 국민연금급여액 중 기초연금적 성격을 가진 부분으로 개인별 기초연금액을 결정하는 기준이 되는 금액이다.

(4) 기초연금액 감액

산정된 기초연금액은 가구 유형, 소득인정액 수준에 따라 감액될 수 있다.

① 부부감액

단독 가구와 부부 가구 간의 생활비 차이를 감안하여, 부부가 모두 기초연금을 받는 경우에는 각각에 대하여 산정된 기초연금액의 20%를 감액한다.

② 소득역전 방지 감액

만약 소득인정액이 91만 원인 사람이 10만 원의 기초연금을 받는다면, 기초연금을 못 받는 소득인정액이 94만 원인 사람보다 오히려 소득이 많아지게 된다. 이렇게 기초연금 수급으로 인해 발생할 수 있는 불공평성 문제를 해결하기 위해, 소득인정액과 기초연금 산정액을 합한 금액이 선정기준액 이상인 경우 기초연금액의 일부를 감액한다.

단독 가구, 부부 1인 수급 가구는 2만 원, 부부 2인 수급 가구는 4만 원 단위로 감액한다. 감액에 따른 최소 지급액은 단독 가구 및 부부 1인 수급 가구는 2만 원, 부부 2인 수급 가구는 4만 원이다.

3) 연금의 신청

연금을 신청하려는 자는 연금지급신청서에 적혀 있는 소득이나 재산을 확인할 수 있는 서류, 보건복지부령으로 정하는 금융정보 등의 제공동의서면, 연금신청자의 신분확인 서류 등을 제출해야 한다.

신청기간은 연중이며, 만 65세 미만인 사람은 만 65세 생일이 속하는 달의 1개월 전부터 신청 가능하다.

신청 시 제출서류는 사회복지서비스 및 급여제공(변경)신청서, 소득·재산신고서,

연금을 지급받을 본인계좌 통장사본, 금융정보 등 제공동의서, 신청자 신분증서(주민등록증, 자동차 운전면허증, 여권, 장애인등록증), 전산으로 소득·재산이 조회되지 않거나, 실제 소득·재산과 다른 경우 실제 소득 및 재산을 확인할 수 있는 서류, 위임장 및 대리인의 신분증서(대리 신청의 경우에 한함)이다.

4) 연금의 지급기간과 시기

연금은 수급권자로 결정된 경우 연금을 신청한 날이 속하는 달부터 수급권이 소멸한 날이 속하는 달까지 매월 정기적으로 지급한다. 연금은 매월 25일(토요일이거나 공휴일인 경우에는 그 전일로 함)에 수급권자가 지정하는 금융기관의 계좌에 입금하는 방법으로 처리한다. 금융기관이 없는 지역에 수급권자가 거주할 경우에는 해당 금액을 수급권자에게 직접 지급할 수도 있다.

5) 연금의 상실

수급권자가 사망하거나, 국적을 상실하거나 국외로 이주할 때 등에는 수급권을 상실한다. 또한, 수급권자가 금고 이상의 형을 선고받고 그 집행이 종료되지 않거나 집행을 받지 않기로 확정되지 않은 동안에는 연금의 지급이 정지된다.

6) 수급권의 보호

수급권은 양도나 압류할 수 없으며, 담보로도 제공해서는 안 된다. 기초연금으로 지급받은 금품은 압류할 수 없다.

7) 비용부담

연금은 국가나 지방자치단체가 부담하게 된다. 세부 내용을 살펴보면 국가는 지방자치단체의 노인비율 및 재정 여건 등을 고려하여 100 분의 40 이상 100 분의 90 이하의 범위 안에서 대통령령으로 정하는 비율을 부담케 된다. 또한, 국가가 부담한 금액을 차감한 액수에 대해서는 특별시·광역시·도 및 시·군·구가 상호 분담한다.

부담비율은 노인인구비율 및 재정여건 등을 고려해 조례로 정한다. 이는 사전에 보건복지부 장관과 협의하여야 한다는 단서조항이 있다.

8) 시스템 구축 및 운영

보건복지부 장관은 수급자 관련 자료의 기록과 관리업무의 전산화, 연금관련 정보의 수집과 관리 가공 및 지방자치단체에 대한 정보제공, 금융정보의 가공 및 지자체에 대한 정보제공, 수급자 현황관리와 보고, 기초노령연금 업무수행을 위한 전산망 구축과 관련된 사업, 기초연금에 필요한 통계생산과 분석 등을 위한 정보시스템을 구축·운영해야 한다.

4 향후 과제

1) 문제점

(1) 적절성과 충분성 면에서 불합격

노인에게 말 그대로 기초적인 생활을 보장해 주기 위해 마련된 기초연금은 적절성과 충분성 면에서 볼 때 합격점을 받기 어렵다.

(2) 정확한 소득 및 재산조사 필요

더 많은 급여를 받기 위해 재산의 소득환산율을 고의로 낮게 설정하거나, 기초연금 수급을 위해 소유하고 있는 자산을 처분하거나 축소할 경우 효율적인 개입 방안이 없는 것도 개선할 거리다. 방치, 방임할 경우 국가재정의 열악화를 가져 오기 때문이다. 이는 결국 복지적 지원과 개입이 꼭 필요한 노인에게 혜택과 지원이 돌아가지 못하는 결과를 낳을 수 있다.

현실적인 소득 및 재산조사가 이루어져야 하며, 수급자의 정보관리와 사후 관리를 강화해 기초연금의 효용성과 필요성을 제고하는 방향으로 홍보해야 할 것이다.

2) 과제

기초노령연금이 기초연금으로 전환된 것은 긍정적이다. 지방자치단체의 낮은 재정자립도도 개선이 필요하다. 기초연금액은 올랐지만 국고보조율은 변화가 없다. 지자체의 부담은 더욱 심해졌다. 일부 지자체에서는 지불정지를 언급하기도 했다. 노인인구가 늘어날수록 부담이 가중되기 때문이다. 보육사업의 국가보조율이 상향화된 것처럼 기초연금의 보조금도 상향화되어야 할 것이다. 보조금을 올리기 어렵다면 중앙정부가 전액 부담하는 방안도 고민해 봐야 할 것이다.

보편적인 복지를 추구한다면 상위 30%의 노인에게도 기초연금을 지급해야 한다. 기초연금은 보편적인 취지에서 비롯되었다는 점을 상기할 필요가 있다. 소득상위계층의 노인에게도 기본적인 권리로 기초연금을 지급하고 능력에 따라 세금을 부담하는 방안도 제기되고 있다.

참고 문헌

감사원(2015). 국민연금 운용 및 경영관리실태.

강근복·고숙희·유인봉·김관보·손희준·정충식·박근후·김근세(1999). 지식정보사회와 전자정부. 경기: 나남출판.

강민 외(2000). 국가와 공공정책. 경기: 법문사.

강호성·이복희(2002). 우리나라 사회복지제도에 관한 연구. 한국복지행정학회.

공방환(2001). 국민연금. 보건복지백서.

국민연금관리공단연구원(2003). 선진국 공적 연금제도 개혁의 교훈과 시사점.

국민연금연구센터(1997). 각국의 공적 연금제도 비교연구(Ⅲ). 제도연구 97. 국민연금연구센터.

권문일(1989). 1960년대의 사회보험. 하상락 편. 서울: 박영사.

권오구(1994). 사회복지발달사. 서울: 홍익재출판사.

김경우·양승일·강복화(2008). 사회복지정책론. 서울: 창지사

김광석(1997). 한국사회보장법론. 경기: 법문사.

김기원(2000). 제3의 길 복지정책에 관한 소고. 서울장신대학교.

김기태·박병현·최송식(2000). 사회복지의 이해. 서울: 박영사.

김동국(1994). 서양사회복지사론–영국의 빈민법을 중심으로. 유풍출판사.

김득주(1986). 이데올로기론. 서울: 박영사.

김상균(1987). 현대사회와 사회정책. 서울대출판부.

김연명(2001). DJ의 사회복지정책: 신자유주의를 넘어서. 한국사회복지학회 춘계학술대회 자료집.

김연명·박순우·전창배(2005). 영국보건의료체계 개혁에 관한 연구. 국민건강보험공단.

김영범(2001). 경제위기 이후 사회정책의 변화. 한국사회학 제35집.

김원섭(2015). 이명박 정부의 복지지출과 복지이념. 월간 복지동향, 제200호. 서울: 나눔의집.

김원섭·김수완(2006). 복지국가의 다층노후소득보장체계의 변화와 우리나라의 공·사 연금제도 발전방안. 국민연금연구원 정책보고서.

김은지(2006). 일본 공적 연금제도 개혁의 추진 현황 및 평가. KIEP 세계경제, 6월호.

김정근(2004). 소유권사회(Ownership Society)로 향하는 미국의 사회보장제도.

김태성(2001). 사회복지정책의 이해. 경기: 나남출판.

______(2003). 사회복지정책입문. 서울: 청목출판사.

김태성·성경륭(2000). 복지국가론. 경기: 나남출판.

____________(2007). 복지국가론. 경기: 나남출판.

김태성·김진수(2005). 사회보장론. 서울: 청목출판사.

김학만(2005). 정책집행론. 경기: 도서출판대왕사.

김해동·정홍익(1985). 사회행정론. 한국방송대학출판부.

김형식(1995). T. H. Marshall의 시민적 권리론에 관한 소고. 한국사회복지학 제26호.

남기민(2007). 사회복지정책론. 서울: 학지사.

남세진(1992). 인간과 복지. 경기: 한울아카데미.

남세진·조홍식(1995). 한국사회복지론. 경기: 나남출판.

남찬섭(2001). 김대중 정부 복지개혁의 평가: 수사와 실제. 한국사회보장학회 2001년도 학술대회 자료집.

노병일(2009). 사회보장론. 경기: 공동체.

노시평·서휘석·송재복·장덕재(2002). 사회복지정책론. 대전: 도서출판 대경.

대통령비서실(1999). 새천년을 향한 생산적 복지의 길. 퇴설당.

류진석(1989). 한국사회복지사론. 서울: 박영사.

박경일(2007). 사회복지정책론. 경기: 공동체.

박경일·김경호·서화정·윤숙자·이명현(2000). 사회복지학 강의. 경기: 양서원.

박광준(2001). 영국의 사회보장. 서울: 유풍출판사.

박능후(2003). 참여복지의의와 과제. 보건복지포럼.

박동서(1984). 한국행정론. 경기: 법문사.

박병현(2001). 세계의 사회보장. 서울: 유풍출판사.

박병현(2001). 정치적 민주화의 진척과 한국의 사회복지. 상황과 복지 제10호.

박병현(2007). 사회복지정책론: 이론과 분석(개정2판). 경기: 학현사.

박석돈(2005). 사회보장론. 경기: 양서원.

박정호(2001). 사회복지정책론. 서울: 학지사.

박종삼·유수현·노혜련·배임호·박태영·허준수·김교성·김규수·김인·노혁·손광훈·송성자·이영실·전석균·정무성·정은·조휘일(2002). 사회복지학개론. 서울: 학지사.

박지연(2001). 일본의 개호보험제도와 그 영향. 건강보험동향. 국민건강보험공단.

______(2002). 일본의 장기요양보험 발전계획 골드플랜 21. 건강보험포럼. 국민건강보험공단.

박찬용(1999). 생산적 복지를 위한 구체적 상황. 한국보건사회연구원.

박현수(1991). 거대한 변화: 우리시대의 정치 경제적 기원. 서울: 민음사.

배준호(2005). 주요국 연금체계와 개혁이 주는 시사점. 한국응용경제학회.

보험연구원(2015). 국민연금과 공문원연금 비교 연구.

봉민근(2004). 사회복지정책론. 서울: 학문사.

사회복지연구실 편. 세계의 사회복지. 서울: 인간과복지.

석재은·김수봉·이정우·지은정(2004). OECD국가의 기초보장과 공적 연금체계 비교연구 1. 한국보건사회연구원.

성경륭(1991). 한국의 정치체제 변동과 사회정책의 변화. 사회복지연구 제3호.

송근원(1994). 사회복지와 정책과정. 서울: 대영문화사.

송근원·김태성(1999). 사회복지정책론. 경기: 나남출판.

신섭중(1999). 한국사회복지정책론. 대학출판사.

심창학(1999). 프랑스 사회복지의 변화: 체계와 사회보험을 중심으로. 한국사회과학연구소.

안해균(1982). 현대행정학. 서울: 다산출판사.

양정하·황인옥·신현석·유태완(2005). 사회복지정책론. 경기: 양서원.

원석조(2006). 사회복지정책론. 경기: 공동체.

이민수(2000). 조선전기사회복지연구. 혜안.

이영환(1989). 한국사회복지사론. 서울: 박영사.

이인재(1997). 1987년 이후 한국사회복지의 변화와 과제. 동향과 전망 제34호.

이장원(1999). 생산적 복지정책의 방향과 과제. 한국사회복지학회.

이정우(2004). 사회복지정책. 서울: 학지사.

장인협(1986). 사회복지개론. 서울대학교출판부.

장인협·이혜경·오정수(1999). 사회복지학. 서울대학교출판부.

전재일·배일섭·정영숙(2000). 사회복지정책론. 서울: 형설출판사.

전창배(2005). 영국의 보건의료체계 어떻게 볼 것인가. 건강보험포럼 2005.12월호.

조영훈(2002). 칠레 연금민영화 계획에 대한 평가. 한국사회복지학 49집.

채희율 외(2003). 의료보장의 재정위기와 대응방안-선진국의 경험과 시사점. 산업연구. 경기대학교 한국산업경제연구소.

청와대(2003). 참여정부의 국정비전. 청와대.

최성재·남기민(2000). 사회복지행정론. 경기: 나남출판.

최영준(2006). 영국 연금개혁의 패러다임: 노후소득보장 다층구조 체계 구축의 관점에서. 국민연금연구원 제출 보고서.

최재석(1986). 신라시대의 사회복지. 고려대학교 민족문화연구소.

최창무·고수현(2000). 제6공화국 시기의 사회복지서비스 정책에 관한 연구. 복지행정학회.

하상락(1989). 한국사회복지사론. 서울: 박영사.

한국개발연구원(2007). 공적 연금제도의 평가와 정책과제.

한국복지연구회(1985). *사회복지의 역사*. 서울: 홍익재출판사.

한국사회복지협의회 편(1993). *사회복지사전*. 한국사회복지협의회.

한나라당 정책공약위원회(2002). *한나라당 대선공약집*. 한나라당.

함세남(1999). *선진국의 사회복지 발달사*. 서울: 홍익재출판사.

함철호(1988). *한국사회복지에 대한 사회통제이론적 고찰*. 한국의 사회복지.

현외성(2004). *사회복지정책강론*. 경기: 양서원.

Aaron, H. (1967). Social Security: International Comparisons in Studies. In *Economics of Income Maintenance*. Otto Eckstein.

Abel-Smith, B. (2008). Social Security. Encyclopædia Britannica Online.

Abramovitz, M. (2004). Definition and Functions of Social Welfare Policy: Setting the Stage for Social Change. In *The Dynamics of Social Welfare Policy*, authored by Joel Blau. New York: Oxford Univ. Press.

Al, P. & Erskine, A. & May, M. (1998). *The Student's Companion to Social Policy*. Oxford, UK: Blackwell.

Alber, J. (1983). *Some Causes of Social Security Expenditure Development in Western Europe 1949- 1977*. Open University Press.

Allan, C. & Clarke J. & Gewirtz, S. (2001). *Comparing Welfare States* (eds.). London: Sage.

American Hospital Association(2003). Economic Analysis of Healthcare Cost studies. Blue Cross Blue Shield Association.

Axinn, J. & Heman, L. (1992). *Social Welfare*. Longman.

Béand, D. (2001). Does Labor Matter? Institutions, Labor Unions and Pension Reform in France and the United States. *Journal of Public Policy*, *21*, pp. 153-172.

Baccaro, L. (2002). Negotiation the Italian Pension Reform with the Unions: Lessons for Corporatist Theory. *Industrial and Labor Relations Review*, *55*(3), pp.413-431.

Baker, J. (1979). Social Conscience and Social Policy. *Journal of Social Policy*, *8*(2), pp. 177-206.

Baldwin, P. (1990). *The Politics of Social Solidarity: Class Base of the European Welfare State 1875-1975*.

Baldwin, P. (1995). Promotion of Welfare. In *Encyclopedia of Democracy*. edited by S. M. Lipset. London: Routledge.

Bardach, E. (1977). The Implementation Game: What Happens After a Bill Becomes a Law. M. I. T. Press.

Barker, R. L. (2003). *The Social Work Dictionary(5th ed)*. Washington DC: NASW Press.

Barr, N. (2004). *The Economics of the Welfare State*. Oxford University Press.

Belloni, M. & Maccheroni, C. (2006). *Actuarial Neutrality When Longevity Increases: An Application to The Italian Pension System*. Center for Research on Pensions and Welfare Policies Working Paper, 47/06.

Beveridge, W. (1942). *Social Insurance and Allied Services*. London: Her Majesty's Stationery Office.

Bonoli, G. (2000). *The Politics of Pension Reform*. Cambridge: Cambridge University Press.

Booth, C. (1970). *Life and Labor of the People of London*. AMS Press.

Bullock, C. S. & Lamb, C. M. (1984). *Implementation of Civil Rights Policy*. Boston: Brooks/Cole.

Carrier, J. & Kendall, I. (1977). Social Administration as Social Science. In H. Heisler. ed. *Foundation of Social Administration*. London: Macmillan.

Castles, F. (1982). *The Impact of Parties on Public Expenditure*. London: Sage.

Chambers, E. D. & Wedel, K. R. (2009). *Social Policy and Social Programs: A Method for the Practical Public Policy Analyst (3rd ed)*. Needham Heights, MA: Allyn and Bacon.

Child Poverty Action Group(2005/06). *Welfare Benefits and Tax Credits Handbook*. UK.

Cioccia, A., Turcio, S. & Calza-Bini, P. (2001). The Italian Pension Systems and Pension Reform Pathways. *Public Participation and the Pension Policy Process: The Citizen and Pension Reform*(PEN-REF Project).

Cobb, R. W. & Elder, C. D. (1970). The Politics of Agenda Building. *Journal of Politics*, vol. 33.

Coll, B. D. (1973). *Perspectives in Public Welfare*.

Collier, D. & Richard, E. M. (1975). Prerequisites Versus Diffusion: Testing Alternative Explanation of Social Security Adoption. *American Political Science Review*, *69*, pp. 1299-1315.

Cutright, P. (1965). Political Structure, Economics Development, and National Security Programs. *American Journal of Sociology*. LXX.

Dahrendorf, R. (1969). *Class and Industrial Society*. Penguin Books.

Dear, R. B. (1995). Social Welfare Policy. In *Encyclopedia of Social Work(19th ed)*. edited by J. L. Edwards et al.. Washington D.C.: NASW Press.

Department for Work and Pension(2005). Work and Pension Statistics 2004. UK.

Department of Health(2005). Departmental Report 2005.

Ditch, J. (1999). "Income Protection and Social Security." In *The Student's Companion to Social Policy*, edited by Pete Alcock, A. Erskine, and M. May. Oxford, UK. Blackwell.

Dolgoff, R. & Feldstein, D. (2000). *Understanding Social Welfare(5th ed)*. Boston: Allyn and Bacon. Encyclopædia Britannica.

Dror, Y. (1999). The Challenge of Policy Sciences. *Polish Studies Journal*.

Enthoven, A. (1978). Consumer Choice Health Plan. *New England Journal of Medicine*.

Esping-Andersen, G. (1990). *The Three Worlds of Welfare Capitalism*. Cambridge, UK: Polity Press.

Eyestone, R. (1974). *From Social Issues to Public Policy*. New York: John Wiley and Sons.

Fenton, J., Ham, R. & Sabel, J. (1993). *Tolley's Pensions Handbook*. Tolley Publishing Company Limited, G. B.

Fernando, L. (2005). *Chile's Privatized Social Security System: Behind the Free-Market Type, A Scam*.

Forsakringskassan(2006). *Social Insurance: General Information about Social Insurance*. Forsakringskassan.

Fraser, D. (1984). *The Evolution of the British Welfare State*. MacMillan.

Frendlander, W. A. (1980). *Introduction to Social Welfare*. Englewood Cliffs.

Furniss, N. & Tilton, T. (1977). *The Case for the Welfare State*. Bloomington: Indiana University Press.

Giddens, A. (1998). *The Third Way: The Renewal of Social Democracy*.

Gilbert, N. & Terrell, P. (2005). *Dimensions of Social Welfare Policy(6th ed)*. Boston, MA: Pearson Education.

Gilbert, N., & Specht, H. (1974). *Dimensions of Social Welfare Policy*. Englewood Cliffs, New Jersey: Prentice Paul.

Gilbert, N., Specht, H. & Terrell, P. (1993). *Dimensions of Social Welfare Policy*. Englewood Cliffs, New Jersey: Prentice Hall.

Ginsberg, N. (1979). *Class, Capital, and the Social Policy*. London : Macmillan.

Gordon, M. S. (1994). *Social Security Policies in Industrial Countries*. New York: Cambridge University Press.

Gough, I. (1979). *The Political Economy of Welfare States*. London : Macmillan.

Hall, P. (1952). *The Social Services of Modern England*. London: Routlege.

Ham, C. (2004). *Health Policy in Britain*. Palgrave Macmillan.

Hamann, A. J. (1997). *The Reform of the Pension System in Italy*, IMF Working Paper, 97/18.

Harrington, M. (1962). *The Other Services of Modern of Social Welfare Policy*. Allyn and Bacon.

Higgins, J. (1981). *States of Welfare*. Oxford: Basil Blackwell & Martin Robertson.

ILO(International Labor Organization)(1984). *Into the Twenty-First Century: The Development of Social Security*. Geneva: ILO.

ISSA & SSA(Social Security Administration & International Social Security Association) (2007). *Social Security Programs Throughout the World: Asia and the Pacific, 2006*.

ISSA(International Social Security Association)(2008). Social Security Financing. www.issa.int/aiss/Topics/Social-security-financing#.

Jügen Meierkord. (2006). *Pension Reform in Germany and the Role of the Rtatutory Pension Rcheme in Providing Retirement Benefit for Workers in Germany*. KIHASA

Janowitz, M. (1976). *Social Control of Welfare State*. Chicago: Univ. of Chicago Press.

Johnson, L. C. & Schwarz, C. L. (1994). *Social Welfare: A Response to Human Need (3rd ed)*.

Needham Heights, MA: Allyn and Bacon.

Kahn, A. (1979). *Social and Social Services*. Random House.

Kaiser Family Foundation (2005). *Medicare Chartbook(3ed.)*.

Katz, M. (1986). *In the Shadow of the Poorhouse: A Social History of Welfare in America*. Basic Books.

Lee, P. & Colin, R. (1988). *Welfare Theory and Social Policy*. London: Sage.

Levine, D. (1988). *Poverty and Society: The Growth of the American Welfare State in International Comparison*. Rutgers University Press.

Lindblom, Charles E. (1959). The Science of Muddling Through. *Public Administration Review*. Vol 19. Spring.

Lowe, R. (1993). *The Welfare State in Britain since 1945*. London : Macmillan.

Magil, R. S. (1999). *Social Policy in American Society*. Human Science Press.

March, J. G. & Simon, H. A. (1984). Organizations. New York: John Wiley and Sons.

Marshall, M. H. (1977). *Class, Citizenship, and Social Development*. Chicago : The Univ. of Chicago Press.

Marshall, T. H. (1950). *Citizenship and Social Class*. Cambridge University Press.

Marshall, T. H. (1970). *Social Policy in the Twentieth Century*. Hutchinson.

Martin C. (2005). *NHS Presentation*.

Mazmanihan, D. A. & Sabatier, P. A. (1983). Implementation and Public policy. Norseman and Company.

Merton, R. K. & Nisbet, R. (1999). Contemporary Social Welfare Program. In *Strategic Perspectives on Social Policy*, Pergamon Press.

Midgley, J. (1984). Diffusion and the Development of Social Policy. *Journal of Social Policy*, Vol.13, 167-184.

Midgley, J. (1996). Challenges Facing Social Security. In *Challenges to Social Security: An International Exploration*, edited by J. Midgley and M. B. Tracy. Westport, CT: Auburn.

Mishra, M. (1981). *Society and Social Policy : Theories and Practice of Welfare* (2nd ed). London : Macmillan.

Mishra, R. (1984). *The Welfare State in Crisis: Social Thought and Social Change*. Brighton, UK: Wheatsheaf Books.

Morris, R. (1986). *Rethinking Social Welfare*. Longman.

NHS, Health and Social Care Information Centre and Personal Medical Service Statistics, Medical and Dental Workforce Census, OECD (2005). Health at a Galance In *Pension at a Glance: Public Policies across OECD countries*.

O'Conner, J. (1973). *Fiscal Crisis of State*. New York : St. Martin's Press.

Observatoire des Retraites. (2003). *Pensions in France*. Observatoire des Retraites.

Ogus & Barendt. (1982). *The Law of Social Security, second edition*, UK The Pension Service(2006. 9), State Pension Your Guide.

Pamel, F. C. & Williamson, J. B. (1992). *Age, Class, Politics and the Welfare States*. Cambridge : Cambridge Univ. Press.

Patterson, J. T. (1986). *America's Struggle Against Poverty 1990-1985*. Harvard University Press.

Pemberton, A. (1983). Marxism and the Social Policy : A critique of the Contradictions of Welfare. *Journal of Social Policy*, *12*. Part 3.

Pieters, D. (1993). *Introduction into the Basic Principles of Social Security*. Deventer, The Netherlands: Kluwer Law International.

Pieters, D. (2006). *Social Security: An Introduction to the Basic Principles (2nd ed)*. Hague, The Netherlands: Kluwer Law International.

Piven, F. F. & Cloward, R. A. (1971). *Regulating the Poor*. New York : Vintage.

Popple, P. R. & Leighninger, L. (2002).*Social Work, Social Welfare, and American Society*. p.16. Boston: Allyn and Bacon.

Powell, M. & Hewitt, M. (2002). *Welfare State and Welfare Change*. Buckingham, UK: Open University Press.

Pressman, S. & Wildavsky, A. (1984). *Implementation*. California: Berkeley University Press.

Quadagno, J. S. (1984). Welfare Capitalism and the Social Security Act of 1935. *American Sociological Review*. *49*.

Raynaud, E. (2004). Les Retraites de la Géétion 1948, une Illustration par Quelques Cas-types. *Éudes et Réultats*, No.331, Drees, Paris.

Rejda, G. E. (1999). *Social Insurance and Economic Security (6th ed)*. Uppler Saddle River, NJ: Prentice-Hall.

Renders, R. C. (1982). Toynbee Hall and the American Settlement Movement. *Social Service Review*.

Rimlinger, G. V. (1971). *Welfare Policy and Industrialization in Europe, America, and Russia*. John Wiley & sons.

Robson, W. A. (1976). *Welfare State and Welfare Society: Illusion and Reality*. London: Allen and Unwin.

Sabatier, P. A. (1998). *An Advocacy Coalition Framework of Policy Change and the Role of Policy-Oriented Learning Therein*. Policy Sciences.

Sainsbury, R. (1999). The Aims of Social Security. In *Introduction to Social Security: Policies, Benefits and Poverty*, edited by J. Ditch. London: Routledge.

Social Security Act (SSA).

Social Security Administration (1999). *Social Security Programs throughout the World - 1999*. Washington D.C.: GPO.

Social Security Handbook.

Stälberg, A. (2006). *Pension Reform: The Swedish Experience*. KIHASA.

Thane, P. (1982). *The Foundation of the Welfare State*. Longman.

The Swedish National Pension System RFV 2003.

Thompson, L. H. (1994). The Advantages and Disadvantages of Different Social Welfare Strategies. *Social Security Bulletin*, *57*(3), pp. 3-11.

Tice, C. J. & Perkins, K. (2002). *The Faces of Social Policy: A Strengths Perspective*. Pacific Grove, CA: Brook/Cole.

Titmus, R. (1963). *Essays on the Welfare State*. London: Allen & Unwin.

Titmus, R. (1968). *Commitment to Welfare*. London: Allen & Unwin

Titmus, R. (1974). *Social Policy: An Introduction*. London: Allen & Unwin

Tracy, M. B. (1996). Conclusion: Responding to the Challenge. In *Challenges to Social Security: An International Exploration*, edited by J. Midgley & M. B. Tracy. Westport, CT: Auburn.

Van Meter, D. & Van Horn. (1975). The Policy Implementation Process. *Administration and society*, Feb..

Walker, R. (2005). *Social Security and Welfare: Concepts and Comparisons*. Berkshire, UK: Open University Press.

White, J. (1995). *Competing Solutions*. Am J of Public Health.

Wildavsky, A. (1979). *The Politics of Budgetary Process*. New York: Little, Brown.

Wilensky, H. & Lebeaux, C. (1965). *Industrial Society and Social Welfare*. New York : Free Press.

Wittenberg, R. et al. (2004). *Future Demand for Long Term Care in the UK*. Joseph Rowntree Foundation.

Wolman, H. (1981). Determinants of Program: Success and Failure. *Journal of Public policy*, *1*(4).

Woolhandler, S. & Campbell, T. & Himmeistein, D. (2003) Cost of Health Care Administration in the United States and Canada. *The New England Journal of Medicine*, *349*.

Zastrow, C. (1990). *Introduction to Social Welfare: Social Problems Services, and Current Issues*. Wadsworth Publishing Company.

SSA 홈페이지. www.ssa.gov.

SSW(Social Security Worldwide) 홈페이지. http://www.issa.int.

위키피디아. http://en.wikipedia.org.

MISSOC(Mutual Information System on Social Protection in the EU Member States & the EEA) 홈페이지.

http://ec.europa.eu.

국민연금공단. http://www.nps.or.kr.

국민건강보험공단. http://www.nhis.or.kr.

국방부군인연금. http://www.mps.go.kr.

매일경제.http:// www.mk.co.kr.

고용보험.http:// www.ei.go.kr.

대한상공회의소. http://www.korcham.net.

공무원연금공단. http://www.geps.or.kr.

근로복지공단. http://www.kcomwel.or.kr.

저출산·고령사회위원회. http://www.precap.go.kr.

한국사회복지협의회. http://kncsw.bokji.net.

사립학교교직원연금공단. http://www.tp.or.kr:8088.

통계청 홈페이지. http://kostat.go.kr.

독일 보건사회보장성. http://bmgs.bund.de.

보건복지부. http://www.mw.go.kr.

스웨덴 사회보장청. http://www.fk.se.

일본 사회보장청 홈페이지. http://www.sia.go.jp.

일본 후생노동성 홈페이지. http://www.mhlw.go.jp.

http://www.bbc.co.uk/herefordandworcester/features/ pensions/history.shtml.

http://www.dwp.gov.uk/asd/asd1/pc/pc_feb05_pub.xls.

http://www.dwp.gov.uk/asd/sossp.asp, state pension statistics.

http://www.hmrc.gov.uk/rates/nic.htm, Rates and Allowance - National Insurance Contributions.

http://www.mhlw.go.jp.

Superintendencia de Administradora de Fodos de Pensiones(SAFP). www.safp.cl.

찾아보기

저자소개

황선영 이화여자대학교 졸업(학사)
미국 일리노이주립대학교 대학원 졸업
(복지정책 및 행정전공 박사)
현 한국사회복지행정학회 이사
현 대한케어복지학회 회장
현 그리스도대학교 사회복지학부 교수
[주요 저서]
통계학(1999), 사회복지조사론(2009)

노병일 서울대학교 졸업(학사)
공주대학교 대학원 졸업(사회복지학 석사)
미국 뉴욕주립대학교 대학원 졸업(사회학 박사)
중앙공무원 사회복지학 시험문제 출제위원, 시험문제 선정위원 역임
사회복지공동모금회 대전광역시 지부 배분위원 역임
현 대전광역시 사회복지위원
현 대전대학교 사회복지학과 교수
[주요 저서]
현대 산업복지론(2008), 아동복지론(2000, 2002, 2008)
취약지역의 사회적 배제(2006), 주거빈곤층의 삶과 터전(공저, 2004) 외 다수

김세원 홍익대학교 졸업(학사)
한남대학교 대학원 졸업(사회복지학 석사)
대전대학교 대학원 졸업(사회복지학 박사)
대전일보사 편집부국장(전)
현 대전광역시 사회복지협의회 이사
현 대전광역시 사회복지위원
현 혜천대학교 사회복지과 교수

제3판 **사회복지정책론**

초 판 1쇄 발행 2009년 8월 28일
초 판 2쇄 발행 2010년 7월 20일
개 정 2쇄 발행 2014년 1월 10일
제3판 2쇄 발행 2018년 3월 7일

지 은 이 | 황선영·노병일·김세원
펴 낸 이 | 김기섭
편 집 인 | 김민수
펴 낸 곳 | 창지사 www.changjisa.com
08589 서울시 금천구 가산디지털 1로 83 파트너스타워 1차 9층
전화 (02) 719-2211~3
팩스 (02) 701-9386
등 록 | 1977년 4월 28일·제1-421호

ⓒ 황선영·노병일·김세원 2009, 2012, 2016
* 이 책 내용의 전부 또는 일부를 재사용하려면
반드시 저작권자와 창지사 양측의 동의를 받아야 합니다.
* 저자와 협의하여 인지는 생략합니다.

ISBN 978-89-426-2331-0 93330

값 18,000원

이 도서의 국립중앙도서관 출판예정도서목록(CIP)은 서지정보유통지원시스템 홈페이지(http://seoji.nl.go.kr)와 국가자료공동목록시스템(http://www.nl.go.kr/kolisnet)에서 이용하실 수 있습니다.(CIP제어번호: CIP2016018874)